国家社会科学基金艺术学重点项目（20AH014）阶段性成果
河北省教育厅人文社科重大课题攻关项目（ZD202121）阶段性成果
河北省文物数字化重点研究基地科研项目（2021WS001）阶段性成果

明蓟镇长城
营建史及军事防御体系

王晓芬　苑鹏军　韩泽华　著

科学出版社
北　京

内 容 简 介

本书对明蓟镇长城进行了较为系统详细的分析与阐释，内容涵盖了蓟镇长城的营建、主要关隘、建筑形制、主要战役、将帅以及军事防御体系等多个方面，集知识性、学术性和可读性于一体，对正确理解长城概念、系统了解蓟镇长城营建历程、科学把握防御体系布局、传承长城文化、传播中华文明具有重要意义和价值。

本书可供文化遗产保护与管理、建筑历史、传统文化等领域的专业人员及高校相关专业师生参考使用，也可供长城文化爱好者阅读。

图书在版编目(CIP)数据

明蓟镇长城营建史及军事防御体系 / 王晓芬, 苑鹏军, 韩泽华著. —北京：科学出版社, 2022.3

ISBN 978-7-03-072007-8

Ⅰ.①明⋯ Ⅱ.①王⋯ ②苑⋯ ③韩⋯ Ⅲ.①长城–防御体系–研究–河北–明代 Ⅳ.①K928.77

中国版本图书馆CIP数据核字(2022)第053533号

责任编辑：李　茜
责任校对：邹慧卿
责任印制：肖　兴
书籍设计：北京美光设计制版有限公司

明蓟镇长城营建史及军事防御体系

王晓芬　苑鹏军　韩泽华　著

科学出版社 出版
北京东黄城根北街16号
邮政编码：100717
http://www.sciencep.com
北京汇瑞嘉合文化发展有限公司 印刷
科学出版社发行　各地新华书店经销

2022 年 3 月第　一　版　开本：889×1194　1/16
2022 年 3 月第一次印刷　印张：19 1/4
字数：554 000
定价：258.00 元
（如有印装质量问题，我社负责调换）

作者简介
ABOUT THE AUTHOR

王晓芬

教授，石家庄铁道大学复杂网络与可视化研究所副所长，文化遗产数字化研究所所长。河北省省管优秀专家、河北省社科优秀青年专家、河北省百名优秀创新人才、中国长城学会会员、中国数字文化遗产专委会常务委员、京津冀数字经济联盟理事。长期从事文化遗产数字化、文物保护与传承、VR、AR、AI、数字媒体、文创设计等领域科研与教学工作。

主持国家自然科学基金与社会科学基金项目3项，其中国家社科基金艺术学重点项目1项；主持河北省重大科技攻关项目2项，主持河北省重大科技成果转化项目1项，主持省部级重点科研项目与一般项目20余项；主持项目获河北省社会科学优秀成果一等奖2项；出版著作6部，发表论文60余篇，获专利10余项。

苑鹏军

石家庄千典科技有限公司总工，高级工程师，长期从事文化遗产数字化、考古数字化、VR、AR、数字媒体、大数据与云计算等新一代信息技术研发与应用工作。主持"河北省博物馆数字化建设项目""长城文物资源挖掘与展示传播项目"等20余项，参与多项国家及地方科研项目，取得专利及软件著作权30余项。

韩泽华

中国艺术研究院副研究员，主要从事非物质文化遗产保护实践与理论研究工作，出版《"非遗"保护视域下的雄县"音乐会"》《中国传统木结构建筑营造技艺》等著作，参与多项国家及地方科研项目，发表《土族盘绣的传承与保护》《雄安新区建设中的非物质文化遗产保护》等20余篇理论文章。

课题组一行在箭扣岭长城调研

课题组成员采集长城数据

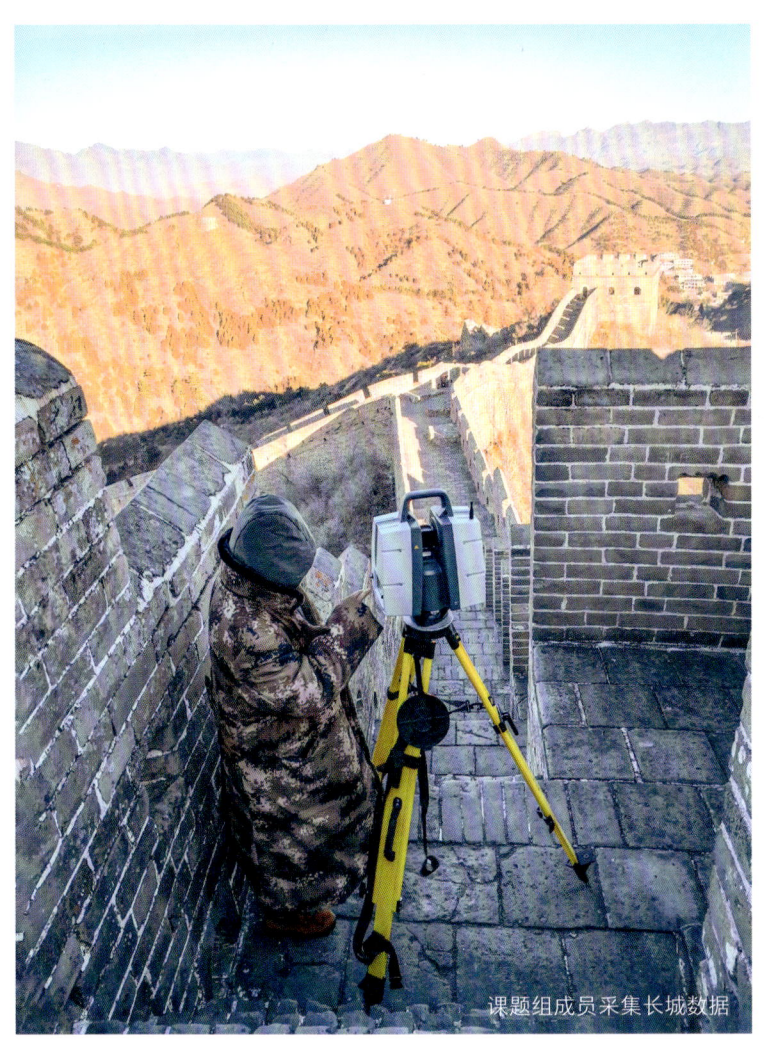
课题组成员采集长城数据

王晓芬教授在金山岭长城调研

课题组成员采集长城数据

序 / PREFACE

长城是世界文化遗产，是人类历史的奇迹，是自春秋战国以来持续修筑的巨型军事防御工程，而明长城则是历代长城建造之巅峰，蓟镇长城更是明长城建造之精华。

终明一代，北虏问题十分严峻，为了防御北部边患，明长城军事防御体系的修建贯穿明朝始终，无论从规模、体量还是建造技术等方面，都达到了前所未有之巅峰。而蓟镇长城，是塞外通往北京的咽喉要道，直接担负着保卫京师之重任，是明代九边重镇中最重要一镇。明代对蓟镇长城的修筑也最为重视，不惜人力、物力、财力，所以蓟镇长城是明长城中修筑最精良、体制最宏大、设施最齐备的长城，也是现今为止保存最完好的长城区段之一。

本书在作者及其团队大量的现场勘踏、调研考察以及综合大量历史文献的基础上，系统性地对明蓟镇长城的营建历程和军事防御体系进行详细分析与阐释。其内容不仅涵盖了蓟镇长城的营建史、主要城墙、城堡、关隘、建筑构形、军事防御体系、烽燧制度、驿传制度、军屯戍边制度等，还对围绕长城营建过程的明蒙军事变化、主要将帅与战役、武器装备、建筑材料、建造工艺、遗址遗存等进行了详细分析与解读，并配以大量城墙、敌台、关隘、城堡、烽燧、砖窑、碑刻、军事器械等多角度高清照片。同时本书还针对各类军事防御体系布局、敌楼、城堡等建筑构型、建造结构进行图解与建模剖析，以便更好、更清晰地展现长城严密科学的防御体系布局，"因险制塞"的科学设防理论，烽烟相望、顷刻千里的通讯联络系统，因地制宜、就地取材的建筑材料，针对不同布防等级与地理环境的构筑方式、防御工事以及与城墙一道构成有机组成部分的攻防武器等。

本书从体例到内容都不同于以往单纯的调查报告，既有田野调查勘踏、资料收集整理、研究总结与提炼分析，又有大量建筑结构与军事防御体系图解，是一部集知识性、学术性和可读性于一体、具有学术意义的科普读本，对正确理解长城概念、系统了解蓟镇长城营建历程、科学把握防御体系严密布局与战略理念、传承长城文化、传播中华文明具有重要意义和价值。

期待以此书为引，吸引更多的人参与到长城保护研究中来，吸引更多的人关注长城、保护长城、研究长城，推动挖掘阐释长城文化、弘扬传播长城精神。

目录 / CONTENTS

序

第一章
绪 论　　1

第一节　明长城营建的历史背景　　5
第二节　明长城营建与军事建设　　7
第三节　明长城营建的政治策略　　10
第四节　蓟镇长城的社会文化意义　　11

第二章
层峦筑塞：蓟镇长城的营建　　15

第一节　历史沿革　　18
第二节　营建时段　　20
第三节　镇府三迁　　34
第四节　审批与监管　　41
第五节　经费预算　　46
第六节　材料与运输　　48
第七节　选址与布局　　60

第三章
旌旗锁钥：蓟镇长城的主要关隘　　65

第一节　"天下第一"山海关　　66
第二节　"京东首关"九门口　　73
第三节　"倒挂奇观"板厂峪　　75

第四节	"外控辽左" 界岭口	80
第五节	"巩汉镇房" 桃林口	82
第六节	"火器阵地" 刘家口	85
第七节	"清水明月" 冷口关	88
第八节	"总领蓟镇" 青山关	90
第九节	"苍崖壁立" 喜峰口	96
第十节	"水下长城" 潘家口	100
第十一节	"京畿重镇" 龙井关	104
第十二节	"金汤巩固" 黄崖关	106
第十三节	"金山独秀" 金山岭	108
第十四节	"原始长城" 司马台	114
第十五节	"墙子雄关" 墙子路	118
第十六节	"拱卫京师" 将军关	121
第十七节	"京师锁钥" 古北口	123
第十八节	"玉关天堑" 八达岭	126
第十九节	"叠翠燕京" 居庸关	130

第四章
铁壁铜墙：蓟镇长城的建筑形制　　135

第一节	边墙：长龙卧　千嶂外	138
第二节	关隘：一夫当　万夫开	160
第三节	敌台（敌楼）：高筑台　御玄塞	183
第四节	烽火台：狼烟起　兵戈见	210
第五节	城堡：卫所立　边防固	216

第五章
边关点将：蓟镇长城的主要战役与将帅　　　　　229

第一节　　蓟镇主要将帅总兵　　　　　230
第二节　　徐达营建山海关　　　　　232
第三节　　于谦与北京保卫战　　　　　235
第四节　　"庚戌之变"与长城营建　　　　　237
第五节　　王忬与潘家口之战　　　　　239
第六节　　戚继光修筑蓟镇长城　　　　　240
第七节　　谭纶对长城防御的贡献　　　　　242
第八节　　袁崇焕与晚明边患　　　　　245
第九节　　孙承宗北御后金　　　　　247
第十节　　吴三桂与甲申山海关之战　　　　　249

第六章
刺马鸣镝：蓟镇长城的军事防御体系　　　　　253

第一节　　防御机制　　　　　254
第二节　　军政设制　　　　　257
第三节　　军屯戍边制　　　　　261
第四节　　武器与装备　　　　　264
第五节　　军政驿传制　　　　　284
第六节　　烽燧预警系统　　　　　287

后　记　　　　　294

第一章

绪 论

长城，群山万里耸高墙，跨越上下两千年，蜿蜒纵横十万里，起伏奔腾，飞舞盘旋，铁骨铮铮扼北风。

自春秋战国时起，群雄争霸，诸侯国筑长城、御外敌、保领土，寻求安宁，后历秦、汉、北朝、隋、金及明，集数代将帅吏卒、黎庶百工之移山心力与智慧，为中华留下巍峨丰碑。

横亘在京津冀北部山区的明代蓟镇长城，不仅是以天然形胜为基础，强力营建出来的一道军事屏障，也是明代两百多年沧桑历史的见证。蓟镇地域范围受明代北边形势与边防政策的影响，经历多次演变，基本形成于永乐时期之后，范围为东自山海关、西至灰岭口（今居庸关），经今秦皇岛、抚宁、青龙、卢龙、迁安、迁西、宽城、兴隆、遵化、蓟县、平谷、密云、滦平、怀柔、延庆等地，防线总长 2300 多里[1]。

嘉靖中后期，先后增设了真保镇与昌镇，此时期的蓟镇聚落空间分布范围缩小，主要为今秦皇岛的山海关区、抚宁区、卢龙县，迁安市、唐山的迁西县、遵化市，天津的蓟州区和北京的平谷、密云、怀柔区域，最终形成了蓟镇十二路的格局，即：山海路、石门路、台头路、燕河路、太平路、喜峰口路、松棚路、马兰路、墙子路、曹家路、古北路、石塘路。

万历四十六年（1618 年），随着山海镇的设立，蓟镇防御范围进一步缩小。本书稿所述蓟镇防御范围，囊括明前中后期蓟镇所辖范围，即包括昌镇、真保镇和山海镇，总兵驻守初在桃林口，后移狮子峪，再迁今迁西县三屯营。蓟镇长城既是拱卫京师最重要的军事防御体系，又是长城内外南北往来的重要节点，其地域范围的变化反映了朝廷对于蓟镇防御战略的调整与重视。

---

1 王琳峰、张玉坤、魏琰琰：《明长城蓟镇防御体系与军事聚落》，中国建筑出版社，2017 年。

箭扣长城

群山万里耸高墙

第一节
明长城营建的历史背景

元朝至正二十八年暨明朝洪武元年（1368年），明军北伐，一举攻克大都，元顺帝北撤，退回了蒙古草原，史称北元。由此开始了明朝同蒙古长达200多年的攻守拉锯战。明太祖朱元璋在洪武五年（1372年）派三路大军北伐，想一举歼灭元朝残余势力，结果遭到大败，仅冯胜的西路军成功打通河西走廊，设立卫所，把明朝西境推进至嘉峪关一线。此战使朱元璋意识到，蒙古仍然拥有着不可小觑的强大军力，而中原刚刚经历了多年的灾荒和战乱，已经无力支撑大规模的北伐，于是逐渐转向了对边塞、防务的经营，着手修筑长城，当时亦称之为边墙。

《明史·兵志》载，洪武六年（1373年），明太祖命徐达修筑山西、北平边，"自永平、蓟州、密云迤西二千余里，关隘百二十有九，皆置戍守"。这就是明早期的长城，主要分布在明朝的东部地区，实际上多是以封堵山口要道为目的的关塞，规模较小。在《大明实录》中，自洪武元年至正统末年，有记载的大规模边墙营建也仅有一次[1]。

太祖朱元璋和成祖朱棣认为，靠武力就可以将残存的蒙古势力剿灭，至少能够把他们阻挡在荒凉的漠北。但连年征战讨伐，不仅劳民伤财，且没有达到预期效果，于是只好转而营建长城御敌。长城营建时间主要集中在洪武、嘉靖、隆庆和万历四个时期。

洪武元年（1368年）八月，大将军徐达占领元大都，不久即奉朱元璋之命营建长城。此后，明太祖朱元璋又把朱棣等诸子封为值守长城边塞重镇的藩王，朱棣还多次亲自披挂上阵，"五征沙漠""三犁虏庭"[2]。朱元璋在古会州之地设立大宁都司、营州五卫，封宁王朱权在此经略，其地域相当于今内蒙古宁城周围，直到承德地区的东部，使得辽东、宣府并列相连，以此作为防御蒙古的"外边"；同时又自山海关向西修建城墙、关隘，作为"内边"，条石筑基，内用夯土，外包墙砖，坚固而耐久。

但朱棣做出一个失误决策：他在与侄子朱允炆争夺政权过程中，以大宁都司作为交换，得到了兀良哈蒙古的支持，并建立起朵颜、福余、泰宁三卫。结果，辽东、宣府两地自此割裂，无法相互支援。最初尚可相安无事，后来蒙古势力日强，京师防守的形势更加严峻。据《明史》记载，长城边塞"初设辽东、宣府、大同、延绥四镇，继设宁夏、甘肃、蓟州三镇，而太原总兵治偏头，三边制府驻固原，亦称二镇，是为九边"[3]。其中，蓟镇为"京师左辅也。拱卫京师，密迩陵寝，比之他边尤重"[4]。宣府镇"山川纠纷，地险而狭，分屯建将，倍于他镇，是以气势完固，号称易守。然去京师不四百里，锁钥所寄，要害可知"[5]。其他如易县的紫荆关、唐县的倒马关与北京居庸关并称为"内三关"，显示了长城守备地理位置的重要。

明正统十四年（1449年）八月，明英宗朱祁镇率兵攻打蒙古各部，在居庸关外的土木堡（位于今河北省怀来县东），遭瓦剌军围攻，明军溃败，明英宗也被俘，这就是明代历史上被称为"土木之变"的战役。此后，瓦剌、鞑靼等蒙古部落不断兴兵侵犯掳掠，杀人越货，迫使明朝把营建长城边墙，增建关堡、烽燧视为当务之急。

明嘉靖二十九年（1550年），蒙古土默特部首领俺达汗因贡市不遂而发兵，威胁京师安全。明朝廷不得已对蒙古采取了"以守为攻"的方针[6]，更加重视营建长城。他们先是修补加固那些破败颓圮的古长城，然后在此基础上营建新长城。

明朝存续276年间，长城营建规模空前，超过了之前任何一个朝代。每筑上千米，皆墩堡相连，层层布防，且在关键部位又构筑多重设施，并确定了"九边十三镇"的防御体系[7]。尤其是最为重要的蓟镇长城，自明初徐达开始营建，再由巡抚李铭督修蓟镇关口长城；明中期，由总督谭纶、总理戚继光改建，由砖墙替代土筑长城，修建空心敌台；后期，由总督王一鹗、巡抚塞达再次扩建蓟镇边墙，成就了长城修建史上空前绝后的辉煌。这段长城整体营建质量较高，现今遗存基本保持了历史原貌，具有极高的真实性、完整性、建筑学研究意义及美学价值，充分体现了明代建筑、军事科技水平。

1-3 6 7 河北省文物研究所：《明蓟镇长城：1981—1987年考古报告》，文物出版社，2012年。

4 5 （明）魏焕：《皇明九边考》，北京图书馆善本丛书，1936年。

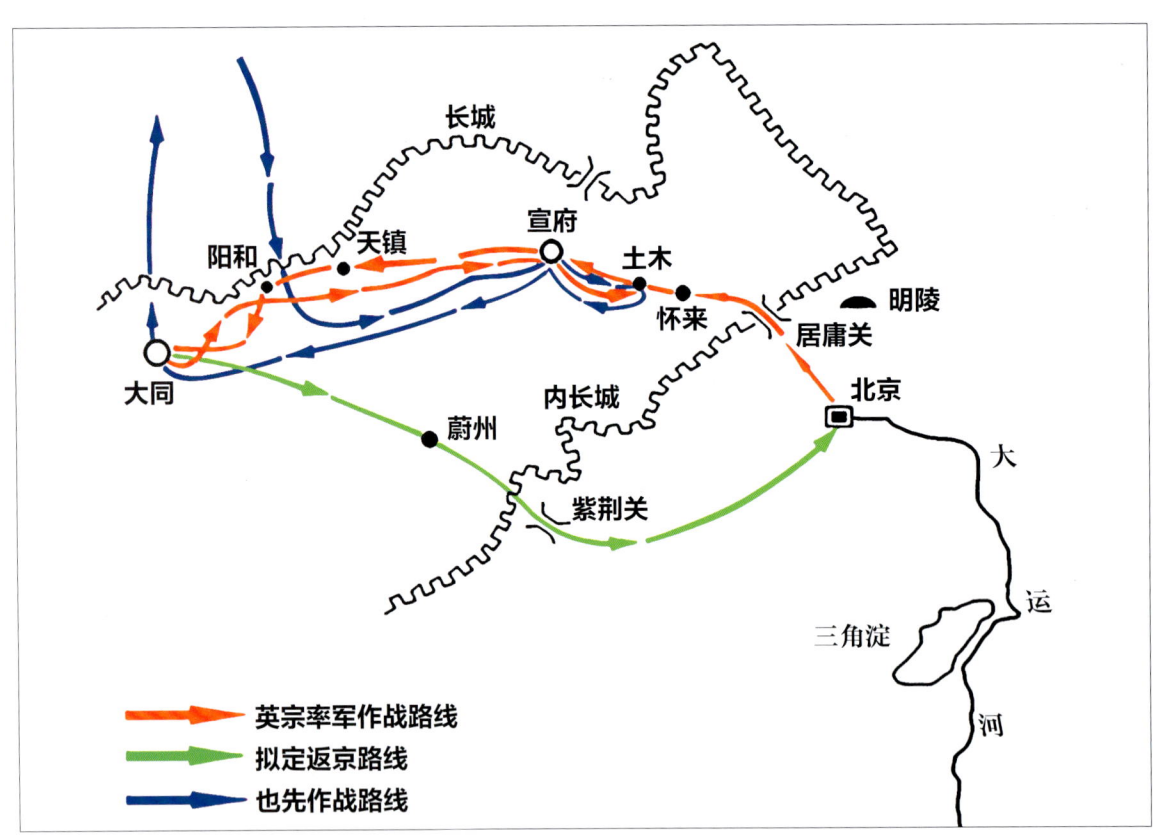

土木之变示意图

雪中长城

第二节
明长城营建与军事建设

明蓟镇长城营建并非简单孤立的一线边墙，而是一系列布局科学严谨的军事防御体系，该防御体系以其复杂和艰苦的施工，严密而科学的战略布局，宏伟而坚固的建筑形制，把长城沿线的隘口、军堡、关城和军事重镇连接成严密的防御网。蓟镇长城由点到线、由线到面，互为掎角，具有战斗、指挥、观察、通讯、隐蔽等多重功能，并设立军屯，配置有常驻军队，既可发出预警，也可协同作战，堪称世界军事史上独一无二的存在。

2009年4月18日，由国家文物局和国家测绘局合作开展的明长城资源调查最新数据显示，明长城东起辽宁虎山（东经124°30′56.70″，北纬40°13′19.10″），西至甘肃嘉峪关，从东向西行经辽宁、河北、天津、北京、山西、内蒙古、陕西、宁夏、甘肃、青海10个省（自治区、直辖市）的156个县域，总长度为8851.8千米，其中人工墙体的长度为6259.6千米，壕堑长度为359.7千米，天然险的长度为2232.5千米。调查结果还显示，明长城现存敌台7062座，马面3357座，烽火台5723座，关堡1176座，相关遗存1026处。通过本次调查还新发现了与长城有关的各类历史遗迹498处[1]。

明初，长城区域实行都司卫所军事制度。洪武年间，全国陆续设置都司卫所。都司卫所制度以都司为地方最高军事领导机构，卫所分为沿边卫所、沿海卫所、内地卫所、在内卫所四种类型，在边境区域调集兵马、屯田耕种、镇守边关。通过设置都司或行都指挥使司，对长城内外分而治之。自洪武十一年（1378年）起，明太祖开始派藩王镇守边关卫所，大将镇守制度逐渐发展为藩王镇守制度，实际上是收紧了对边关镇守的管控。永乐年间的都司卫所制度继续发展，而藩王镇守制度实行时间短暂，可以说是一个过渡性的政策，很快趋于瓦解。明成祖在各都司新设立了固定的镇守总兵官，总兵官分管统率作战，都司将领分管日常管理。实际上是将军务和治权进行了分化，但并未形成统一的制度和机构。

明代把长城沿线划分为九个防守区段，称为九边。每边设镇守（总兵官），谓之九边重镇。洪熙元年（1425年），总兵镇守制度正式确立，长城军事指挥体系演变为九边总兵镇守制度。九边是以九个主要军事重镇为核心的九大边防区，各防区内常驻军队，各设一名总兵官统辖，依据分地守御的原则，划定管辖范围，各自负责一段边墙、城堡和墩台的修筑，形成整体防御，一直沿用直至明亡。

洪熙年间，王朝稳定、边境安宁，明仁宗朱高炽又不喜战事，明代文治色彩逐渐呈现，文臣势力逐渐渗透进北边军镇体制。宣德年间，明宣宗朱瞻基没有大规模新建长城，而是用巡视边防来加强兵备。为严管粮饷，协调军镇与腹地的关系，在北边诸镇陆续设置文臣职位，即称巡抚。正统年间，文臣势力大为扩张，除巡抚外，另有参赞、提督、镇守、理屯等制度。而后各种制度又逐渐归并，统一而成九边巡抚制度。明正统十四年（1449年），蓟州镇始设巡抚职位，巡抚的职责与地位逐渐制度化，从而形成了"巡抚与总兵并制"的军事管理制度[2]。成化十年（1474年），明代鉴于权力分散、互相掣肘之弊，实行总督制度。弘治年间，其军事管理体制由"战时体制"转变成为"平战结合"，防御力量虽然得以加强，但无法从根本上遏制蒙军进攻。

嘉靖二十九年（1550年）"庚戌之变"，蒙古军队轻易突破蓟镇防线，直逼北京城下，暴露出蓟镇边防存在的问题。因此，蓟州镇战略地位凸显，一跃成为九边最重要的边防要塞。蒙军退兵后，明代出于加强京师防御需要，决定在蓟镇大规模营建长城边墙。

嘉靖三十年（1551年），为提升京师安全保障水平，从蓟州镇中划分出昌镇和真保镇。从军事地位来说，蓟镇、昌镇位于畿辅地区，是北京地区防御体系的腹部核心地带，在拱卫京师安全中发挥重要作用。隆庆二年（1568年），启用谭纶、戚继光，并调往北京。任命谭纶总理蓟、辽东、真保三镇军务，戚继光总理蓟、昌、真保三镇练军事。戚继光任蓟镇总兵时创建空心敌台，改进长城的防御工事，大大增强了防御能力，也使长城更加壮观。隆庆三年（1569年），自居庸关至山海关建敌台3000座，隆庆五年又建蓟镇、昌镇敌台1200座。进入万历时期，继续对长城进行扩建和改建，使蓟镇长城敌台烽燧密布，

俯瞰长城

成为一个严密而复杂的军事防御体系。

蓟镇长城为兵家必争之地,其间发生过多次战争。如著名战役"北京保卫战""庚戌之乱"等。因此,明代隆庆、万历年间,"一年三百六十日,多是横戈马上行"[3]的抗倭名将戚继光担任蓟镇总兵,在加强训练、严明军纪的同时,创建空心敌台,增立车营,改进战法,戍边十六年"边备修饬,蓟门宴然"[4]。李自成与吴三桂的"甲申山海关之战",也在此推动了一次朝代的更替。

---

[1] 赵亚辉、张健:《国家文物局和国家测绘局共同发布明长城调查成果》,《人民日报》2009年4月18日。
[2][4] 河北省文物研究所:《明蓟镇长城:1981—1987年考古报告》,文物出版社,2021年。
[3] (明)戚继光:《止止堂集〈马上作〉》,中华书局,2001年。

第三节
明长城营建的政治策略

营建长城与明朝不同阶段的政治策略是分不开的,是国家战略导向和国力状况的客观体现。明早期为洪武至宣德年间,其政治策略概括为"限地朔漠,和谐共生"。当时国力强盛,军事实力强大,营建长城的目的是以固守边疆、主动防御为重。对外政策主要采取武力防御方针,一方面以武力消灭元朝残余势力,实施北征;另一方面加强北部防御,重视军事筑城,修建关塞、墩堡、烽堠和边墙。两方面构成了明代战略意图的方向性。

洪武五年(1372年),明北征和林,惨遭大败。朱元璋认识到漠北元朝军事力量仍然强大,一时难以全部平定,同时更加坚定了明太祖减少战争、加强边防的战略构想,于是提出"各居边境,永安生业"和"修武备,谨边防,来则御之,去不穷追"的战略方针[1],变主动出击为建立镇守制度,修缮巩固长城关隘,以强化边境地区军事防御。

永乐元年(1403年),明成祖朱棣迁都北京,更加重视北部边防军事建设,并做出一系列军力部署。而此时,蒙古部族则分裂为东西两部,东部称鞑靼,西部称瓦剌,相争不断。朱棣一方面采取拉拢双方的政策,以缓和蒙汉关系;另一方面积极加强防务,选兵布将,以固防强兵震慑蒙古诸部。永乐七年(1409年),朱棣派使臣出使蒙古鞑靼部,结果使臣被杀。此事件亦成为朱棣采取武力镇压蒙古诸部的导火索,自此之后,他以北京为战略根据地,五次亲征漠北,讨伐蒙古鞑靼、瓦剌部落,重创北部蒙古势力。与此同时,朱棣推行恩威并重的对外政策,对于自愿归附和前来朝贡的部族给予优待。

宣德年间,明、蒙关系相对平和稳定,其对蒙战略又从外线讨伐转向内向防守。一方面委派能臣良将镇守北部边镇,威慑蒙古诸部。另一方面,明宣宗朱瞻基对蒙古各部一视同仁,对其他少数民族也多赏赐招抚,对前来贡马、归降的各部落，都封官赐赏。这种怀柔政策缓和了长城内外各民族的紧张关系，维护了边疆稳定。

明中期自正统至正德年间，政治策略可以概括为"边备渐弛""守为长策"[2]。此时，蒙古各部落军事力量有很大的恢复与提升，对明的边境威胁也越来越大。尤其"土木之变"之后，明代积弊日深，由盛转衰，内忧外患加剧，只好实行"守卫长策"的战略。这一时期，因财政虚弱，长城基本因被动防御而修修补补，长城防线处于维持状态。

嘉靖到崇祯年间的政治策略为"隆万中兴，重在改革"[3]。这一时期，通过张居正等大臣在政治、经济等各方面所实施的一系列改革，朝政积弊得以缓解，人才得到重用，与蒙古达成议和，边关稳定，贸易互通，军队战斗力极大提升，并加紧长城营建升级，关隘、寨堡、敌台、哨楼、墩台、炮台等防御设施组成的防御体系固若金汤。隆庆年间，明确将边防放到国家诸事中最重要的位置上，出现了"隆万中兴"的局面。但时间不长，随着后金政权势力崛起和不断进犯，边关危局仅靠古北口等坚固关隘维持，至崇祯十七年（1644年），李自成农民军攻克京城，明代就此完结。山海关让道给清军，蓟镇长城的军事使命也走向尾声。

---

[1] 河北省文物研究所：《明蓟镇长城：1981—1987年考古报告》，文物出版社，2012年。
[2] [3] 北京市政协教文卫体委员会、北京城市发展研究院：《长城踞北（综合卷）》，北京出版社，2018年。

第四节
蓟镇长城的社会文化意义

处于农牧交错地带的蓟镇长城，作为重要的文化遗产，是一个将民族交融、军事防御融为一体的"秩序带"，搭建了人类活动的舞台，体现着营建者的军事伦理、战略意图和生产力水平，这里发生的政治军事活动、经贸文化往来、南北民族交融，既是长城文化的重要内容，也直接影响着自然环境和社会文化属性，更是长城文化遗产的价值与意义所在。长城文化遗产的构成不仅包含长城军事防御体系物质的遗迹遗存，也包含了长城遗迹所依托的自然环境、经济环境和人文环境等。

作为我国古代农耕和游牧文化相互碰撞、相互交融的见证，蓟镇长城在冷兵器时代有效地保护了中原农业文明。蓟镇长城沿线发生的多次战争表明，巍峨坚固的长城是一道不可轻易逾越的屏障，也是明王朝不惜耗费极大的人力、物力、财力加以建设的重要原因。随着清朝入主北京，广袤的蒙古高原、辽阔的东北平原与中原大地在政治上连成一体，长城军事功能逐渐衰退，而文化象征意义不断丰富。

明长城沿线的许多关口成为农牧两大经济、文化的交流场所，有的逐渐发展成为长城沿线的重要城镇。蒙汉间在长城边境实现互市贸易，不仅官方在许多关口开放了马市、茶市等市场，而且民间也有民市、月市和小市，私人贸易非常活跃。蒙汉间思想文化和生活习俗互相熏染融合，甚至土默特部落首领三娘子也喜欢穿大红彩缎狮子汉服。这些既保证了农业经济、畜牧业经济与文化的正常发展，又为二者的交流和相互补充提供便利场所，还起着调解两种经济的作用，使农牧业朝着主辅相互配合的方向发展。

蓟镇长城在和平时期为长城内外各民族的交流、交易提供了场所和保障，改善和影响了长城内外中华民族的生活和习俗，加速了各民族之间的交融，让"大江南北、长城内外"融为一体成为现实。

只有伟大的民族，才会营建出伟大的长城。明蓟镇长城别具一格，一道道铜墙铁壁，一座座雄关险隘，构成一曲气势恢宏的交响乐，激扬着不屈的民族精神。明蓟镇长城蜿蜒在群山之巅、气势磅礴、雄奇壮美，在铁骨铿锵的同时，又不乏秀丽与柔美，其中很多砖雕、石雕、碑刻都具有极高的艺术价值和审美价值。法国著名文艺批评家艾黎·福尔曾在其《世界艺术史》中这样评价长城。他说："中国尤其懂得如何赋予实用性建筑物——桥梁、牌楼、筑有雉堞的城墙、盘山越岭护卫平原的万里长城，以这种气势。无论它显得轻盈还是沉重，它总是那般坚定，如同雕塑的底座。正是在这一底座上，我们奠定完成了我们全部奋斗的坚定信念。"[1] 许多文学家、艺术家创作了大量的诗词歌赋、美术、音乐等文艺作品，给中华民族留下了宝贵的精神文化遗产，这些对于世界了解中国、了解中国历史都有不可替代的作用。更何况长城两边还流传着三娘子互市、戚继光坐镇蓟州、烈女血染九门口、媳妇楼传说、黑姑楼传说、喜峰口故事等，表达了人民群众对正义与善良的赞叹，对邪恶与暴力的鞭笞以及对和平幸福生活的向往。

今天，长城依然昭示人们去发扬光大这种优秀的文化传统和艰苦勤奋、坚韧刚毅的民族精神，激励中华儿女为中华民族的振兴和繁荣，共同努力，奋发图强，去筑就"新的长城"，复兴中国梦。

---

1 〔法〕艾黎·福尔：《世界艺术史》，中国财政经济出版社，2015年。

三娘子像(取自美岱召大雄宝殿西壁清人绘《俺答汗家族礼佛图》)

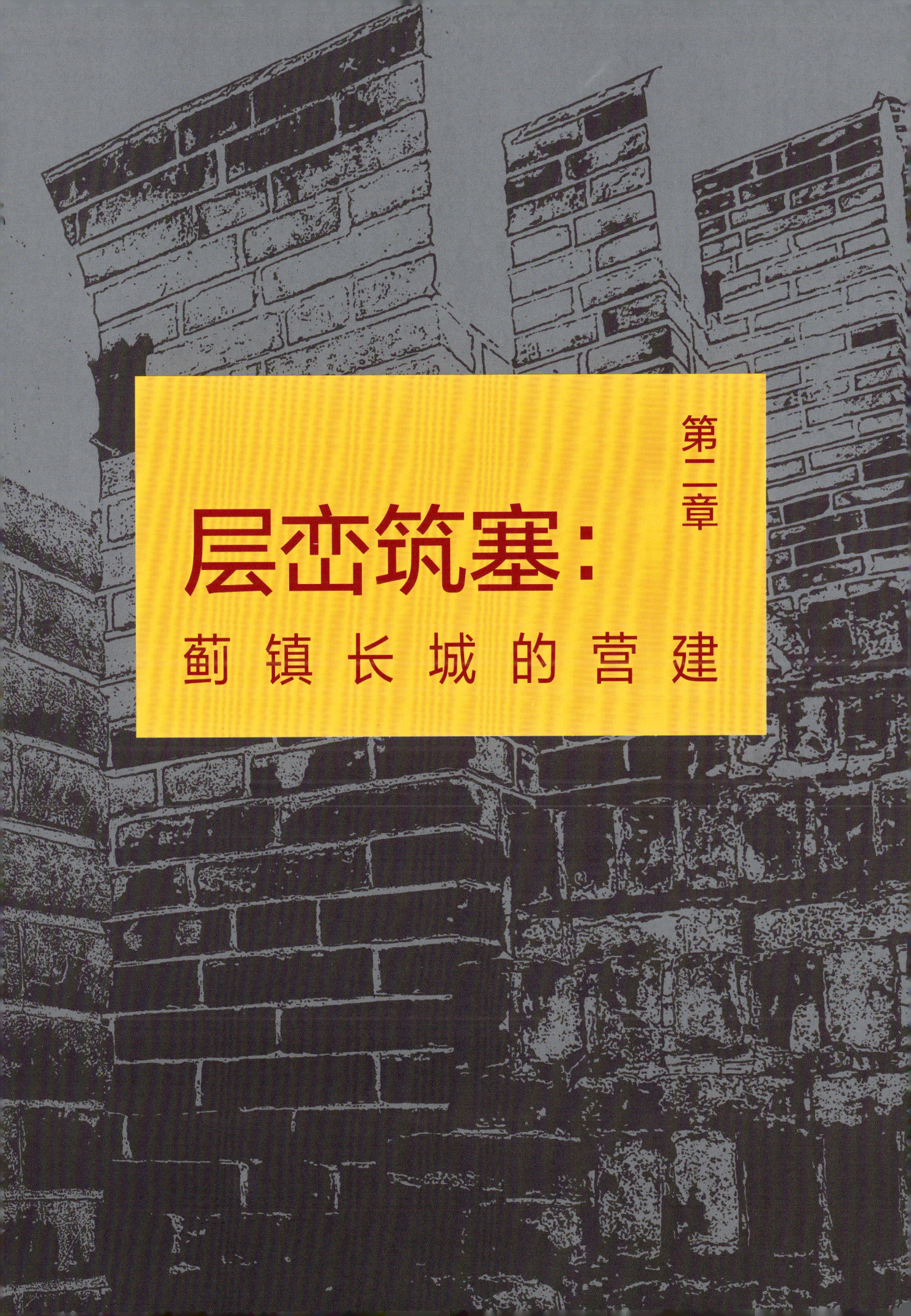

层峦筑塞：蓟镇长城的营建

第二章

明朝270余年间大多都在营建长城，从规模、数量、技术等多方面看，都达到了前所未有的高度。明王朝将长城沿线划分为九个防御区，分别驻有重兵，称为九边或九镇。每镇设有总兵官领辖。据《明史》记载："元人北归，屡谋兴复。永乐迁都北平，三面近塞，正统以后，敌患日多。故终明之世，边防甚重。东起鸭绿，西抵嘉峪，绵亘万里，分地守御。"[1]

蓟镇长城在沿边九镇中，具有特殊的重要地位。一次嘉靖皇帝向兵部尚书杨博流露忧边之情，杨博进谏说："今九边蓟镇为重，请敕边臣逐大同寇，使不得近蓟。"[2]

有关蓟镇建置史主要见载于《明实录》《皇明九边考》《四镇三关志》《九边图说》《卢龙

盘踞山巅的长城

塞略》等历史文献和相关碑文中。蓟镇之重，首先在于它的地理位置从东、西、北三个方面包围京城（图见《不一样的长城》第3章第2节蓟州镇）。号称京师西大门的居庸关距京城只有50多千米，有京城铁门之称的古北口也只有百余千米，蓟镇有险则京城震悚，蓟镇稳固则京城无虞。特别是永乐初年，撤销塞外的大宁卫以后，更增加了蓟镇的防卫负担。明初设大宁卫，大宁附近有兀良哈三卫是明初在东北所设的泰宁、朵颜、福余三个蒙古卫的总称，因该地居住蒙古兀良哈人而得名。"三卫"处在鞑靼与瓦剌之间，与明王朝关系向背无常。朱棣发动"靖难之役"时，从兀良哈三卫选精骑三千南下参战，甚有功劳。朱棣当皇帝后，封三卫的封建主以都督、指挥、千户、百户等职，把大宁及三卫地区送给了兀良哈。这样，开平卫（今多伦）孤存塞外，无法据守，宣德年间不得不移卫于独石口，与开平策应的兴和（今张北）也舍其防戍，原在大宁地区筑的城堡全部废弃。同时在辽东镇和宣府之间形成声援隔绝之势，京东、京北失去了大片缓冲地带，蒙古各部逼到近边，蓟镇所有关口都成了前沿，正像戚继光在《重修三屯营城记》中写的那样，"国初，捐大宁藩封界，兀良哈为夷属，赖镇辅郡奠重蓟镇"[3]。

顾祖禹在《读史方舆纪要》提到："蓟镇，为京都左辅。当大宁未彻时，与宣府、辽东，东西应援，诚藩篱重地也。自弃其地以与兀良哈，而宣、辽声援绝，内地之垣篱薄矣。嗣后，朵颜日盛，侵肆有加，乃以蓟州为重镇，建置重臣，增修关堡，东自山海，西近居庸，延邪千里，备云密矣。"[4] 可见其重要的战略地位。

---

[1] [2] 河北省文物研究所：《明蓟镇长城：1981—1987年考古报告》，文物出版社，2012年。
[3] （清）李鸿章：《畿辅通志》，全国图书馆文献中心缩微复制中心，2004年。
[4] （清）顾祖禹：《读史方舆纪要》，中华书局，2005年。

第一节
历史沿革

明朝是继秦皇汉武之后，又一个大规模修筑长城的朝代，其建造规模之大，功能之完善，是我国历史上任何一个朝代都不能与之相比的。

明初，朱元璋将北部边防线推进到大兴安岭、阴山、贺兰山以西、以北一带，营建长城工程主要是在北魏、北齐、隋长城的基础上展开的。洪武六年（1373年），太祖命大将军徐达等，修筑了北京燕山山脉、军都山山脉之间的关隘。至"靖难之役"，成祖登基，对于长城的防御更是重视，为使敌台相接，增建敌台、烽燧、戍堡、壕堑，局部地段将土垣改成石墙。

自英宗正统之后，北部蒙古族的势力得以恢复，蒙古骑兵南掠的次数越来越多，所以修筑长城屡被提出，《明史》记载："正统元年，给事中朱纯请修塞垣。总兵官谭广言：'自龙门至独石及黑峪口五百五十余里，工作甚难，不若益墩台瞭守。'乃增赤城等堡烟墩二十二。"[1]

正统十四年（1449年）八月"土木之变"，英宗被俘，蓟镇长城亦遭到破坏。景帝即位后，下令修复长城，《明史·景帝本纪》记载："十一月癸未，修沿边关隘。"[2]《临榆县志》记载："景帝景泰元年（1450年），提督东京军务右佥提督御史邹来学修喜峰迤东至一片石各关城池。"[3]

《明史》记载："十一年擢右副都御史，巡抚顺天。整饬蓟州边备，建议增筑塞垣。自山海关西北至密云古北口、黄花镇直抵居庸，延亘千余里，缮复城堡二百七十所，悉城缘边诸县，因奏减防秋兵六千人，岁省挽输犒赉费数万计。"[4]《永平府志》记载："弘治中，蓟辽巡抚洪钟筑边墙，自山海抵居庸，凡二百七十余处。"[5]

"蓟镇"最早出现在《明世宗实录》（嘉靖）中，在嘉靖三年（1524年），"蓟镇金秋成熟""领营兵三千，蓟镇精兵三千"。

嘉靖三十年（1551年），增设了真保镇。嘉靖三十一年（1552年），明朝皇帝与大臣商议，将蓟镇由"十区"并为"八区"；《续文献通考》记载："明史禀曰：蓟之称镇，自是年始，昌平称镇，自三十九年后，总名蓟镇。"[6]至此，昌平镇独立为镇；嘉靖四十二年（1563年），议准蓟镇东起山海关，西至镇边城（居庸关南），1070千米，分为十路，前七路为蓟镇旧属，第八至第十路为黄花镇、居庸关、镇边城。这样，昌平镇的防御区段俱并入蓟镇。到隆庆二年（1568年），戚继光又以左都督总理蓟辽昌保练兵事务，节制四镇兼蓟镇总兵官，又把十路分为十二路。

山海关入海长城——老龙头

《天下郡国利病书》卷 11 所载的空心敌台，全部注为隆庆三年至万历元年所建[7]。《永平府志》卷 30 引《国榷》中亦记载："神宗万历元年（1573 年）夏四月，乙卯，增蓟镇、昌平敌台二百。"[8] 关于空心敌台的建筑经过、修筑方法和用途等，戚继光《练兵实纪》记载："先年边城低薄倾圮，间有砖石小台，与墙各峙，互不相救。军士暴立暑雨霜雪之下，无所藉庇。军火器具如临时起发，则运送不前。如收处墙上，则无可藏处。敌势众大，乘高四射，守卒难立。一堵攻溃，相望奔走，大势突入，莫之能御。今建空心敌台，尽将通人马处堵塞。其制：高三四丈不等，周围阔十二丈，有十七八丈不等者。凡冲处数十步或一百步一台，缓处或百四五十步，或二百步不等者为一台。两台相应，左右相救，骑墙而立。造台法：下筑基与边墙平，外出一丈四五尺有余，内出五尺有余，中层空豁，四面箭窗。上建楼橹，环以垛口。内卫战卒，下发火炮，外击敌人。敌矢不能及，敌骑不敢近，每台百总一名，专管调度攻打。台头、副二名，专管台内军器辎重。两旁立主容军士三五十名不等。五台一把总，十台一千总，节节而制之。"[9]

万历四十六年（1618 年），始设山海镇。自山海镇的设立，明长城防线便形成了"九边十三镇"的格局。

---

1 2 4 河北省文物研究所：《明蓟镇长城：1981—1987 年考古报告》，文物出版社，2012 年。

3 许浦：《临榆县志》，全国图书馆文献中心缩微复制中心，2000 年。

5 8 （清）宋琬：《永平府志》，《秦皇岛历代志书校注》，中国审计出版社，2001 年。

6 （明）王圻：《续文献通考》，现代出版社，1986 年。

7 （清）顾炎武：《天下郡国利病书》，全国图书馆文献缩微复制中心，1992 年。

9 （明）戚继光：《练兵实纪》，中华书局，2001 年。

第二节
营建时段

蓟镇长城处于京师门户要冲，从东西北三面环卫京城，地理位置十分重要。而蓟镇边墙的修筑，和宣府、大同两镇基本相同，都是经过了建关隘堡寨，修建石边、墩台，改建石墙（平头薄墙）、砖包（拆旧修新），广修敌台及修缮这五个阶段。但宣府、大同两镇以建石墩台为主，而蓟镇则主要为建空心敌台。蓟镇长城的营建大致分为洪武至宣德初年、宣德中后期至正德年间、嘉靖年间、隆庆至万历初年和万历中后期至崇祯年间五个阶段。

一
第一阶段：洪武至永乐年间

蓟镇边墙在明初边防中占有重要地位，《明史》卷九十《兵三》记："初，洪武六年命大将军徐达等备山西、北平边，谕令各上方略。从淮安侯华云龙言，自永平、蓟州、密云迤西两千余里，关隘百二十有九，皆置戍守……九年，敕燕山前后等十一卫，分兵守古北口、居庸关、喜峰口、松亭关烽堠百九十六处。参用南北军士，十五年又于北平都司所辖关隘二百，以各卫卒守戍。"[1] 洪武十五年（1382年）时所设的二百关隘，基本都在蓟镇和昌镇一线[2]，如一片石、黄土岭、董家口、箭杆岭等二百处，以各卫校卒分守其地。是年十二月，据山海之险要地形，修筑山海卫城，周1508丈，高4.1丈，规模庞大完善，建筑宏伟精美。

永乐十年（1412年）九月，"宣府兴和等处城垣屯堡坍塌，遂敕宣府总兵官武安侯郑亨曰：……可选兵五百，仍领去巡视各处关隘屯堡，凡冲要处有塌者，即叠石甃砌，或以土筑，务在坚固"[3]。永乐十二年（1414年）八月，"命镇守蓟州都指挥陈景先督军民修筑遵化城及缘边关隘之倾颓者"[4]。

永乐十三年（1415年）正月与十月，朱棣两次大规模建设西南、西北隘口，并在每口设戍卒十人防守。居庸关防区关隘的修建主要集中于此期间。永乐十九年（1421年）明迁都北京，保卫京师的安全成为明代军事工程的首要任务，北部边防线设置更为严密，燕山长城成为前沿阵地。明朝驻扎京师的京营军有七八十万，并广泛构筑长城，加强京师警备。

宣德元年（1426年）七月，"命都督山云、都御史王彰自山海、永平、蓟州抵居庸。凡诸关隘未有完固者，督总兵官遂安伯陈英、都督陈景先及诸镇守官并在近军卫有司修理，务悉坚完"[5]。关隘水口、大小关门、住堡以及附近堡城大抵是在这一时期粗具规模，重要的如山海关、喜峰口、古北口则比较坚固而完备，但城池全包砖的还不多。

这一阶段主要完成长城及缘边关隘、堡寨的建设，主要是从洪武到永乐、宣德初年（1368—1426年），明廷边防的注意力主要是

董家口长城

放在关隘和堡寨上。于缘边要地增设墩台,设兵戍守,使边防粗具规模,以应军事防务急需。而且宣府、大同两镇的边墙建设也早于蓟镇,关隘堡寨则随建随颓随修。

二
第二阶段:宣德至正德年间

此阶段主要工程是将关隘间的边墙连接——塞垣,增设烟墩。这时的边墙除大的口门以外基本都是石墙。石边墙出现早,但修筑的时期相当长。在边墙以外的平漫处,则是削偏坡、挖壕堑或修筑拦马墙。或于重要处修复线(即附边),形成内外重叠的二至三层防线。这一工作从宣德初年开始一直到成化(1465—1487年)时期,又形成一个大修的高峰。起初是增建墩台和边墙。到成化年间有的边关、墙垣、堡寨,经过半个多世纪多已受损,需大规模修筑。

宣德四年(1429年)八月,"蓟州守备都督陈景先奏:'六月淫雨,水山泛涨,山海、永平、蓟州,口外长城拦马墙及建昌诸营、山海、永平诸卫城皆颓塌。'上谕工部臣曰:'口外城墙及诸营堡,俱边防要切,就令景先即督官军修之'"[6]。此时也有一部分墙体被连接起来,称之为"长城""拦马墙"。而在宣府和大同镇主要是于边墙上增置墩台。

石边墙长城

宣德五年（1430年）二月，大同总兵官武安侯郑享奏："宜于怀来卫西洋河口筑一墩，迤南天城卫长胜墩东北之中增一墩，烂柴沟亦筑一墩相接怀来瞭望。"[7]

宣德五年（1430年）五月，"增置口北沿边诸堡。先是，北边自怀安西洋河至永宁、四海冶山口四十四处……清请兵立堡"。宣德五年（1430年）八月，修独石、新城等处烟墩。

正统元年（1436年）四月，"镇守蓟州、永平、山海等处总兵官都督同知王彧言：先已奏准于所辖地方，长城内每三里设一墩架炮，遇贼薄城，举火发炮，庶使不能潜越，今墩台二百余座已完，请给合用信炮，上命行在工部与之"[8]，首见用长城一词。正统九年（1444年）六月，"敕巡视蓟州等处关隘，其密云地方山势平坦，烟墩离远，宜增设墩台六十三座，益

军守哨。从之"[9]。但经过近半个世纪自然的磨损和雨水冲刷，边墙、关隘和堡寨大多已残破颓废，故明于天顺（1457—1464年）、成化（1465—1487年）时期又大修边墙，但仍以石墙为主。

正统年间，由于内阁、宦官专权和厂卫特务统治，政治渐趋腐败，从而为蒙古势力南下造成可乘之机。北京地区不断遭受边患袭扰，北部边防有所松弛，原设在开平（今内蒙古正蓝旗境内）等地的卫所被放弃，使明代防守线南移。

景泰元年（1450年），明代宗朱祁钰为于谦所拥立，增修居庸关城，但凡城池适宜布置防御设施的地方，都建设配备齐全。城外可通人马的地方，就动用工力，务必使其险峻非常。同年，在白羊城旧城上，重建堡城一座，上跨南北两山，

插箭岭长城石墙

下当两山之冲。于谦着重加强长城沿线关隘的防御设施,并在离京城10—15千米的地方,每隔2.5千米修筑一座烽火台,称为墩台,俗称堡子。景泰六年(1455年),居庸关城又一次修缮,此次修建于六月,修居庸关城毕功,命工部造碑,翰林院撰文刻置关上,以纪其绩。

成化六年(1470年)七月,"镇守独石、马营、蓟州、永平、山海、密云、古北口、居庸等关诸臣各奏言:六月间骤雨弥旬,山洪泛滥(涨),平地水高二三丈许。冲倒城垣,壕堑、堤坝、丈以万计。坍塌沿边一带墩台,座以百计……欲将冲塌城垣、墩台修理,以备不虞,奈工役浩繁,一时无所处办。事下工部,请令各随缓急修理。诏悉从之"[10]。成化六年(1470年)九月,"镇守密云都指挥佥事王荣奏:山水泛滥,冲塌古北口、潮河、白河、龙王峪沿边一带关城、墩寨、堤坝及密云中卫南北墙垣,请拨军修缮。从之"[11]。

成化八年(1472年)二月,"命大同、宣府、蓟州、密云、辽东、甘肃等处及偏头、雁门、紫荆、倒马、居庸等关镇守总兵内外等关修补墩台、城堡、边墙、壕堑"。

成化十二年(1476年),李铭为总兵官,在镇十二年……修边备,峻处削偏坡,漫处甃砖石,总两千余里。成化二十一年(1485年)七月,"镇守蓟州等处总兵官署都督佥事李铭等以六月雨久,山水暴涨,鲇鱼口一带关口墩堑、城垣冲决颓圮,请起倩各营军士修治。从之"[12]。

成化年间,北部军镇边备废弛,危机不断。沿边守将因循怠慢,城堡失修,士卒久不操练,战力衰弱。针对这种情况,明朝采取措施,连墩于墙,列城于垣,巩固长城防御。

第二章 层峦筑塞:蓟镇长城的营建　　23

居庸关城

弘治年间，明孝宗朱祐樘大力整顿边防，修筑九边要地城垣、隘口、墩台。北京地区主要修建了八达岭城和横岭城两座关城，北部边备空虚状态有所改观。

弘治二年（1489年）七月，"修蓟州、冷口、喜峰口、潘家口、青山口、义院口、一片石、箭竿岭、沙坡谷、猪圈头等处墩台、城堑、廒会"[13]。

弘治三年（1490年）七月，修筑蓟州等处关隘八十八处。

弘治十四年（1501年）春，由巡抚洪钟负责督建密云石匣城，至该年秋，城工告竣。明嘉靖四十四年（1565年）石匣改建为石城。新城四门齐全，城门上建有城楼。

弘治十七年（1504年）八月，"经略边务工部左侍郎李燧奏：古北口边墙西至慕田谷关，东至山海关庙山口，墙垣一千五百余里，关寨营堡二百四十余处，俱坍塌损坏，宜从新修理，以图经久……从之"[14]。

弘治十八年（1505年）六月，修边墙二万四千七百九十余丈，壕沟三千三百余丈、墩台、敌台、城楼、营堡等项共一百七十余座，营房三百八十余间。

正德年间，北部边防危机不断，驻牧于河套的鞑靼诸部频繁进攻，进入内地大肆抢掠，边备废弛，将士惧战。此阶段主要修建了镇边城和长峪城，并设守御千户所，皆为被动应对之举，全无御敌良策。

居庸关城

三
第三阶段：嘉靖年间

这一阶段主要是在嘉靖时期（1522—1566年），工程内容是继续修筑边墙的不足额部分，改造平头薄墙，加筑垛口，加厚墙体。

边墙经过从宣德、景泰（1450—1456年）、天顺、成化到嘉靖时期的修筑已历近百年，但按总数要求仍不足额。以《明实录》记载蓟镇应修边墙1557里[15]计，到了嘉靖时期仍未完成足额，大约只完成一千余里，而且多是平头薄墙。未完成部分要继续修建，过去已修建的平头薄墙则因不合防御要求需要拆毁改建，这样就增加了相当大的工程量。

嘉靖十年（1531年）五月，"整饬蓟州边备都御史周期雍上言二事：一、修复边关以利戍守，谓罗汉洞、星星峪、桑岔峪、苇子峪、花场峪、水门寺、城子谷、董家口、大毛山、小河口、鲇鱼石、猫儿谷、青山岭等关塞，始皆据沿边险陂，有万夫莫敌之势，后因虏警辄移入腹里平漫之地，以致虏骑长驱出入无禁，宜亟修复故地。庶利于守……报可"[16]。

嘉靖十八年（1539年），巡抚都御史戴金巡察蓟州边备，见"内边诸山险处亦多，但山外攀援易上。山空水道处所，每年虽修垒二次，皆碎石干砌，遇水则冲，虏过即平"，提出"应将山外可攀援之处堑崖凿壁，山顶以内严令禁长树木，仍补砌山口水道，使连亘如城，亦如陕西各

垛墙

边之制，更添墩堡以备防守"[17]。

嘉靖二十九年（1550年）《提都副都御史何栋修举边防疏略》："别区分以估工费。查得自山海关起至居庸关沿河口共二千三百七十余里，中间应修边墙并铲崖极冲、次冲、稍冲边墙，附墙敌台、垛口、墩台、墩房，通计应修边墙墩台共四万二千一百三十丈，敌台二百座，通共该银三十二万四千八百八十两……"[18]

嘉靖三十年（1551年）开始在蓟州镇大规模建筑边墙，主要采取新建隘口、修缮关城、增修边城的策略。据记载，总督何栋提出："自山海关至居庸关，沿河口，共二千三百七十里，中间应修边墙，并铲崖。"并制定了"边墙规格，高一丈五尺，根脚一丈，收顶九尺"[19]。

今青龙满族自治县凉水河乡的石砌长城，不少地段正是这种规格。《卢龙塞略》记载，此后，嘉靖三十六年（1557年）、三十八年（1559年），直到隆庆元年（1567年），都对长城进行过不同程度修筑。

四
第四阶段：隆庆至万历初年

隆庆（1567—1572年）到万历（1573—1582年）初，边墙建设工程的首要任务仍是继续完成蓟镇边墙1557里的未完部分。到隆庆二年（1568年）仍有300里未建，这是明数，实际尚有许多未建边墙的空闲地段，地方边官隐匿不报，封疆大吏也难以知晓。另外一个重要举措就是拆旧墙修新墙，包砖，广建敌台。这一时期的任务较前一段只修石墙建烽墩的情况大不相同，而且工程量增大，完成时日延长，需耗巨款才能完成。

至隆庆三年（1569年）自居庸关建敌台3000座，隆庆五年又修筑蓟镇、昌平敌台1200座，建筑工艺全面升级，墙体全部采用砖石加夯土结构，更加坚固耐用。这些烽燧、敌台与长城南北的许多城防、关隘、都司、卫所等防御工程和军事机构，共同组成一道城堡相连、烽火相望的千里防线，成为中国长城营建史上最坚固的地段。

隆庆五年（1571年）《巡抚都御史杨兆议处重镇边备疏略》："自黄崖口（关）钻天峰起，东至洪山口廖家谷止，边外如分水岭、大小石门等一十三处，设墙不过二百丈，建台不过五七座，斩关不过三十处。"[20] 从黄崖关（属马兰路）到洪山口（属松棚路），据当时统计为130多明里（以1明里为480米推算），只"设墙不过二百丈，敌台五七座"，可以想见当时隐匿不报或虚报的数字有多大了。直到万历以后，修筑边墙的工程历年不辍，形成主客兵分守修缮，"年废年修，殊不暇给"的局面[21]。

这一阶段，敌台的建设工程在隆庆三年到五年（1569—1571年）形成了一个高峰，建台举措主要是由谭纶、刘应节和戚继光提出的。戚继光任蓟镇总兵官后，对蓟镇边防提出一整套措施，其中修边墙、筑敌台、实行主客兵以及春秋两防练兵等方略是其重要举措。

隆庆三年（1569年）二月，"总督蓟辽兵部侍郎谭纶奏：蓟昌二镇东起山海关，西至镇边城，延袤两千四百余里，乘障疏阔，防守甚严。宜择要害酌缓急分十二路，或百步、三五十步，犬牙交错，筑一墩台共计三千座，每岁可造千座，每座可费五十金，高三丈，广十二丈，内可容五十人……兵部复：纶所言诚守边便计。得旨。允行"[22]。

谭纶提出的关于边墙的改造，即改平头薄墙，内外（即垛墙和宇墙）皆加垛口，防止两面受敌，同时加厚墙体，提出分缓、冲五十步或百步，筑一空心敌台。在《明实录》中也有同样记载。

隆庆五年（1571年）八月，"蓟昌筑敌台工成"[23]。此次建台，谭纶、刘应节、戚继光、杨四畏……加官晋爵，赏赉有差，但未说明完成敌台数有多少。

城堡相连、烽火相望的千里防线

隆庆六年（1572年）《巡抚都御史杨兆校核镇兵以稍裕军储疏略》："案本镇西自镇边东抵山海延袤两千里，计极冲之处新建敌台一千二百零六座。"[24] 这是当时完成的敌台数。

万历元年（1573年），请再"增台二百座"[25]。关于拆旧墙修新墙之议是隆庆末年到万历初年进行的，乃谭纶、刘应节、戚继光之策。

万历六年（1578年）《总督右都御史梁梦龙酌议修守机宜疏》："自来经略蓟昌者多主于守，而守之策所最先者一为修台，一为修墙。查得先年有墙无台，贼每犯皆于墙外登占高阜，俯而窥墙，万弩齐发，官军无所遮，既不能仰支贼势，又不能俯制贼攻，所以往往尖守。至隆庆初年，始有建台之议。台阶据高骑墙，与墙外高阜相望并峙，火器易及，贼不能登占高阜，则不便于攻墙，此总督谭纶、巡抚刘应节、总理戚继光之策也。当是时墙由夫旧也。至我皇上御极四年，始有拆旧墙修新墙之议。新墙高广加于旧墙，皆以三合土筑心，表里砖包，表里垛口，纯用灰浆，足与边腹砖城比坚并久，内应增台者既增之，应

空心敌台密布

两侧边墙均有垛口

铲削偏坡者即铲削之……原议合镇并修，今各路分修矣……原议并修，每岁两防，该墙五十里内兼增台铲坡。今分修有修墙兼增叠铲坡，有只增台不修墙铲坡者矣。原议八年十三年上完，今拟众议，非再假二十年不能矣。"[26]

万历六年（1578年）七月，"诏以古北口、黄花镇及各路紧要墙台尽令三年修完，其余以次增筑，三年递歇，三年递修，工完之日听督抚将效劳人员分别功罪具奏"[27]。

万历九年（1581年）三月，"职方郎中弗尧年查勘蓟昌二镇边工。蓟镇修边墙五千三百六十三丈、敌台一百一座，铲削偏坡五百八十七丈，建潮河川大桥一座。昌镇修边墙四千六百四十一丈、敌台十座，铲偏坡五十五处，俱高坚壮丽、钱粮无破冒"[28]。

从《明蓟镇长城：1981—1987年考古报告》得知，边墙砖包基本从隆庆二年（1568年）大修敌台时就开始了，到隆庆六年（1572年）蓟镇敌台又完成二百余座后才把拆旧墙修新墙提到日程上来，同时于万历六年（1578年）又陈述旧墙之利弊，旧墙改为砖包势在必行。但这一举措并未全部完成。根据报告，砖包墙多属隆庆到万历时期，主要发现在关隘两侧和一些连壁城堡上，而高山、峡谷、险峻之处仍为石墙，说明万历初年的拆旧墙修新墙，由于工程巨大需耗费大量人力物力且国库匮乏等原因并未全部执行。

万历六年（1578年）以后，又提出要求各路墙台误期三年完成，三年递歇，三年递修，实际为九年，但到万历九年（1581年）勘查蓟、昌两镇时只完成敌台101座。

第二章　层峦筑塞：蓟镇长城的营建

五
第五阶段：万历中后期至崇祯年间

此阶段为万历十年（1582年）以后到崇祯（1628—1644年）时期，主要工程是继续完成城墙的拆旧修新和1500座敌台的未竟之数。万历十一年（1583年）十二月，"命修山海关城"[29]。万历十三年（1585年）正月，"墙子岭桥工、黑峪关城工告成"[30]。

总兵戚继光从隆庆二年（1568年）到万历十二年（1584年）主持蓟镇十六年，形成蓟镇边墙建设的高潮，蓟镇边墙和敌台的建设工程都完成了三分之二以上。戚继光调离蓟镇以后，边防工程虽然还在进行，但已放缓。《明实录》中增筑边墙和敌台的记载也较前减少，然而城墙的拆旧修新以及增筑敌台的工程一直未停，只是放

山海关东罗城

缓而已。修建敌台的工程在万历晚期已经完成，据查，从万历元年（1573年）初到万历四十八年（1620年）约半个世纪中，人们一直在不停地修筑敌台拆建边墙，在长城敌台和墙体上发现的碑刻也以万历时期的最多，多属长城阅视、鼎建、城建、建台的记事碑，计有万历二年、五年、八年、十年、十二年、十五年、十八年、十九年、二十三年、二十四年、二十九年、三十一年、三十五年、四十二年、四十八年等，反映了万历一朝对于边防——蓟镇长城及其附属建筑的建设从未停止。

从现在发现的2097座敌台看，到万历晚期蓟镇敌台的数量已远超过隆庆六年（1572年）统计的1206座；但所建边墙的长度仍为隆庆六年统计的1557里。现有调查应只完成了736374.2米，约合1534.1明里（以1明里为480米推算）[31]。《四镇三关志》记载的各路边墙几乎都是嘉靖三十年（1551年）之前建成的，实际没有达到1557里之数，其未完成之数应是虚数。

上述蓟镇边防的完备，主要是在明嘉靖、隆庆到万历时期，此前以修筑石边、隘口、边堡烽墩为主。庚戌（1550年）之变以后，明穆宗不断加强京师及宣府和蓟镇的边防。隆庆元年（1567年），刘应节整饬蓟州等处边备；10月调戚继光入京协理戎政。隆庆三年（1569年），总督蓟辽兵部侍郎谭纶奏，于蓟、昌二镇东起山海关，西至镇边城，议建敌台三千座[32]，由戚继光总理督造。于是蓟、昌二镇在边墙上大修敌台和墩台，每岁可造千座，期用三年时间完成，后因经费匮乏，只修了一千五百座。万历元年（1573年）另增筑二百座，但蓟、昌二镇的敌台主要完成于隆庆三年（1569年）到隆庆五年（1571年）的三年间。万历以后仍不断增筑敌台和边堡，城池也不断完善。据长城鼎建碑所记，直到万历晚期仍在增修边墙和敌台。

另外，万历年间，北京又修内长城，尤其是对明皇陵（今十三陵）北部怀柔一带的长城大加修缮。万历四十七年（1619年），明末将领熊廷弼主持蓟镇防务，易以砖石，在长城上营建大量的空心敌台，加强防御工程，局部地段改线重建。两年后，孙承宗带兵在山海关城东墙之上建"新楼"，以加强东部防线。至此"九边"的建置与防务形成了较为完备的体系。

崇祯六年（1633年），巡抚杨嗣昌在山海关城南、北各处建翼城，增强关城两翼防御能力，与城关左右相呼应。同年，在老龙头上修筑宁海城，使之成为一座居于海防要冲的堡垒城。在关外1千米处的欢喜岭高地上，建造威远城，居高临下，易守难攻，成为山海关东城防守的前哨。

崇祯十六年（1643年），在山海关城西侧建筑西罗城，与东罗城前后呼应，成为关城的前防后卫。同时，杨嗣昌还派兵加强了附近长城的防御措施，例如位于城关东北的九门口，也增修加固，形成一线坚固的防御屏障，对于保卫京师、巩固明王朝的统治起到一定作用。

1-30 32 河北省文物研究所：《明蓟镇长城：1981—1987年考古报告》，文物出版社，2012年。

31 邱光明等：《中国科学技术史·度量衡》，科学出版社，2001年。

第三节
镇府三迁

燕山群峰之上，一座座敌台自东向西依次排开，穿越深涧密林，如同昼夜不眠的哨兵，坚守着一个个通关要道。

明代蓟镇长城长官为"镇守总兵"。驻守在作为指挥作战和战略防御的核心"镇城"，是为镇府。明万历五年（1577年）戚继光重修镇府，所立《重修三屯营镇府记》碑记载，其镇城初设在桃林口，后移至狮子峪，最后迁入三屯营城[1]。

一
初建桃林口

桃林口乃明代屏卫帝都北京的东翼要道。设关最早始建于北齐天保七年（556年），汉唐以来一直是战火纷飞的边关重地。桃林口是蓟镇洪武年间的镇城，也是长城"九边"中唯一一个位于长城"边"上的镇城。从整体上看，桃林口过于偏僻，距离冷口、喜峰口、潘家口、古北口等地太远，不利于指挥全镇，同时其战略回旋余地小，迁移镇府势在必行。

明洪武十三年（1380年）冬，蒙古骑兵数千人由桃林口入塞，在永平府烧杀劫掠，明军指挥刘广战死。于是，次年春，由大将徐达率兵于此重修桃林口关隘。这也是明朝第一次大规模修筑桃林口关城，修后关城级别很高，为后来成为蓟镇总兵府打下了基础。永乐初年，为了阻止剽悍的蒙古骑兵侵犯，护卫京城，在长城沿线设置了九边重镇，各镇都有总兵官、巡抚，数镇之上还有总督，派驻兵力少时也有几十万，多时达百万，约占全国兵力的三分之二。

桃林口历三任总兵官，共计22年。首任蓟镇总兵官为隆平侯张信，第二任为遂安伯陈志，第三任为陈敬。首任蓟镇总兵官张信为朱棣的亲信，因战功卓著，被封为北平都指挥佥事，正三品。朱允炆继位后，给张信密信捉拿朱棣，张信在权衡利弊后，决定站在朱棣一边。朱棣与张信、姚广孝、朱能等人一起商量，最后决定利用朱允炆的密诏，反过来将北平都司的谢贵、张昺一举擒获，夺取北平的控制权。事成之后，张信又带兵跟随朱棣转战，鞍前马后，冲锋陷阵，直至朱棣进驻南京称帝。朱棣对张信心存感激，封张信为隆平侯，称张信为"恩张"。

次任陈志同样跟随朱棣起兵，于桃林口潜心经营军事防务，戮力戎行，始终不懈，有效地巩固了大明江山北部边防，为明代京都的安全做出了贡献。

第二次大规模营建桃林口，是在戚继光任蓟镇总兵时期，建有内城、外城、瓮城，关堡防守相连，烽燧两两相望，体现了戚继光的周密设计匠心。万历元年（1573年）四月，戚继光率兵出桃林口关，大败蒙古军，史称"桃林大捷"。

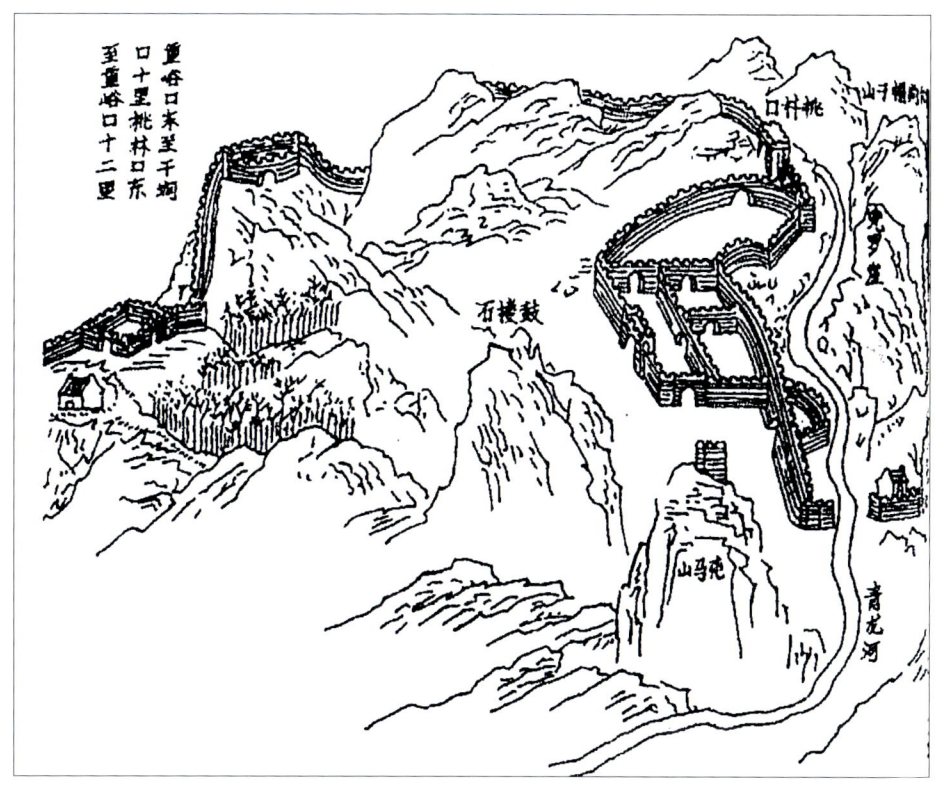

桃林口关城（引自《永平府志》）

二
再迁狮子峪

永乐二年（1404年），都督陈敬为了方便管理蓟镇军务，将蓟镇镇府迁于狮子峪，使之更加接近中心位置。据《卢龙塞略》记载："建城，始迁安寺子峪为蓟镇守之始。"[2] 可知"狮子峪"原为"寺子峪"的谐音。明代郑书撰《三屯营帅府职官题名碑》最早记载了历任总兵姓名，原碑至今未被发现，其碑文见于民国版《迁安县志》中："蓟镇乃天下第一重镇也，永乐即命重臣如张隆平、陈遂安俱以伯爵充总兵，备御桃林口。继以陈都督敬移镇狮子峪，天顺间又移置三屯营。"[3]

明代《三屯营北城台紫极宫记》中说："蓟东设镇建帅，僻在峙子峪。地狭兵微，房辄阛人，势莫能支。天顺二年，总兵胡公镛始扩为三屯营城郭。"[4] 由于狮子峪的地形狭小，不利于屯集重兵、驻扎卫所，因此，天顺年间蓟镇的镇府从狮子峪迁至三屯营。自永乐年间的陈敬、陈景先，洪熙至宣德年间的王彧，正统年间的孙继先、宗胜等，共有五任总兵驻于此，历经54年。

狮子峪位于今迁西县旧营和小西营一带，至今遗有旧城的残垣断壁，还保留着教军场、点将台等地名，流传着一些修建长城的传说。起初，在旧营这里营建关城，但城未建完，发现旧营水源不足，只好迁到小西营。迁安县文管所在旧营村山沟里发现了一块《建桃树略碧霞元君殿碑》，此碑是明万历二十九年蓟镇总兵尤继先帮助修

陷马陶筒坑、铁蒺藜阵地等文物遗址，还发现大量明代兵器和筑城工具。

从目前发现蓟镇长城沿线砖窑的分布来看，明代包砖长城所用的城砖应是就地烧造。还有一点值得注意的是在砖窑附近，一般都有灰窑的遗存，大岭寨、西城峪、董家口、板厂峪等地都是这样。这些长城砖窑的发现和出土对明代长城砖窑的调查和研究工作具有重要的指导意义，特别是其四近向阳的选址原则和成群布局的特点，将使基层文物工作者的调查工作有的放矢。

明长城砖窑窑床上所存烧好的城砖在沉睡了500年之后，经北京市中国建筑材料研究所测试，其抗压强度仍达到237千克，与现在生产的机砖262千克相差无几，说明当时的烧造技术已达到或高于今天的水平。大岭寨左三窑的发现和清理，为研究明长城砖的烧制技术提供了难得的实物资料，这一研究领域的开辟对明代包砖长城的保护、维修工作具有重要的实用价值。

2. 长城砖的分类

长城用砖有"砌墙用砖"和"特殊用砖"两大类；"砌墙用砖"中又分普通"条砖"和铺砌墙顶的"海墁砖"等。砌墙的条砖中还有较少的"铭文砖"和"字模印文砖"。"铭文砖"的特点是砖上有模印或手刻的"左""右""中""右二"等数量不多的文字。"字模印文砖"特征为砖上有以印模印上去的"万历四年天津营造""万历拾年喜峰路造"等有关时间和记录烧造单位的内容。这些"特殊用砖"中，还有用于砌筑垛口墙的"垛口尖砖"，用于垛口墙、宇墙墙顶封顶的"劈水砖"，修造长城望孔、射孔的"望孔砖""射孔砖"，铺砌长城垛口底面的"垛口基砖"等等。在河北迁安、抚宁、山海关等地的长城脚下，都发现过烧制长城砖的砖窑，形制亦如上所述。

（四）石灰

石灰是用石灰石、白云石等经900—1100℃

板厂峪长城砖窑遗址

煅烧而成、主要成分为氧化钙的无机胶凝材料。石灰也是人类最早应用的建材之一。在明代早期石长城上，就使用了石灰勾缝。明中期后，石灰在营建蓟镇长城上的使用上更加广泛，除外墙的勾缝之外，还和黏土混合做砌墙材料。白灰和糯米汁混合而成的糊状物，还用于修凿平整的长城基石或敌台基石的黏结，这些长城基石上的黏

望孔砖与射孔砖（蜻蜓装饰图案）

望孔砖与射孔砖（菠萝装饰图案）

望孔砖与射孔砖（椰子树装饰图案）

望孔砖与射孔砖（花卉装饰图案）

万历年间造长城文字砖

结物至今仍坚硬得难以除掉。修长城石灰的制取与土、石、砖略有不同。长城所在地段或附近不一定就有烧制石灰的原料，因而石灰就不一定取自所在地，但也是采自就近的地方。比如秦皇岛境内明长城使用的石灰，就烧制自盛产石灰岩的抚宁县石门寨，而且是长城营建单位自己派员烧制。明朝长城的捍卫者、重臣于谦曾写过一首《石灰吟》："千锤万凿出深山，烈火焚烧若等闲。粉骨碎身浑不怕，要留清白在人间。"表达自己为国尽忠，不怕牺牲的意愿和坚守高洁情操的决心。

（五）三合土

在明代，随着石灰在建材中的普遍应用，筑墙时还应用了一种新的材料配伍，这就是"三合土"。三合土又称"三和土"或"灰土"。它是由黏土、石灰、河沙三种材料混合而成的。黏土有黏结度，河沙增加强度和抗压力，石灰可增强抗雨水冲刷侵蚀能力。把这三种建材拌和起来，再加以传统夯筑工艺，墙体的强度及定型能力便大大增强了。

蓟镇长城建筑使用三合土，一般用于城基或城角部分；重要部位或卤湿地段也有一色以三合土夯筑的。山海关宁海城内瓮城和老龙头临海地段的城墙，就全部为三合土夯筑。这些被誉为"中国混凝土"的三合土长城地段，虽经几百年的风雨冲刷及海水卤蚀，依然屹立完好，甚至让当代的混凝土都显得逊色。

（六）木材

蓟镇长城建筑上用木材，主要是用于关口和城楼部位的建筑。长城关口的大门是厚木板做的，上面包有门钉和铁叶子。关隘城楼的梁架、椽檩、门窗、楼板等部件都使用木材。长城建筑中使用的木材也基本是就地或就近采伐的。

宁海城

山海关东罗城内砖包土城墙

二 运输方式

（一）人力运输

使用人力搬运是最原始的方法，用人背、肩扛、筐挑、杠子抬等方法把大量的城砖、石灰、石块搬运到山岭上。当时人们还采用了传递的方法，把人排成长队，从山脚下或已修好的一部分城墙排到山脊上，依次把城砖和小石块一块块传递上去，把石灰一筐筐、一挑挑传递上去。这种传递运输的优点是减少来回跑路。特别是山路狭窄，可以减少来回的人互相碰撞，提高运输的效率。

（二）机具运输

除了人力的运送之外，当时已经利用了简单的机具，如像手推小车，可在比较平缓的山坡上使用，修筑关城和堡子等平地建筑时就更多地利用推车。在运送上千斤的大石上山时还采用了滚木和撬棍，并且在山上安置绞盘把巨大石块绞上山脊。在跨过深沟峡谷运送砖瓦和石灰时，还采用了"飞筐走索"的办法，即把砖瓦石灰装在筐内从两岸拉固的绳索上滑溜过去，大大地节约了劳动力。

（三）动物运输

传说在八达岭高山之上修筑长城的时候，曾经利用过善于爬山的动物山羊和毛驴、牛马等，在筐内盛满了石灰跨在毛驴背上，把毛驴赶上山。在山羊角上系了城砖把山羊哄上山代替人力运输。总之，当时修筑者想尽了一切办法，利用

城楼的木质结构

一切条件来修筑长城，但大量的运输和修筑工作还是靠笨重的人力来完成。

（四）军队运输

《明史》中记载，嘉靖（1522—1566年）以后，蓟镇边墙虽修，墩台未建。延袤二千里，一瑕则百坚皆瑕。戚继光建议补建敌台，先由边防军兴建1200座。但是，"边卒木强"，不好指挥，以军法从事又怕激出问题。于是，戚继光调到北边之前，在江南抗倭，专挑憨朴耐劳的浙江农民，特别是义乌的农家子弟，以铁的纪律训练出著名的戚家军。他调来三千浙兵，列阵郊外，"天大雨，自朝至日昃，植立不动"[1]，《明史》说，"边军大骇，自是始知军令"，从而让懒惰骄横的北方兵彻底改变[2]。此后，戚继光主要依靠军队完成了敌台建筑工程，"精坚雄壮，二千里声势联接"。时至今日，在司马台等长城的墙砖上，还可以看到某镇某卫之类的施工官军落款。

明朝尹耕的《修边谣》写道："去年修边君莫喜，血作边墙墙下水。今年修边君莫忧，石作边墙墙上头。边墙上头多冻雀，侵晓霜明星渐落。人生谁不念妻孥，畏此营门双画角。"这些诗词歌谣所反映的是当时营建长城的历史侧面。

---

1 梁思成：《清工部〈工程做法则例〉图解》，清华大学出版社，2006年。
2 河北省文物研究所：《明蓟镇长城：1981—1987年考古报告》，文物出版社，2012年。

第七节
选址与布局

一
地理环境

自然环境为人类提供生存的空间，是人类文明产生和发展的基础。长城营建与中国的自然环境有着密切联系，其位置的确定取决于诸多因素，地理环境是其中因素之一。

随着明朝国力不断衰弱，北方边境防线不断内缩，蒙古势力一再南犯。蓟镇长城防御区的地理环境，主要包括华北北部京津冀地区。绵延起伏的燕山山脉，其内是肥沃富饶的华北平原，其外与蒙古高原和东北地区接壤，地理位置十分重要。明朝时燕山多林木，居庸关以东为禁山，山高林密；居庸关以西虽非禁山，也是满山丛林。黄花镇号称"京师北门"，除山林外还有很多果树林，吴师道诗曰："居庸古塞口，诸峰并嵯峨。左转万栗林，黄叶堕残柯。"兴隆县雾灵山更是峰峦叠嶂，苍松古柏。蓟州西北的盘山，树高林密，蔚然深秀，不仅材木所出，且盛产水果，碣石山等地也都是林果丰茂。

由于连年的征战、大兴土木、烧荒、奸商无序开采、滥建寺庙、烧炭和炼铁等，对大自然无节制索取，大批林木遭到砍伐焚烧，为了社会经济发展和军事用途，各级官员开始建议朝廷植树造林。戚继光上奏说，"蓟镇急务惟有四事：曰建台、曰练战、曰营田、曰种树"，他指出："至于栽树遮虏今已为奇策"，"今必欲一面筑台，

黄花城水长城

雾灵山长城

一面种田、一面种木、一面鼓战,四事并举。"[1]可见,植树已经关系到国家安危。隆庆三年(1569年)二月,右检都御史庞尚鹏也请朝廷"补植蓟镇之木,以资障蔽"[2]。

以修建喜峰口关城为例,景泰三年,修筑燕山喜峰口关城,"楼高四丈,深广称之,名曰镇远楼",筑造之"力取于守御之卒",而"材取于山峪之产"。90年后,于嘉靖中,又在喜峰口修筑"来远楼",当时,都御史胡守中"奉玺书行边乃出塞,尽斩辽金以来松木百万"建成此楼。明末因山洪暴发,楼倒屋塌,百万松木变成残垣断壁。

蓟镇长城地区的农耕与游牧民族的激烈冲突,主要是受气候变化因素的影响。由于环境、气候的变化,直接影响长城内外农耕和游牧族群的生产及生活,直接影响长城内外的社会安定。气候灾害也常使农业减产,加上统治者政治腐朽常激化农耕地区的社会矛盾,致使战乱烽起。

于是,国家开始严禁采伐军事防御林,乱砍滥伐,不论军民,一律严惩。成化二十一年(1485年),令都察院监督,不许在西山山场附近凿石取煤,不得破坏山林烧炭。弘治六年(1493年),怀来右参将都指挥同知盛忠私遣兵卒在塞外采伐树木,被罢官。

蓟镇长城是农业生产上的一条重要界线。它既是雨养农业与绿洲农业的分界线,还是我国农、牧业生产的分界线。长城地带作为农牧业生产的交错地带,实际上是农牧业内部结合差,农牧关系矛盾较多的表现。农牧业在空间分布上是分离的,汉民族聚居区以农为主,少数民族聚居区则以牧为主。如在内蒙古长城沿线一带，蒙古族以牧为主，集中在中部高平原，汉族以农为主。

作为军事设施，蓟镇长城的营建需要穿过江河、湖泊、农田、沟渠、密林和山地等自然地理空间，战场环境复杂，不同环境情势往往关乎战斗的成败，蓟镇长城认真严密的勘察，营建位置的设定和走向，都体现着营建者的军事伦理、战略意图和生产力水平。无论是战术层次还是战略层次的人工军事障碍物，其设计、修建、攻防与废弃等活动中的人与环境的互动关系都值得关注，这种互动关系的持续与终止、方式与特点、关联之强弱、影响之大小，直接影响着自然空间的文化属性，显现出自然空间与文化空间的消长态势。

二
选址与布局

长城不是一道孤立的城墙，而是选择与利用有利的自然地形，营建大量不同形制建筑组成的严密军事防御体系。戚继光在营建蓟镇长城时以"因地形，据险制塞"为基本法则。"因地形"，即指根据地形条件而构筑工程和充分利用所在地的自然资源选择合适的建筑材料；以据险制塞的原则，利用地理天险御敌，一则居高山上、扼守山谷；二则谷中盆地、水路并重；既节省建筑材料，也可以最大限度地发挥它的军事防御功能。

在蓟镇选址布局中，首先突出其军事价值，优先选择平坦稳固和富饶之地建城；其次，选取以山为依托，又靠近水源的地方；最后，选取山势险要的峡谷地带。基于地理形势以及明代军事管理制度，蓟镇军事防御聚落的结构秩序和分布形态呈现以下特征。

1. 防御为主

蓟镇聚落主要以屯兵屯田的防守功能为主，而非进攻性的征伐据点，因此聚落多位于长城墙体内侧。堡寨由南向北、由内部纵深向防御前线，数量逐渐增多，分布密度亦逐渐增大，防御强度逐渐增强。

2. 放射结构

蓟镇军事防御体系是层级严密并呈放射状发散的结构，聚落空间呈现出以高一级别城池为中心的放射状空间特征。关城、关口与长城城墙距离不过百米；堡、寨与长城城墙距离在600—800米；为满足相关城池的战备资源供应，往往相距15千米或20千米建一堡。基于层级防御体系的屯堡聚落以多路、多堡、多关联合的作战模式来增强防御能力，由此形成层层发散、众星拱卫的放射性防御聚落体系。

3. 横向分段、纵向分层的线性结构

在蓟镇区域各路既统一布防又相对独立，形成不同尺度下的横向分段体系。其中，关隘沿长城墙体布局，成为第一道防线；堡寨、营城堡作为后方的屯兵、屯田之所，其位置沿关口的纵深而设，为关口提供快捷的兵力和资源供给，为第二道防线；卫、所城则位于便于交通和指挥之地，成为第三道防线。由此，长城墙体及关隘、堡寨和营城堡、卫所城堡等多道防线形成了一个从北到南的纵向分层体系。

4. 网络结构

综合众星拱卫的聚落层级和横向分段、纵向分层的聚落类型分布，蓟镇军事聚落的空间实质上是一个不同秩序叠加的网络结构，从而实现点线结合、以点控线、以线制面的防守功效。各路之间横向分段把守，纵向各负其责，各有自己的防区。这种触一发而动全身的网络特质，保证了蓟镇长城防御体系有效的资源配置和完整的防御效果。

---

1 2 河北省文物研究所：《明蓟镇长城：1981—1987年考古报告》，文物出版社，2012年。

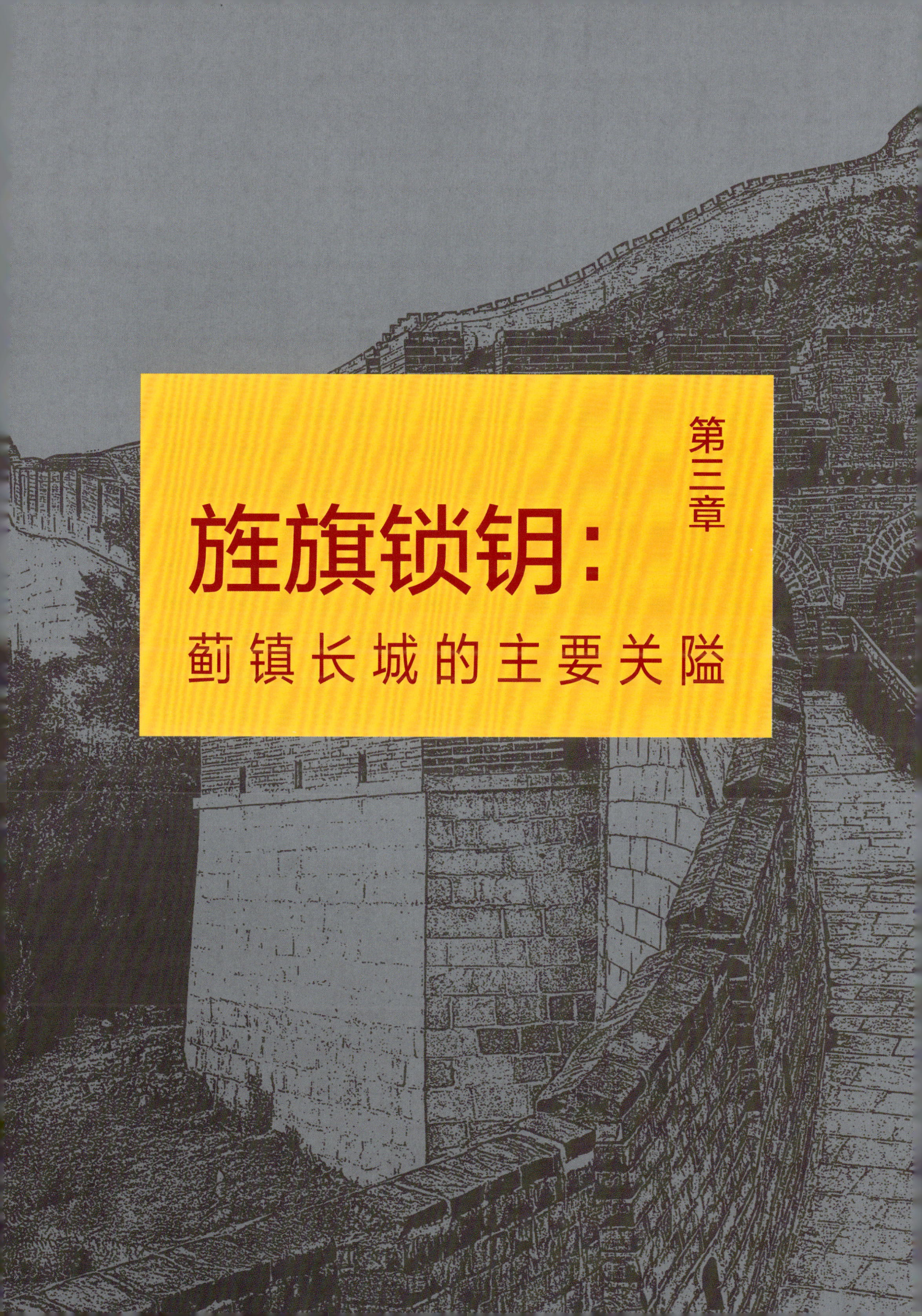

旌旗锁钥：
蓟镇长城的主要关隘

第三章

长城关隘是长城沿线重要的防御设施，具有重要战略、战术价值。在古代文献记载和诗词描述中，经常可以看到有"关山""关河""关津"等词句。"关"总是与山、河、海等自然形势相结合，同时还有关口、关隘、关塞等说法，都是指险要地带供人们出入的要道。国家文物局《长城资源调查名称使用规范》规定：关，一般指筑有城、围的屯兵地，一般依托于墙体，也称为口。关隘往往建在交通要道上，或位于高山峻岭之上，或处于深沟峡谷之中。设关之处地形、地势险要，易守难攻，可以达到用较少兵力抗击较多敌人进攻的目的，故有"一夫当关，万夫莫开"之说。

第一节
"天下第一"山海关

山海关又称榆关、渝关、临闾关，位于河北省秦皇岛市东北 15 千米，华北平原与东北平原相连的辽河西走廊西端，是明长城的东北关隘之一。因其依山邻海，故名山海关，素有中国长城"天下第一关"之美誉[1]。

明洪武十四年（1381 年），中山王徐达奉命修永平、界岭等关，带兵到此地，以古渝关非控扼之要，于古渝关东六十里移建山海关，北倚燕山，南连渤海。山海关长城历经洪武、成化、嘉靖、万历、天启、崇祯六朝修筑，耗用大量人

山海关关城镇东门（天下第一关）

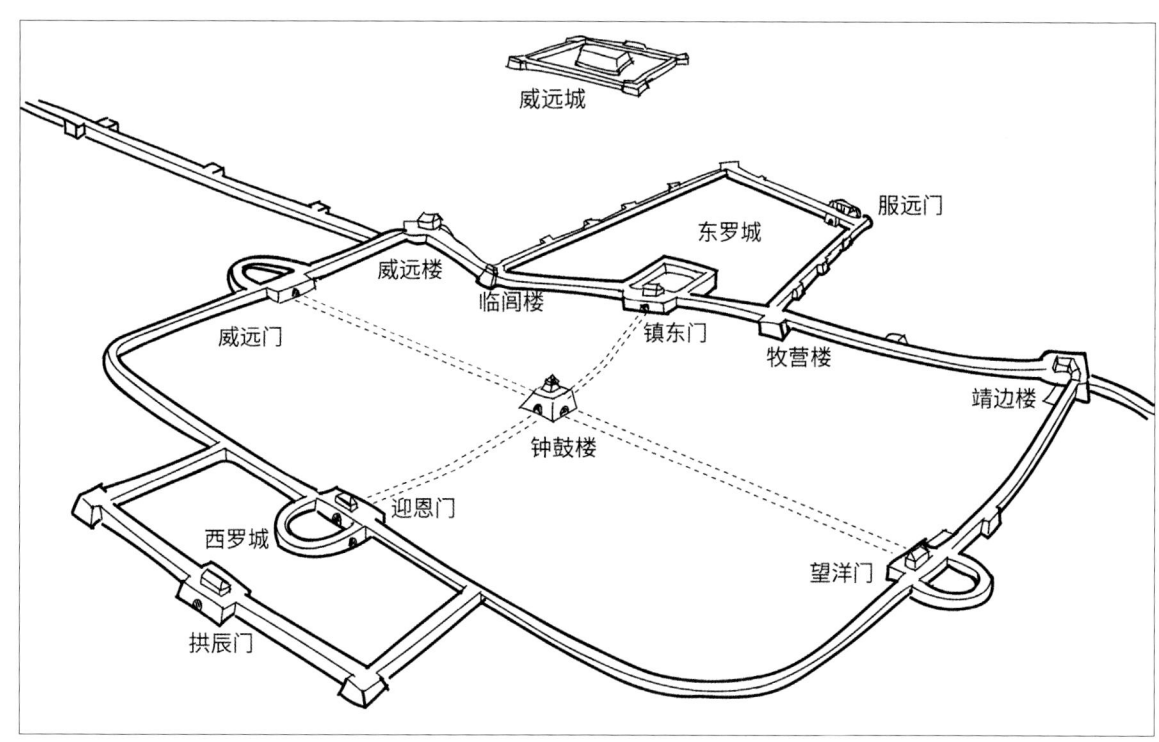

山海关城布局图（参照《不一样的长城》[2]重绘）

力、物力和财力，建成了七城连环、万里长城一线穿的军事城防系统。

关城是山海关长城的中心，呈不规则长方形，西北和西南转角处呈圆弧形，未设角台。城垣周长4727米，城高14米，厚7米。东墙为长城主线，关城东西南北四面各建有城门，东门为"镇东门"，西门为"迎恩门"，南门为"望洋门"，北门为"威远门"，四门城台上均建有城门楼。城墙的东南、东北隅处于长城主线，各建有东南角台和东北角台，角台上分别建角楼，是关城转角处防御性建筑，镇东楼南北两侧还建有临闾楼、牧营楼和新楼。在关城的东南、西北和西南隅各设水门一座，墙外有护城河环卫。

山海关城东门即为"天下第一关"城楼，乃箭楼格式。城台高12米，城楼高13米，东西宽10.1米，南北长19.7米。楼分两层，第一层高5.7米，第二层高8米。城楼建筑，上为歇山重檐顶，顶脊双吻对称，下为砖木结构，四角飞檐上饰以形态各异的脊兽，造型美观，栩栩如生。

山海关城四座城门的外部均有瓮城，偏侧开门，现仅存东门瓮城。南北修建有翼城，外围修建有稍城，前呼后应，左辅右弼，构成掎角，共同拱卫关城。

东罗城建于明万历十二年（1584年），置关门1座，敌台、角楼各2座。关门上筑"服远楼"，面阔10米，进深5.85米，楼高9.45米，两层，重檐歇山顶。西罗城在关城西侧与关城西墙相连，因是关城后防，故城墙均为土筑。南翼城在关城1千米处，周长1.5千米，城南北各置一门。城内设右翼协领署，明代主要以存放粮草、武器及驻守士兵为主。城北1千米为北翼城，建筑形制与南翼城相仿，城内设左翼协领署。居于关城外东侧的稍城，名为威远城，南侧的稍城为宁海城。

明朝后期，山海关的作用越来越大，很好地抵御了东北女真族（后金）的袭扰。万历十二年（1584年）二月，永平兵备道副使成逊会同山海关兵部分司主事王邦俊，在王守道所筑夯土城

山海关"天下第一关"城楼

山海关"天下第一关"城楼西南侧

山海关"天下第一关"城楼重檐脊兽

山海关"天下第一关"城楼鹰眼箭窗

第三章 旌旗锁钥：蓟镇长城的主要关隘

南侧稍城宁海城

山海关（《直隶长城分防险要关山水形势地舆城图》）

墙由于战事遭到严重破坏的情况下,将外墙体下部垒石,上部包砖,对内墙体仅做局部补砌,到当年五月即竣工,形成东罗城的规模。东罗城墙体城砖大多印有"万历十二年真定营造""万历十二年德州营造""万历十二年建昌车营造""万历十二年抚宁县造"[3]等10种铭文,也印证了现存东罗城城墙为万历十二年修筑。

作为长城东部的第一个关口,也是长城拱卫明王朝京城的第一道关隘,山海关结构严谨,功能明确,构成"主体两翼,左辅右弼,互为犄角,一线逶迤"的空间格局,是长城军事防御系统设置的典范。

---

1 (明)詹荣:《山海关志》,《秦皇岛历代志书校注》,中国审计出版社,2001年。
2 连达:《不一样的长城》,机械工业出版社,2021年。后同。
3 河北省文物局长城资源调查队:《河北省明代长城碑刻辑录》,科学出版社,2009年。

第二节
"京东首关"九门口

九门口,又称一片石,位于今河北省秦皇岛市抚宁区九门村与辽宁绥中县李家堡乡交界,其西南距山海关15千米,是明长城的重要水关关口。九门口关的防御与山海关相互呼应,从侧翼对山海关的防御形成有力支撑,于山海关后防线有极为重要的意义,因此有"京东首关"的称号。

九门口长城始建于北齐(479—502年),扩建于明洪武十四年(1381年),是明长城的重要关隘。九门口长城全长1704米,城桥长97.4米,横跨九江河,享有"水上长城"之美称。

明洪武十四年(1381年),大将徐达主持修建蓟镇长城,为做到既有高墙抵敌,又可疏放洪水通过,便在河谷处扩建了九门口。这里军事防御设施密集、完备,两敌楼之间相距仅七八十米,在2千米范围内,有敌楼12座,哨楼4座,战台1座,烽火台1座,城堡1座,布局严密,异常坚固。景泰元年(1450年)都御史邹来学续修喜峰口至一片石段蓟镇长城。万历七年(1579年)十月,蓟辽总督梁梦龙遣戚继光移筑一片石,以防土蛮部入侵。万历四十三年(1615年),石门路主兵指挥佥事阳和等人修石黄、一片石关等极冲河桥。

九门口长城建筑特色鲜明,自东向西翻越无数高山、跨过无数大河,遇山连绵不断,遇水浮沉不绝,有如"万壑赴荆门",势不可挡。关隘就建造在九江河之上,形成独特的水上长城。河上修筑九孔城门,河水中流,河床铺就7000平方米的过水条石,俱为纵行铺砌,边缘与桥墩周围,均用铁水浇注成银锭扣,是历史上著名的"一片石"。在一片石之上,筑有九座泄水的城门,关口因此而得名。城门之上架起了一条横跨九江河的巨大水上城桥,两端筑有围城,恰似桥头堡。

九门口长城

九门口长城

九座水门各宽5米，从地面至券旋石高7米，连垛口高达10米。两座围城是明天启六年（1626年）增筑的，各有七个券洞，里砖外石。关城由万里长城墙体和内城及关前九江河上护城汇水城门构成。内城周长1千米，墙高约8米。城墙高大坚固。墙身为砖石结构，外侧有垛口，里边有女墙。

九门口长城依山势起伏升腾，九道水门巍然耸立，一字排开，雄踞于两山之间的峡谷之上，形成"城在水上走，水在城下流"之势。由一万两千块巨型条石和四千四百个燕尾铁铰扣连接而成的过水城桥以及敌楼、哨楼、烽火台、站台、信台等军事设施密集，在中国万里长城中独一无二。

九门口长城地势险要，易守难攻，明末，农民起义军领袖李自成与吴三桂所引清兵曾在这里展开著名的"一片石之战"。1922—1924年期间，直、奉两系军阀也曾在九门口展开过激烈的拉锯战。

第三节
"倒挂奇观"板厂峪

板厂峪长城位于河北省秦皇岛市海港区境内，长城的重要关隘"三道关"雄踞于此。该段长城是明代大将戚继光主持修建的，长城一般宽为5米，高4.8米，用石头和青砖砌成，绵延约15千米，最高敌台修建在800多米高的山顶上。保存较完好的敌台有30多座，其中现存十几处长城界碑，在现存明长城中十分罕见。

三道关是古战场抵御外兵入侵的三道关口。这里山高谷深，峡谷两岸崖壁陡峭，在两山对峙的峭壁峡谷之间设关三重。第一道关设在涧口南端，长74、顶面宽3米的城墙直接连接峡谷两边的峭壁，依山傍崖，锁口若瓶；第二道关悬砌在山麓中部的绝壁之间，距第一道关156米，有"悬崖飞瀑"之称，形态艰险异常；第三道关建在第二道关以北152米处，龙盘岭腰，劈山截谷。长城在这里据险而布，自上而下，倒挂于悬崖峭壁上，陡峭程度接近90度，自然形成"长城倒挂"之势，堪称万里长城风光中的一绝。三道关巧用山中峡谷，步步为营修筑险塞，是古代"以隘谷通道立关置塞"的典范。

板长峪村有保存较好的"板厂峪明长城砖窑遗址"。戚继光任蓟镇总兵时重修长城，在石筑长城的基础上加砖修复，并增修砖制敌台，以后多次增修敌台，加固或重修墙段。明代长城砖窑集中在板厂峪西沟和板厂峪东沟两片区域，窑顶距地面25厘米，顶部由胶土、碎砖等分层筑成，透过被局部揭开的窑顶，可见由厚重的青砖筑成的窑壁。其中两座保存完好的砖窑，占地约300平方米。两座砖窑为马蹄窑，窑口直径为5米，窑深3.5米。里面保存着当时烧好的筑长城用的大砖。砖窑里的砖长34厘米，宽17厘米，厚9.5厘米，重约9千克。砖窑为戚继光统领义乌兵建造，出土有火药匙、铁锄、长城砖和青花碗、温酒壶、火盆、石臼、小刀、剪刀、穿心灯等文物。

板厂峪长城

板厂峪长城——倒挂奇观

板厂峪长城砖窑遗址

第四节
"外控辽左"界岭口

界岭口位于河北省秦皇岛市抚宁区北37千米处，与古北口、黄崖关、喜峰口、冷口接壤，同为蓟镇长城重要隘口之一，具有"外控辽左、内护京陵"的战略地位。界岭以东山海关角山山脉，延伸至祖山、响山，蜿蜒至背牛顶、箭杆岭，向西延伸至青山口、河口与卢龙山脉。界岭口关山势较缓，把守洋河（古称阳河）周边关口。《永平府志》记载："阳河在抚宁县东八里，源出口北列坨山，流经县东南入于海。"[1]

河川的东西两山顶上相对各建有一座平面近似于长方形的高大月台，东西并峙，巍峨壮观，号称金、银台。以这两个月台为节点，均向外连接着长城主线，向内左右各有一道分支城墙从山坡上延伸到河川旁，最后与沿河而建的南北向城墙合围成两个近乎三角形的套城，这就是界岭口的东、西月城。东月城面积最大，是界岭口关城所在地，也就是今天的界岭口村。西月城地势略高，内部现在开垦成梯田。

界岭口村已有千年历史，村民是明代长城守军的后代。村内现存有"长城记事碑"和"边粮碑记"等7通石碑。"长城记事碑"记录了明隆庆四年指挥修筑界岭口长城的主要将领姓名及官职称谓，记录了蓟镇总兵戚继光曾在此督建和巡视的事迹。"边粮碑记"则记载了长城边防向地方上征粮的相关规定。

《明史》记载，明洪武十四年（1381年），屯兵15100名，修永平、界岭等32个关。弘治十三年重修。隆庆二年至五年（1568—1571年），重修城墙，建空心敌台，在界岭口西南15千米创建了台头营，驻扎重兵[2]。

《明史·马芳传》记载："嘉靖三十六年，迁蓟镇副总兵，分守建昌。土蛮十万骑薄界岭口，芳与总兵官欧阳安斩首数十，获骁骑猛克兔等六人。""隆庆元年九月，蒙古贵族黄台吉率众10万攻入界岭口，对滦东四县烧杀掠夺。明朝末年，皇太极多次入侵界岭口。"[3]《清史稿·太宗本纪》记载，清崇德八年（1643年）五月，努山在界岭口打败明兵[4]。民国二十二年（1933年）三月十六日长城抗战中，界岭口被反复争夺，现界岭口西2千米旱水关附近的几座敌台外墙上仍清晰可见弹痕。

---

1 （清）宋琬：《永平府志》，《秦皇岛历代志书校注》，中国审计出版社，2001年。
2 3 河北省文物研究所：《明蓟镇长城：1981—1987年考古报告》，文物出版社，2012年。
4 赵尔巽：《清史稿·太宗本纪》，中华书局，1998年。

界岭口长城

界岭口村

第三章 旌旗锁钥：蓟镇长城的主要关隘

第五节
"巩汉镇虏"桃林口

桃林口长城位于河北省秦皇岛市卢龙县刘家营乡桃林口村，关城东西两面紧依青龙河，地形险要，自古即为要塞。

历史悠久的桃林口，早在远古时代就有人类活动。有记载的长城营建历史则始于1500年前的北齐。明朝初年修城建关，其后不断增建附属设施，成为卢龙境内明长城中最大的关隘。据记载，桃林口"控临边塞，屹为要地。洪武十三年，故元平章完者不花入桃林口寇永平，官军败却之。其南十里曰桃林营"[1]。

另据《永平府志》记载，洪武十四年（1381年）春正月，由徐达率兵修永平、界岭等32关，并驻兵戍守桃林口关[2]。戚继光任蓟镇总兵时第二次大规模修建了桃林口关城后，桃林口关更加壮观。桃林口村曾发现过一块石碑，是当年桃林口关修建完成后篆刻的，上面明确记载了桃林口关长城在明万历十八年（1590年）开始修建，到万历二十八年（1600年）修建完成，前后历时十年，可见当年工程之浩大。

此关修建的目的主要应是防御努尔哈赤的后金兵，因万历二十八年（1600年）正是后金崛起之时。另外，桃林口关位于山海关以西120千米处，青龙河绕关而过，向北直通塞外，这里位置非常险要，桃林口关向北是群山绵延的塞外，关口向西就是一望无垠的关内大平原，直通京畿。因此，这里就成了遏制努尔哈赤入主中原的咽喉要地。

桃林口关按水陆两重设防，关城分内城与外城，还有瓮城，城墙高度在10米左右。外城为石筑，位于关城东路的青龙河边，周长418.7米，高4米。分南北两个兵营，在与青龙河交汇处，设有水关；内城位于关城西部，分上城与下城。上城为主城，周长有1000米左右，在南、北、西各建有城门，南城门上刻有"巩汉门"，北城门上刻有"镇虏门"，西城门刻有"望京门"三字，因为桃林口关的西南方向正是京城方向。在

桃林口水库

上城内还设有东西两个衙门，一个文衙门，一个是武衙门。下城在关城南部，是南兵营将士居住的地方；瓮城在外城南部东墙外，长城东侧的青龙河滩上。瓮城为半月形，南北长约160米，东西宽约77米。南北两端各有1座墩台，东北角建有敌台，东南角有1座小城门。另外桃林口关还建有众多庙宇，由此可见，当年的桃林口关，建设规模庞大，气势恢宏。

---

1 （清）顾祖禹：《读史方舆纪要》，中华书局，2005年。
2 （清）宋琬：《永平府志》，《秦皇岛历代志书校注》，中国审计出版社，2001年。

桃林口长城残楼

残存的桃林口长城

第六节
"火器阵地"刘家口

刘家口关位于河北省卢龙县刘家营镇刘家口村,是秦皇岛境内长城最后一关,始建于明洪武六年(1373年),全长22.3千米,共有敌台86座,由东往西依次为重岭口、桃林口、刘家口三个关口。刘家口长城城墙,东接桃林口长城,西与迁安市须流口长城相连。据《永平府志》载:"明嘉靖二十六年(1547年)蒙古把都儿入犯,陷河流口,寻引去,即此关,距古边城五里,南北山凡三重,雄伟不足而各相环抱,中宽十余丈,路狭仅通马,其西为堡,即河南营。防冷口者必

刘家口长城

防河流，以易于出入，与冷口一也。"[1]

刘家口东段长城地势较平缓，一道河水由关口流过，因此敌台相距不远，山坡上还有一道很深的壕沟，沟前间或有挡马墙，以阻挡敌兵来犯，因此将关口建筑成高大的过水关楼。砖砌敌台长10米，宽9米，高12米，里面能容百人戍守。下部为方形巨石筑基，上部内充夯土，外包墙砖，三层结构，敌台下开设高达6.36、宽3.1米的过水洞，即南北向关门，内侧门额有石匾，书"刘家口关"。敌台北墙和南墙各开6个箭窗，东西墙各有一门一窗，门通两侧城墙顶面。今两侧城墙已不存。台顶有宽大的铺房。楼内中间墙上嵌有一碑，内有"万历六年岁次戊寅重建刘家口关"的碑记，记载万历六年（1578年）重建情况，文字端庄，有颜柳之风，刻痕清晰，保存完好。从碑文中得知，刘家口属于明代隆庆、万历年间著名军事家戚继光整修蓟镇长城边备的一个组成部分，主持修建的朝廷文武大员除戚继光外，还见有兵部左侍郎、蓟辽总督、曾以整修边墙功授太子少保的梁梦龙及顺天巡抚陈道基等，足见朝廷对加强长城军备的重视。

刘家口与朱棣称帝有着一段渊源。建文元年（1399年），朱棣身为燕王，驻北平。一天他与

刘家口长城过水关楼

刘家口长城过水关门

诸将商议征讨宁王朱权，有将领说："征宁王必经松亭关（今喜峰口），关隘险要，恐难过去。"朱棣说："从刘家口出关走近路攻之，不数日可达大宁（今内蒙古宁城）。"于是出兵刘家口，星夜北上。十月，用计攻下大宁，活捉宁王，收编大宁和朵额三卫，南下轻取松亭关。4年后燕王废建文帝自立为帝。

---

1 （清）宋琬：《永平府志》，《秦皇岛历代志书校注》，中国审计出版社，2001年。

第三章 旌旗锁钥：蓟镇长城的主要关隘

第七节
"清水明月"冷口关

冷口关古称青陉、兰陉，位于河北省迁安市东北35千米的建昌营镇北冷口村南，处于喜峰口与界岭口之间，因关外有冷泉而得名。西距白羊峪关12.5千米，东距刘家口12千米，是冀东通往内蒙古、东北的重要门户。

冷口关为明初所建，时为蒙古兀良哈三卫进京入贡的通道，是交通和军事要地。据记载："关城为砖砌，高二丈九尺，周三百八十七丈有奇，东、南各有一门。"[1] 筑有西门、东门和南门。城南有练兵场，对峙的山峰中有沙河自北而南流过。这里的长城多为石头营建，兼有青砖构筑，历经六百年风雪霜雨的侵蚀，很多地段坍塌毁坏，而烽火台依然挺立。由冷口关向西，于大龙王庙村以北有一段长城，在方圆不到五千米处，长城主线由一条分成两条，像在此处绕了一圈，当地人称为"错城"，别具特色。

冷口关建在山势险峻陡峭的凤凰山上，凤凰山上有12个山峰，都筑有城堡，故有12座连营凤凰山之称。北冷口村现在的南门就是曾经的关城大门，长城上筑有烟墩、敌台和瞭望台，山

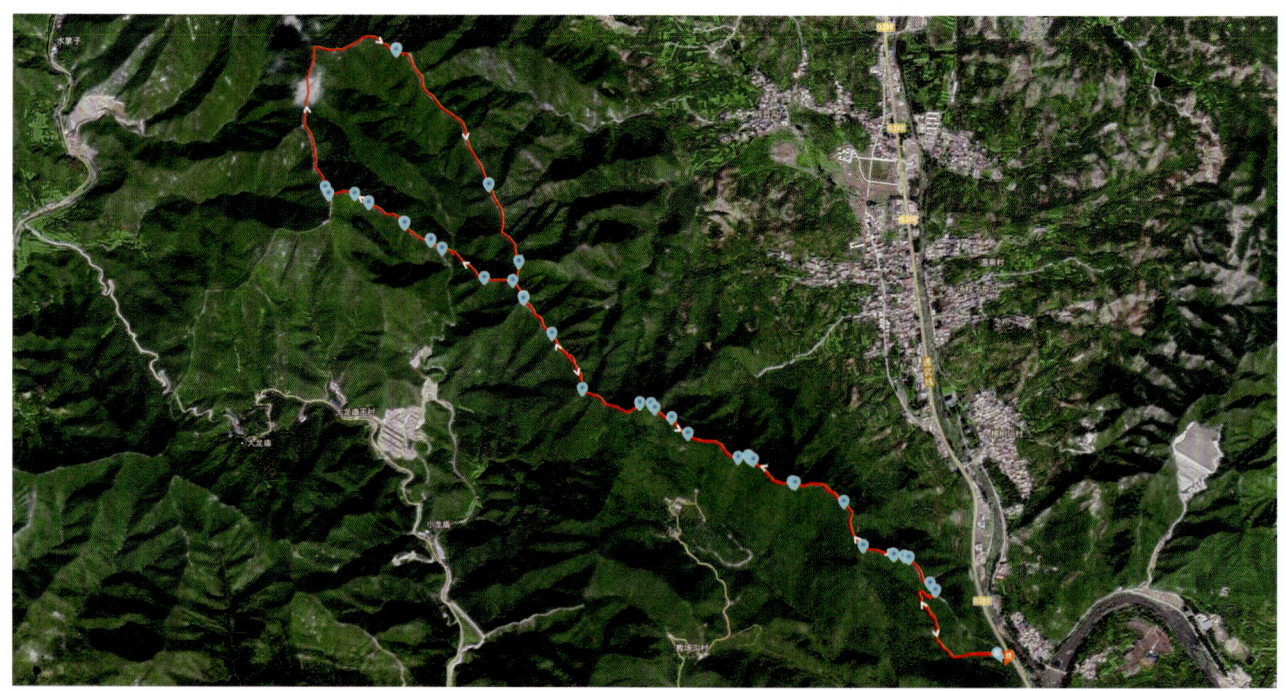

冷口长城"错城"卫星图

冷口长城（错城）

冷口长城

主峰山腰处天然生成两块碧绿的岩石,传说是一双晶莹的凤眼,凤眼自北伸展的两侧是青、绿褐、黄色间杂的岩石,恰似丹凤展翅的五彩羽毛,加之犹如凤尾开屏的连环山峰,就像一只挺胸昂首、跃跃欲飞的凤凰。

由于地势险要,冷口关在古代历来是军事要地。20世纪30年代,这里又成为中国军队抗击日本侵略者的著名长城抗战主战场之一,曾经爆发了历时近3个月的冷口争夺战,显示了中国军人英勇抗敌、坚贞不屈的气概。

历经千年雨雪风霜,战火的硝烟早已散尽。目前冷口关留有八面金斗城、大明摩崖石刻、龟灵石、古燕城遗址、将军墓、尖咀楼、马驹楼以及冷口古城边城等景观。

---

1 (清)宋琬:《永平府志》,《秦皇岛历代志书校注》,中国审计出版社,2001年。

第八节
"总领蓟镇"青山关

青山关长城位于河北省唐山市迁西县北40千米,燕山支脉大青山山脚的平台上,故名青山关,是明初徐达所建的关隘之一。隆庆二年(1568年)经过蓟镇总兵戚继光重修后的青山关,更显雄伟壮观。八面峰是唐山境内最高峰,海拔842米,此峰山势险峻陡峭,主峰突出,还有建筑独特的监狱楼、造型独特的七十二券楼[1]。

青山关虽非大关,也曾是蒙古各部经常出入和袭扰的地方,戚继光镇守蓟州镇后,虽无大战,但抵御小股袭扰也是不断见诸史书,足见青山关位置之重要。

《卢龙塞略》记载:"城石,高丈四尺五寸,周六十六丈九尺,门在西,居三十八家。"[2]《永平府志》记载:"城石高丈四尺五寸,周六十六丈九尺,门在西。"[3]青山口关南北略扁,东西突起,呈椭圆形。

南门分为内外两层,结构均为底部平铺青石,两壁用条石抹白灰泥错缝平砌,基石共3层,高1米,之上用青砖抹白灰泥错缝平砌至拱脚,顶部用青砖起券。内外两层高度、厚度等尺寸均不同。外层宽2.6米,厚2.3米,石基高1米,至券顶高3.9米;内层宽3.2米,进深4.2米,3.4米处起顶部券顶,总高5米。

青山口关北门建筑结构与南门一致,分内外两层。外层石基高0.8米,石基以上砖砌,高0.5米,之上青砖起券,总高2.5米,宽2.2米,厚1.6米。内层门道宽2.6米,石基高0.8米,1.7米高处青砖起券,总高4.1米,深4.2米。关城城墙总周长为366米,墙体顶宽4.8米。关城内有把总署等建筑。水关位于青山口城东侧,用青

青山关长城卫星图

砖砌成拱形。水门有铜闸一面,现仅存铜闸的门轴和起吊铜闸的石墩。

由关口顺长城南上,沿途城墙至今保存完好,长城垛口随山势高低起伏,呈锯齿状,形势别致而壮观。沿线有两座建筑独特的敌台,一是监狱楼,此楼无门,只在正上方有一眼通气孔,为古代战时囚禁战俘之用。通气孔距地面1丈8尺,四壁光滑,难以攀附,战时擒获的敌人,由孔投入,绝难逃脱;二是七十二券楼,建筑造型在长城上独一无二,此楼由大小七十二拱券结构而成,造型美观坚固,组合巧妙,实属长城建筑的一大奇观。七十二券楼由上、中、下三部分组成:下部为基座,用大条石砌成,高与城墙相同。中层是空心部分,为小回廊结构,南墙和北墙各有一个石券门,位于两个箭窗西侧。东墙有四个箭窗,西墙有两个箭窗,每个箭窗下面有一个瞭望孔。楼内比较宽敞,供士兵居住及储存粮食和大炮、弹药、弓矢之类武器。在内部结构墙上,有很多拱式"壁橱",以供戍守士兵放置物品之用。中层也是士兵作战之所。楼顶中央建有楼橹,楼橹上面建有房顶建筑,四周环以垛口,供士兵放哨、瞭望敌情、遮风避雨之用。整个楼宇巧妙结合,造型美观,浑然一体,别具一格。

---

1 迁西县地方志编纂委员会:《迁西县志》,中国科学技术出版社,1991年。

2 (明)郭造卿:《卢龙塞略》,《秦皇岛历代志书校注》,中国审计出版社,2001年。

3 (清)宋琬:《永平府志》,《秦皇岛历代志书校注》,中国审计出版社,2001年。

青山关长城和城堡

第三章 旌旗锁钥：蓟镇长城的主要关隘

青山关关城南门

青山关关城北门

青山关水门（从古堡外看水门）

青山关水门（从古堡内看水门）

第九节
"苍崖壁立"喜峰口

喜峰口，始建于明洪武年间，位于今河北省唐山市迁西县北50千米，坐落于燕山群峰之间较小的盆地里，左右皆高山对拱，北倚危崖，西有滦水，滦河西岸建有潘家口关城，东有长河作为天然屏障，地势十分险要，是松亭关内外交通要道。

喜峰口为明清时期长城重要关口之一，也是当时蒙古乌梁哈部的重要贡路，现仍是唐山地区通往承德、宽城等地的交通要冲。明景泰三年（1452年）七月建关，均筑城墙与万里长城相接，营垒相望，烽墩相连，形势雄壮。关口有明嘉靖

喜峰口长城没入水中的残存部分

"苍崖壁立"喜峰口

年间所建来远楼,楼高"四丈五尺",周长"二十四丈有余"。关门北面有桥城与崖壁相连,桥城下建有水关,筑有千斤闸,名曰闸寇,关门和关城相连。现今,喜峰口长城部分被淹没于水中,水面上仅露出一小部分残墙断壁。

史载,明天顺年间,顺天巡抚邓汉,遍察蓟镇诸关之后,向英宗皇帝奏言:"蓟镇十二路各关虽无处不险,而平原大川,可容数十万大举入犯,又当贡使出入之路,则喜峰、潘家口为最。"[1]

喜峰口长城建筑别有新意,出于军事上的考虑,喜峰口分为关城和城堡两个部分,城堡坐落在群山包围的盆地里,四面用条石砌成,非常坚固,城墙有两丈多高,关门上建有13米高的镇远楼。关城建在城堡北面,三面临山一面靠河,由"日"字形的三道套城组成,关与关之间由坚固的石基砌墙连成一体。城墙的六个接触点均设空心敌台,西城墙又与万里长城主体相通。古时无论是车马、行人,入关城都要通过三道门,可说是戒备森严,确是金汤之固。

喜峰口在历史上经常受到蒙古各部侵扰,因为是大关口,平常为入贡之途,反目时自然成为寇边的首选之地。明末,辽东的清军分别于崇祯二年(1629年)和崇祯十年(1637年)两次攻入喜峰口,直扑北京城周边。令喜峰口名扬天下的战役是1933年3月发生的长城抗战。侵华日军疯狂向蓟东长城各口全面进攻,与中国守军在喜峰口发生了极其惨烈的血战。中国军队多次派大刀队从喜峰口一带潜出,突袭日军营地,整个战役期间共歼敌5000余人,堪称日军侵华以来从未有过的重大损失。

---

1 (民国)滕绍周、王维贤等:《迁安县志》铅印本影印,成文出版社,1931年。

第十节
"水下长城"潘家口

潘家口关古称卢龙寨，位于今河北省唐山市迁西县城北 60 多千米处，迁西县与宽城县的交界线上。潘家口关城址平面为方形，城墙石砌，有四门，门楼砖砌，东门为关门，长城墙体从东门向南北延伸。城四墙，边长 166 米，周长 664 米，城墙高 6.6 米，有垛口墙和马道。

自汉代以来，由华北去向东北的主要通道就是穿越燕山进入大凌河河谷，然后才能进入辽河平原，其中，从卢龙塞经松亭关，再到宁城高原的"卢龙塞道"是最重要的一条路径。关城依山而建，地势险要，始建于明洪武年间。明嘉靖四十一年（1562 年），于今址（原松亭关旧址）建潘家口新关，原潘家口旧关废弃，并于滦河西岸筑城堡，共有墩台 21 座，敌台 160 座，长度约 50 千米，成为防卫京师的一道重要屏障。

《四镇三关志》载："潘家口新关，嘉靖四十一年建，通骑，冲，旧关不守。"[1]《卢龙塞略》载："城土，高二丈二尺，周二百十九丈六尺，门曰西、曰南，居百二十家，教场城南。"[2] 万历四年（1576 年）七月，戚继光曾予重修。其后，潘家口关城逐渐发展演变为自然村落，即潘家口村。

明嘉靖三十八年（1559 年），鞑靼部首领锡林阿用声东击西的办法先攻蓟镇东部的义院口和冷口，趁蓟辽总督王抒调兵东进，中部守军势弱之时，集中兵力攻破潘家口关，渡滦河抵达三屯营，继而向西掠夺遵化、丰润、玉田、蓟州等地，待明朝东援部队西顾时，鞑靼军又向东攻下迁安等地，大肆抢掠后从潘家口关退出长城，此次入侵极大地震动了明廷。

1975 年至 1981 年，利用这里的山形地势，在滦河上游宽城、迁西、兴隆三县交界处，国家修建了潘家口水库，喜峰口长城位于潘家口库区内，其主体已淹没于水下。历时十年的引滦河水入津工程横切长城，喜峰口、潘家口两座雄关镶入一潭碧波，长城于水波之中时隐时现，从而形成万里长城一处绝景——水下长城。

---

[1] 河北省文物研究所：《明蓟镇长城：1981—1987 年考古报告》，文物出版社，2012 年。
[2] （明）郭造卿：《卢龙塞略》，《秦皇岛历代志书校注》，中国审计出版社，2001 年。

时隐时现的潘家口长城

第三章 旌旗锁钥：蓟镇长城的主要关隘

潘家口长城（秦力摄）

第三章 旌旗锁钥：蓟镇长城的主要关隘

第十一节
"京畿重镇"龙井关

龙井关，位于今河北省唐山市迁西县西北角栗树湾乡与兴隆县交界处，是蓟镇长城主要关隘之一。《永平府志》：龙井关"在迁安县西北一百九十里，西接遵化州之洪山口。陡峻边外，有城，旧设把总"[1]。

《四镇三关志》载："龙井儿关，洪武年建，通大川、正关口、河口、东西稍城、真武庙墩、椴木墩俱通骑，冲，余缓。"[2] 可见这里建关很早，为明代初创的洪武年间（1368—1398年），当时的关口还没有两侧山上的敌台和城墙，关口的作用一是收税，二是防敌。《四镇三关志》记载，"关城高一丈五尺，厚四尺，周长二百九十七丈八尺，有南、北、东三门，东门有月城，高二丈，周长二十一丈一尺五寸"[3]。明崇祯二年，皇太极率5万士兵攻陷龙井儿关、洪山口和大安口。明崇祯三年，加固敌台，重修真武庙；七年，建造龙井关桥城，横长"一十七丈"，宽"四丈二尺"，高"二丈八尺"。

《迁西县地名志》记载："龙井关，明代建村。这里是长城的一个关口，因西侧山谷中有三道龙潭而得名龙井关。"[4] 守关将士多为军屯，后来携家带口常住于此，形成村落。据《卢龙塞略》记载，在万历年间城内有109户人家[5]。

龙井关北侧为鼓山，南侧为旗山，关口西南三座雄峰耸峙，关居其中。龙井关东"五里"至苏郎峪关，西"十里"至橡八峪寨。关城建于明洪武年间，隶属松棚路管辖，城内设提调驻守，建有提调公署，现今关口及关城均已毁。龙井关村中尚存一块残碑，碑文字迹不清，只有"万历十年（1582年）某月吉立"等字可辨。

龙井关向西南的长城多为石砌结构，白灰填缝，高度2—3米，宽约1.5米，整体构筑坚固，大部分保存较好，只是向东的长城一部分坍毁较严重。现在的龙井关村就是原来的龙井关城，依

龙井关长城

山临河,扼守冀辽要道,为明一代拱卫京畿之重镇。村东有一条河,河东岸为陡峭的悬崖,因东面山顶险峻,在山下看不到山顶的长城,所以在此据险设关;西面的旗山有三道深不见底的天然水井,称为龙潭。

1 (清)宋琬:《永平府志》,《秦皇岛历代志书校注》,中国审计出版社,2001年。

2 3 河北省文物研究所:《明蓟镇长城:1981—1987年考古报告》,文物出版社,2012年。

4 迁西县地名办公室:《迁西县地名志》,新华出版社,1990年。

5 (明)郭造卿:《卢龙塞略》,《秦皇岛历代志书校注》,中国审计出版社,2001年。

第十二节
"金汤巩固"黄崖关

黄崖关也称黄崖口关，位于天津市蓟州区北部，西临北京平谷区，此关处在燕山主脉的泃河天然大裂谷之上，东面群峰耸峙，西侧陡崖壁立，只有中间的河谷处可通行人，黄崖关城就扼守于此要冲枢纽上，是明代京东重要的关隘，有"蓟北雄关"之称。

黄崖关于明永乐年间置关。《四镇三关志》载："黄崖口关，永乐年建，通大川，正关、水口、东西稍城、断头崖、安口墩、中山儿、龙扒谷砖墩，东西二空，俱通骑，冲，余缓。"[1] 以黄崖关为核心的长城防御体系属蓟镇马兰路。明代在黄崖口设有提调，管辖一关即黄崖关；六寨，即大平安寨、车道峪寨、青山岭寨、船舱峪寨、古强峪寨、赤霞峪寨；二营城，即黄崖口驻操营、黄崖口营。另建边墙60里（嘉靖三十年，1551年），空心敌台12座（隆庆三年至万历元年，1569—1573年）。这些营寨沿山谷纵深布局，与关口东西两翼边墙、敌台共同构成了军事防御体系。

黄崖关长城以关城为中心，向泃河两崖延伸，东至半拉缸山，有悬崖为屏；西抵王帽顶山，有峭壁为倚，全段长城建筑在海拔7360米的山脊之上。黄崖关长城有楼台20座，八卦关城1座，正关楼1座，寨堡1座。

黄崖关关城选址在山谷收窄的隘口处，山口宽度260米。关城位于泃水西的台地上，朝向南，由瓮城、东城和西城三部分组成，平面呈不规则长方形。周长900多米，占地面积约38000平方米。黄崖关关城建筑特色鲜明，构成了完整的防御工事体系，包括城墙和东西南北四座城门楼。城门均建有城台及城楼，另有角台2座、马面1座。正关楼面阔5间，歇山顶，南有前廊，北面中间出抱厦1间，南城门楼上有"黄崖口关"石匾额；北城门楼上书"黄崖正关"，城墙上建有"北极阁"，也叫"玄武庙"。关城内的街道就是著名的"八卦街"，也叫"八卦迷魂阵"，用丁头错位死巷、活巷组合而成，易进而难出。正关门外西侧建有圆状空心敌楼，为著名的凤凰楼，控扼泃水河道。关城向南则是横跨泃河的黄崖水关；向西是以王帽顶峰燧为主的长城边墙；向东则是太平寨长城和引人注目的方形敌楼"寡妇楼"，山巅之上还筑有一个黑色的圆形石楼，为北齐天保年间所建的北齐敦台。

黄崖关所处山体为中上元古代地层剖面断崖地貌，区内山崖直立如墙，边墙临悬崖，倚峭壁而建，地势十分险要。边墙大多土石填心，外包城砖，墙顶总宽度4—6米，外侧砌垛墙，墙下10皮砖，垛墙8皮砖后封顶。垛墙总高1.95米，基厚0.47米，顶厚0.4米。垛口宽0.4米，间距1.9米。墙上望孔平面呈方形，间隔2.5米。

黄崖关长城以年代久，变化多，布局巧，设施全，成为长城建筑史上的杰作。

---

[1] 河北省文物研究所：《明蓟镇长城：1981—1987年考古报告》，文物出版社，2012年。

黄崖口关

黄崖水关

黄崖关长城

第三章 旌旗锁钥：蓟镇长城的主要关隘

第十三节
"金山独秀"金山岭

金山岭长城位于北京密云与河北滦平交界处，抗倭名将蓟镇总兵官戚继光、蓟辽总督谭纶在徐达所建长城的基础上续建、改建。该段长城属明代蓟镇古北路管辖，古北路下辖9座关隘，自西向东为古北口关、师坡谷关、龙王谷关、砖垛子关、沙岭儿寨、丫髻山寨、司马台寨、鸦鹘安寨、卢家安寨。金山岭长城是现代人的命名，指古北口与司马台寨之间的一段长城。这段长城是万里长城的精华地段，依山设险，凭水置塞，雕楼林立，如甲兵护卫，雄城起伏似钢墙铁壁，素有"万里长城，金山独秀"之美誉，障墙、文字砖和挡马墙是金山岭长城的三绝。

金山岭长城因其地理位置紧邻京北要冲古北口，又因其地形地貌北部平缓、南侧峭壁悬崖，而设置了砖垛子关与沙岭儿寨之间严密的防御系统，两者之间北部东西两座烽火台直线距离不足

云雾中的金山岭长城

300米，相对呼应，可俯瞰长城外几百米远，并可预警及阻击进入砖垛子关、沙岭儿寨之间的敌人。在沙岭儿寨与砖垛子关向北侧伸出的一条山脊上，横卧着一条支墙，是从边墙主线延伸出来，与边墙马道相连、单独构成的墙体。此处耸立着3座敌台，支墙上炮台密集，用以严密阻止砖垛沟、沙岭沟的入侵者，另一条支墙在龙王谷关西侧向北延伸。同主城墙相比较，支墙有其自身的特点：马道上两侧均为垛墙，炮台数量要比主城墙上的多，顶端敌台内部结构全部为砖拱券回廊式，这样的建筑结构布置更加突出了其防御性特征。

金山岭长城的军事防御体系布局严密，军事功能极其完善，一般50—100米一座敌台，设有障墙、垛墙、战台、炮台、望孔、礌石孔、射孔、挡马墙、支墙、围战墙等，敌台有砖木结构和砖石结构；有单层和双层；既有平顶，也有穹隆顶、船篷顶、四角钻天顶和八角藻井顶。将军楼下的坞堡呈半圆形，坞墙上设有射孔和垛口，墙顶马道上，障墙横亘，敌台密集，还有至今保存完好的距离敌台不足20米的指挥所。此外还有多孔眼的瞭望台，以及长城沿线少见的将军楼等。在金山岭长城内外，有司马台堡、龙玉峪堡、炼军五营等烽火台和营地，可谓固若金汤。登上金山顶的望京楼，可见京城城郭。

金山岭长城边墙分为城砖包砌墙体与毛石砌筑墙体两种，其中绝大多数为城砖包砌。基础为打制的长条石，多为3—5层，有的地方因坡陡，条石为6—10层。其上为城砖包砌白灰勾缝。砌筑时随墙的高度做收分，一般为墙高的16%左右。墙高6米，底部宽4米，上宽约3米。墙心以黄土和碎石夯筑，至距离顶部马道0.5米时，全部采用白灰、黄土混合夯筑。墙体与垛墙

金山岭长城及其障墙、敌台

金山岭长城支墙

金山岭长城将军楼、指挥所、坞堡、障墙

金山岭长城将军楼、指挥所、坞堡、障墙俯瞰

金山岭长城上的望孔、射孔、拦水砖、礌石孔

第三章 旌旗锁钥：蓟镇长城的主要关隘

金山岭长城上的障墙

"万历三年左营造"长城砖　　　　"万历三年右营造"长城砖　　　　"万历十二年德州营造"长城砖

或女墙连接。

金山岭长城上发掘出一千多件具有科学研究价值的珍贵文物。其中有明代守城将士作战用的武器弹药，如火炮、石雷、手雷、刺马针、箭头、铁弹丸等；有守城将士日常的生活用品，如石臼、石杵、菜刀、油灯、陶罐、瓷碗、酒具、铜币、石磨、香炉等。尤为珍贵的是，在一座敌台内发现了埋藏三百多年的五个石雷，里面装有一斤多明代火药，至今用火柴点燃，仍能起火，发出响声。

城墙上有数以万计的带文字的城砖。文字砖上记载着烧制城砖的年代和部队番号，如"万历三年左营造""万历五年宁夏营造""万历三年右营造""万历十二年德州营造"等字样。还有隆庆三年、隆庆四年为主持修筑长城的戚继光等部队将领和支持修筑长城的地方官吏而树立的石碑。另有一块石碑的碑文中，记载着修筑一座敌台的时间是万历三十七年，规格是周长八丈、高二丈七尺，顶部盖铺房一间，施工部队是宁山营。

第十四节
"原始长城"司马台

司马台长城位于北京密云与河北滦平交界处。该段长城建于明洪武初年,后经蓟镇总兵戚继光和总督谭纶在任期间加固,属蓟镇古北路。古北路下设两提调:一提调设在潮河川关;另一提调,嘉靖三十六年(1557年)初设于古北口,万历四年(1576年)改设于司马台。这里还有一块白色大理石上镌刻着中国著名古建筑学家罗哲文的题词:"中国长城是世界之最,司马台长城堪称中国长城之最。"[1]

据《四镇三关志·制疏考》记载:"古北口地方山势,有山高坡漫者,有山卑近下者,有本山虽高蹊径可以旁通者,有两山虽高水口可以涉入者。大约以山势卑薄、川平坡漫,胡马易于奔突者为极冲;山势虽薄道路稍隘,数马可并难于驰骤者为次冲;狭川曲岭能步而不能马者为稍缓。"[2] 司马台长城段地势多变,稍缓处边墙厚而高,险峻地段边墙薄而低,或为单边墙与山险墙,如仙女楼和望京楼之间,山脊一侧为刀削式的陡峭悬崖,单边的石砌边墙呈"弓"字形排开,单人掩体以墙相隔,箭眼密布,犹如碉堡。

在今司马台水库淹没区地段,沟壑窄小,东、西两山壁立,西面陡峭,东面山崖坡度约为45度,为天然隘口,汤河由山谷流过,名汤河口。据记载,司马台寨(关)即设在东、西两山沟谷中间,原设有水门闸、关城楼把守。

司马台长城有两段被当地人称为"天梯"的边墙,这种边墙墙体厚度较小,并砌成大阶梯形

司马台长城

司马台长城

司马台长城——天梯

状，每级高度差约 2 米。"天梯"外侧有垛墙，内侧另砌供人攀登的踏道。马道及其两侧的宇墙、垛墙和障墙全部用砖砌筑。兼用土、石、砖三种材料筑城是司马台边墙的重要特点。

司马台长城段敌台密集、形式多变、结构各异，按外立面形式分，有单眼、双眼、三眼、四眼和五眼楼；按层数分，有单层、双层和三层楼；按结构类型分，有砖、砖木和砖石结构；按内部空间分，有单室、双室和多室之分；内部装修也各不相同，顶部也有平顶、穹隆顶、八角藻顶和覆斗顶；门窗有边门和中间门、砖券和石券，还有花岗岩石门等多种样式。

---

1 晋宏逵等：《司马台长城》，北京燕山出版社，1992 年。
2 河北省文物研究所：《明蓟镇长城：1981—1987 年考古报告》，文物出版社，2012 年。

第十五节
"墙子雄关"墙子路

墙子路原名墙子岭，设堡 1 座，关口位于今北京市密云区大城子镇墙子路村东，清水河北岸的峡谷地带。此关为扼守墙子关而建的营城，为北京东部要隘之一，北面的泉水河口、家堂沟口、小关门口和关南面的安营寨口、黄门子口，都是屯兵之地。为了防御北方外族人的进犯，明洪武年间开始在此处修建长城，永乐年间增建西仓库，万历三年（1575 年）重修城池，现在的墙子路村就是当年墙子路的指挥部所在地。

墙子路关坐南朝北，边墙在南侧沿山坡向山上延伸。关城由正关和水关组成，分置南北。城堡基本呈正方形，东、西、南三面墙各长约 300 米，北墙随山就势呈弧形，长约 310 米。关城筑有内外两道城墙，初建时，置东、西、南三门，东曰永熙门，西曰安边门，南曰墙子路。城池建筑全部为砖石结构，墙高约 8 米，宽约 10 米，城郭大体为长方形，北墙随山势呈半圆形。重修城池后，南门楼上有汉白玉匾，正中书"墙子路"，上款为"皇明万历三年岁次乙亥仲春吉旦立"，下款为"钦差总督蓟辽等处军务兵部左侍郎关中杨兆书"。3 座城门为砖石结构，其他墙体为大块毛石砌成，垛口用砖砌成。关内紧贴长城的两旁，北有北堡子，南有南堡子（又叫关上），像两扇大门紧锁关口[1]。

山上的敌台和墙体基本完好，最高的敌台名为"高尖楼"。在南北纵向延伸的主墙体上，每间隔不太远的地方就会向东伸出一道几十米长的短墙，如同被抻长了的马面。在古代作战时，这种"V"字形长城起到与主墙互补、发挥交叉火力的功用。

墙子路长城敌台

墙子路关从明代起就是兵家逐鹿的战场，下辖 11 处关隘，炮位计 16 座。嘉靖年间在此设参将、提调驻守，关城内建都司署和把总署。关前 1 千米的山头上有烽火台，可望见数千米外的敌人。关口北面悬崖上，伸展出 500 余米长的长城。

墙子路历史上发生多次战役，较大规模战役有三次。顾祖禹《读史方舆纪要》载："嘉靖四十二年（1563 年），谙音二十万骑溃此而入，大掠三河、顺义、通州诸县。嘉靖四十二年，俺答复由此入，其东北为磨刀峪，嘉靖时常失守。"[2]《明史》卷二载："嘉靖四十二年（1563 年）冬十月丁卯，辛爱、把都儿破墙子岭入寇，京师戒严，诏诸镇兵入援。戊辰，掠顺义、三河，总兵官孙膑败死。乙亥，大同总兵官姜应熊御寇密云，败之。十一月丁丑，京师解严。"[3] 顾炎武《昌平山水记京东考古录》载："墙子岭距密云七十五里，城周一里三百一步四尺，三门，参将一人，提调一人守之，有水关，水东流至石匣，南入于潮河。嘉靖四十二年俺答自此入犯；崇祯十一年总督侍郎吴阿衡死焉。"[4]

---

1 张玉坤等：《中国长城志：边镇·堡寨·关隘》，江苏凤凰科学技术出版社，2016 年。
2 （清）顾祖禹：《读史方舆纪要》，中华书局，2005 年。
3 河北省文物研究所：《明蓟镇长城：1981—1987 年考古报告》，文物出版社，2012 年。
4 （清）顾炎武：《昌平山水记京东考古录》，北京古籍出版社，1982 年。

墙子路长城——"V"字形长城（俯瞰）

墙子路长城——"V"字形长城

第十六节
"拱卫京师"将军关

将军关又名将军石关，位于今北京市平谷区金海湖镇将军关村，东靠茅山，东南临黄崖关，西北近墙子路关。关口处于东西两山之间，中间地带开阔，当年有将军石河从此流过，历来为咽喉要道，是平谷区东北的重要隘口，古称"天下第三关"，也称拱卫京师第一关。

将军关于明永乐二年修建，隆庆三年（1569年）重修。关内有正关水口、东西墩台、大段头山、小段头山墩台。关城周长 500 余米，关城内从防御角度设计的丁字街依然保持原有布局。

此关属将军石营提调，蓟州兵备道并马兰峪营将所辖，设参将把守此关。《蓟州志》载，将军关，原设把总 1 名，外委 1 名，守墩兵 99 名。后裁兵 44 名，属马兰路辖[1]。

关楼，原为三层，内有券门供上下出入，可拾级而上，基础为大块条石，上为砖筑，有一回廊式铺房。券门左右面向关城内侧的墙体砌有 10 个"U"形的凹槽，间隔 2.9 米，用异形砖拼砌，上深下浅，过渡平滑。关口东部城墙至今犹存，有一敌台，当地称之为"正北楼"，现已毁，仅存基座高约 6 米。

靠近正北楼的城墙内侧有一券门，门南有一天然柱状竖石，高约 6 米，称"将军石"。巨石上端南侧刻有 2 块"将军石"匾额，为铭记一名游击将军指挥击溃 2000 余敌人的壮举，关亦以此石而得名。现已毁，唯有巨石屹立。

将军关正北楼向西有一条河，据说河西原有一座敌台，如今荡然无存。正北楼至将军关西侧山间的城墙也早已毁掉。将军关西的金山，因山势陡峭，没有完整的石墙，只在关口崖壁到金山山梁上修有一段高 4—5、宽不足 3、长约千米的石墙，石砌墙体至今仍保存较好，当地称为大坝墙，止于山崖之下。据历史记载，山崖顶上原有自北向南的城墙，到黑水湾村北山势较平缓的地带后，折向西往黄松峪关而去。如今，金山山崖顶上自北向南的这段石砌城墙，基本损毁殆尽，只有零星发现的几座敌台残基遗迹。

---

[1] 河北省文物研究所：《明蓟镇长城：1981—1987 年考古报告》，文物出版社，2012 年。

将军关长城

古北口长城

第十七节
"京师锁钥"古北口

古北口原名为虎北口,因关西南有卧虎山而得名,位于今北京市密云区北部45千米的古北口镇,东为盘龙山,西为卧虎山,南接青风、叠翠二岭,山口南北走向,长300米,宽350—1000米,东侧山势较低缓,西侧陡峭,有潮河由北向南贯穿[1]。此关在山海关与居庸关中段,自古为京都锁钥重地,为长城重要关口、燕山山脉南北交通咽喉之一,有"北京东北门户"之称。

汉时就已在此驻兵戍守,以防匈奴。五代时称虎北口,金时称留斡岭,并于贞祐二年(1214年)在此建铁门关。明初沿山筑长城,于洪武十一年(1378年)在口边建城,称营城,立守御千户所,成为明朝抵御蒙古入侵的重要依托。

关城平面呈三角菱形,周长约2.5千米,设东、北、南三门。以潮河为界,关城可分河东、河西两大片。河东包括东南关,河西包括潮河关、

古北口长城姊妹楼

西菜园及西沟里的破城子、大平台、桃园等村庄。河西村原只有东西向一条主街。村东口称东栅子，又称东阁门；西口叫西栅子，又称西阁门。西阁门外，设有教练场一处，碉楼上刻着"柳林营"三个大字。场内设有演武厅。东关有狭小的城门，这里设有二府衙门一处、巡检衙门一处及存粮库一个。上营小城南门外还设有理藩院衙门一所[2]。

古北口不仅是京北的一处隘口，也是潮河的河东、河西、潮河关、西山及汤河、北台、北甸子这几部分长城及险隘构成的防御体系的重要组成部分，卧虎山和蟠龙山雄踞两侧的潮河和长城关口，"南控幽燕，北捍朔漠"，是拱卫北京的首要防地。"庚戌之变"后，明时在古北口加强了防守，增设古北口、潮河川等部参将，并设了左营游击和右营游击。

古北口因重要的战略位置，是著名的兵家争夺之地。辽、金的军队多次在此交战。明洪武二十二年，燕王朱棣率兵北出古北口，征伐北元势力，大获全胜，减轻了古北口外的军事压力。嘉靖二十九年（1550年）七月，大同总兵仇鸾贿赂俺答汗，使其移兵别处，达成不进攻大同的盟约；八月中旬俺答汗兵沿潮河而下，攻占古北口，大举南侵，一直打到北京城。俺答汗军围京城三昼夜，抢掠大量财物、牲畜和人口，又从古北口原路出关，史称"庚戌之变"。

---

1 2 张玉坤等：《中国长城志：边镇·堡寨·关隘》，江苏凤凰科学技术出版社，2016年。

第十八节
"玉关天堑"八达岭

八达岭位于距北京西北60千米的延庆区境内，于明代的昌镇和宣府镇交汇处。关城是居庸关所辖的北口，北距居庸关15千米。八达岭长城，居高临下，被称作"玉关天堑""天下九塞"，具有较高的建筑技艺和不朽的艺术价值，是万里长城的精华和杰出代表。

八达岭所在山谷两侧山峰兀立，山口狭窄。《畿辅通志》记载："由南口至是凡五十里，岩峦复合，两岸如削，八达岭之城，既险且坚。"[1]

明嘉靖四十四年（1565年）燕东参将高延龄游览岔道黑龙潭时题写的诗句"南山重设险，环抱巩京畿，势压昆仑北，雄吞渤海西"，就是当时八达岭地区长城防御体系的真实写照。

"八达岭"之名，最早时见于金代诗人刘迎的长诗中《晚到八达岭下达旦乃上》和《出八达岭》。八达岭一带修筑长城，最早可追溯到战国时期。据《魏书》记载，北魏拓跋氏太平真君七年（446年），在国都平城（今大同）以北修筑

八达岭长城俯瞰

长城,名叫"畿上塞围",东起上谷军都山(即八达岭一带),西至黄河岸[2]。后来到北齐王朝天保六年(555年),又有修筑长城。

自元时起,八达岭即有驻兵。北口千户所属大都路隆庆州,南口千户所属大都路昌平县,元至大四年(1311年),改居庸关南北千户所为万户府,"分钦察、唐兀、贵赤、西域、左右、阿速诸卫军三千人,并南北口、大和岭旧隘汉军六百九十三人屯驻,东西四十三处,立十千户所,置隆镇上万户府以统之"。

目前所见的八达岭长城为明时所建。明朝建立后,明太祖朱元璋采取"高筑墙"的战略,重新修筑长城,设防备战,加紧练兵屯田,以防元残余势力南侵。关城始建于明弘治十七年(1504年),逾年完成初步建设。为加强防御,嘉靖十八年(1539年)重修八达岭关城东门,并题匾额谓"居庸外镇"。万历十年(1582年)重修关城西门,并刻筑匾额曰"北门锁钥"。由弘治十七年至万历十年，八达岭长城的修筑经过几十年，终于形成了城关相连、墩堡相望、烽火报警的防御体系。此外，还派驻重兵，并配备佛郎机炮、架子铳、神枪、神箭、火药、铁顶棍、雷石等轻重武器[3]。

八达岭关城顶部为长方形城台，长 19.8 米，宽 14.15 米，四面修筑宇墙垛口，是守关将士搭弩架炮之处。城台两侧 30—40 米处，各建敌台一座，以墙连通，如同关城的两座耳城，与关城构成犄角。八达岭关城的纵深防御工程，也具有周密的设计。从关城两侧的敌台向东南修筑"U"形的两道城墙，形成瓮城。瓮城建于山脊，受地形限制，依山就势，东低西高，东窄西宽。瓮城面积约 5000 平方米，瓮城城墙上内外两面都有城堞垛口，一旦被敌围困，可成为堡垒以四面拒敌。倘若敌人攻破关门，涌进城内，将受到四面守城将士的围歼，敌人如落瓮中。关城东西各建有关门一座，两门相距 63.9 米，均为砖石结构，券洞上为平台，台之南北各有通道，连接关城城墙，台上四周砌筑垛口。关城东门外有望京寺，内有石岩凿成的大悲佛像；西门外立有牌坊，横额书"驱胡万里"。弘治十八年（1505 年）经略边务大理寺少卿吴一贯修建关城时，庙及牌坊皆拆毁。

八达岭作为居庸关外口，战略位置尤其重要，古有"居庸之险不在关城，而在八达岭"之说，八达岭失守则居庸关难守。《直隶疆域屯防详考》称八达岭"实为官大之要寒"[4]。

---

1 （清）李鸿章：《畿辅通志》，全国图书馆文献中心缩微复制中心，2004 年。
2 （北齐）魏收：《魏书·本纪》，中华书局，1974 年。
3 罗哲文：《长城百科全书》，吉林人民出版社，1994 年。
4 于振宗：《直隶疆域屯防详考》，成文出版社，1968 年。

八达岭长城

八达岭长城

第十九节
"叠翠燕京"居庸关

居庸关位于北京市昌平区军都山的四十里关沟中，这里是太行山八陉之一的军都陉，也是游牧民族南下中原的重要通道之一。紧守在此的居庸关是北京安危的保障，自古为兵家必争之地，是长城重要的关隘，被称为"天下第一雄关"。

居庸关不是一座孤立的山城，而是四十里关沟防御体系的核心，以此关为依托，背后的关沟最南端有南口城，向北依次还设有上关、八达岭口和北口的岔道城，岔道城北又有宣府镇的南山连墩为外线，堪称层层堵截。

早在春秋时期，燕国便在此筑垒以御胡。秦始皇时，把囚犯和民夫徙居于此，取"徙居庸徒"之意，定名为"居庸"。《淮南子》曰："天下九塞，居庸其一也。"至汉代，沿称居庸关，关城初具规模。三国时代名西关，北齐时改纳款关，筑长城，绵延至海，始将居庸关与长城相连接。唐代有居庸关、蓟门关、军都关等名称。元、明、清三代皇帝都从此关经过，作为政治地位和军事要塞是无与伦比的。

现存的居庸关始建于明朝洪武元年（1368年），由徐达、常遇春创建，后世屡经增修，形成了一圈东环翠屏山，西揽金柜山，周长4000余米的巨大围城。关城开南、北两门，门外都设有瓮城。南门内还有元代过街云台一座，门洞内遍布精美的佛教石刻，堪称瑰宝。这里从建关的那一天起，就征伐不断，两千年来，烽烟不熄，历朝历代都曾为争夺此要塞爆发过激烈战争。抗日战争时期惨遭日寇轰炸，破坏严重，但关城大部分墙垣尚存，并于20世纪末进行了修缮，重建城楼、庙宇等建筑，基本恢复完整。

居庸关长城的特点：一是呈圆周封闭形建筑形式；二是宽窄、高低变化大，最宽16.7米，最窄1.2米；三是建筑结构形式多样，是整个长城建筑的精华，在清理基址时发现有花岗岩条石垒成的，有碎石块砌成的，有砖砌的，说明此段长城的建筑年代不同；四是军事防御范围广，周围面积50多公顷，南北券城相距约850米，防御设施有南、北券城、城楼、水门、水闸、敌台、铺房、烽燧、角楼、炮台等[1]。

关城建筑完备，主要建筑有衙署、书馆、仓储、神机库、马神庙、真武庙、表忠祠、关帝庙、城隍庙、吕祖庙等等，文化内涵极为深刻。两侧长城在东段翠屏山和西段金柜山的峰巅上汇合，两山山顶的直线距离达1150米，成为一个封闭的圆周。翠屏山高150米，山上的长城长1500米；金柜山高351米，山上的长城长2100米；联结两山的河套上，还有57米长城[2]。

---

[1][2] 高小华：《居庸关修复工程概要》，《明长陵营建600周年学术研讨会论文集》，社会科学文献出版社，2010年。

居庸关长城

居庸关俯瞰

第三章 旌旗锁钥：蓟镇长城的主要关隘

居庸关城

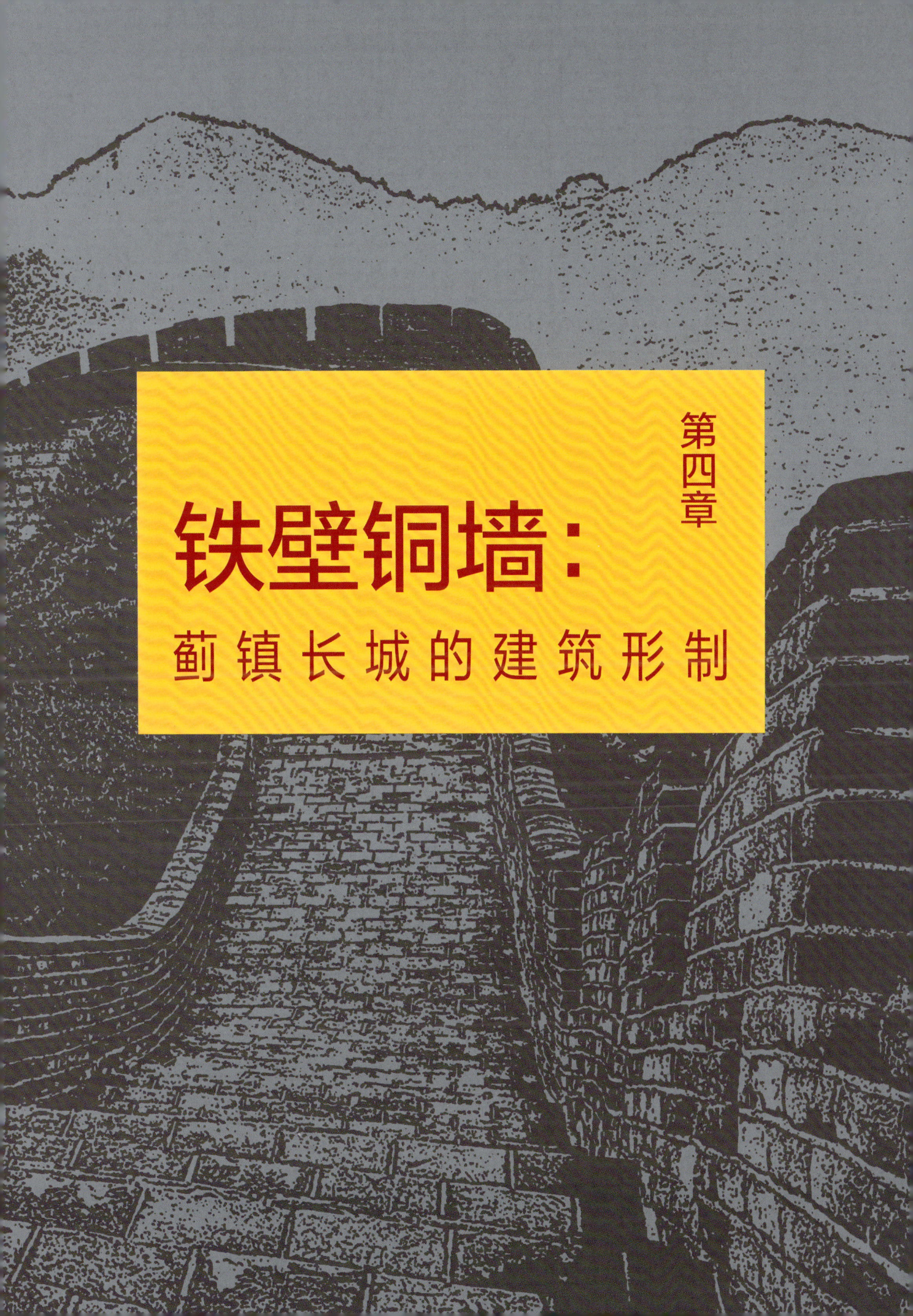

铁壁铜墙：
蓟镇长城的建筑形制

第四章

蓟镇长城是以城墙为主体，与其他工程设施相结合的连续线式防御工程体系。其特点是，建筑设计巧妙，建设坚固耐用，军事设施完善，管理体系严密，情报系统简便快捷。长城城墙也称为边墙，其建筑结构及各项设施构成较为复杂，以"就地取材、因材施用"的原则，有夯土、块石片石、砖石混合等结构，其功能各异而相互辅佐，彼此呼应，是城池筑城体系的发展和运用，它是中国冷兵器时期规模宏伟、坚固完善的筑城设施。

金山岭长城

第一节
边墙：长龙卧 千嶂外

明代称长城为边墙，在洪武至万历的 200 多年时间里，利用历代修筑的长城，先后加修过 18 次，完成了东起鸭绿江，西至嘉峪关，总长约 6300 多千米的巨型构筑。明代中期，抗倭名将戚继光调任蓟镇总兵时，对长城的防御工事做了重大的改进，在城墙顶上设置了敌楼或敌台，以供巡逻士兵住宿和储存武器粮秣，极大地加强了长城的防御功能。与其他地段长城相比，蓟镇长城建筑布局更加合理，工程设施更为齐全，被公认为长城的精华所在。

作为长城军事防御系统的主体部分，长城墙体在建筑功能、建造手段与形制上与中国古代的城墙具有相似性。在建筑功能上，边墙既有军事防御功能，也有分割内外的作用。在建造手段上，边墙大多根据所处地区的自然条件，选择有利于防守的地形，就地取材建造。在建筑形制上，边墙墙体的高度与宽度、墙基深度、收分做法等，虽因建造年代和建造材料不同而有一些差别、但总体与同时期的城墙墙体形制较为接近。

一
边墙类型

边墙的建筑规制、结构类型、材料做法都随时代的不同而有所差别。即使建造于同一时期，也因地理环境、施工条件的不同而各具特色，体现"因地制宜，就地取材"的构筑原则。因此，

长龙卧——八达岭长城

第四章 **铁壁铜墙**：蓟镇长城的建筑形制

上部夯土墙留存

边墙的类型，一方面通过对当地材料的运用，形成土边墙、石边墙、砖边墙、土沙植物混筑墙等建筑形式，并因构筑技术的不同，体现不同的结构特征。另一方面则通过山体等自然事物的修整，形成山险墙、劈山墙、界壕等边墙类型。

此外，砖边墙作为边墙发展的最终形式，还有单边墙与双边墙的类型划分。

（一）土边墙

土边墙是长城最早采用的一种类型，数量最多，在中国西北地区普遍使用。其建造方式主要分为直接堆筑法、版筑夯土法、土坯垒砌法三种。

直接堆筑法出现很早，堆筑边墙的特征是将泥土堆积成墙，稍加拍打而不进行夯筑，因土体松散极易坍塌，无论是密实程度还是做工规制，堆土边墙均无法与夯土墙相比。

版筑夯土墙夯土时，通常要以木板为模板，以限定墙的厚度，即将厚木板立于拟建墙的两侧面，中间加入黏土或石灰、用杵夯实。一般土要分层填夯，板也随之上行。版筑夯土墙的结构形态一般为底宽顶窄的梯形断面。在中国历代长城中，夯土墙所占比例是最高的。

土坯垒砌墙是指用黏土先做成土坯，晒干后再用黏土作黏结材料，像砌砖一样垒砌而成，墙面外再抹一层黄泥作保护层，这类墙的承载力及其所起作用，基本与版筑夯土墙类似，同时它也耐风雨侵蚀。明长城嘉峪关部分区段的边墙，依旧沿用此类方法构筑。

（二）石边墙

基于"因地制宜，就此取材"的构筑原则，凡是多山多石的地区，几乎都有石边墙的存在[1]。

北京平谷区红石门村石城墙

根据构筑样式的不同，石边墙分为单面石墙、双面石墙两种类型。

单面石墙是指一面平齐、另一面不平齐的石筑墙体，即尽量将石块较为平整的一面朝外侧，在墙体内侧，往往形成凹凸不平、较自由的形态。

双面石墙即墙体两面都平齐一致的边墙。双面石墙可以看作是由两条单面石墙组合构筑的墙体结构，但与单面石墙多建在陡坡上不同，双面石墙因不必依托山坡独立存在，故可建在比较缓的坡地和平地上，成为石边墙中最常见的建筑形式。双面石墙又分为全部石砌及内有填心的石墙两种类型。

干垒石墙，又称干插石墙，是直接用自然石块垒筑而不用灰浆黏结的边墙体。

墙体内有填心的石墙，比全部石垒墙更为普遍。通常情况下，在墙体内充填以泥土、碎石等材料，把石块摆平，将不规则的石块砌成高大加固的石墙。有填土的石墙属于土心包石墙，即土心石墙。

填心石墙尽管被广泛使用，但易受风蚀、水蚀而将墙体填土吹走、冲跑，而引起坍塌破坏等现象，反而不如全部石垒墙坚固。因此，在明代，便在石墙中填心增加灰土，并用灰浆作为外包石的黏结材料，使石块间的结合力更强，同时墙体顶面铺砖，缓解了风蚀、水蚀的破坏力，故明代石边墙更为坚固。

（三）砖边墙

砖边墙是长城墙体发展的最终形式，在明代非常普遍。

明制砖边墙所采用的城砖，成本较高，故其

分布并不均匀。作为防护京师的重要屏障，蓟镇长城是九边长城中砖墙数量最多的一个。其他各边镇边墙则更多地采用就地取材的策略，选取当地石材、黄土作为主要建筑材料，砖边墙仅应用在诸如关口、城堡等边防重点防御部位。

砖边墙区别于一般墙体的最大特点是墙顶具有相当的宽度，即边墙墙顶有供人活动的马道，并沿马道的内外边沿分别砌筑垛墙和女墙。明边墙有内外全用城砖、内外全用块石和外檐墙用砖内檐墙用石三种情况。由砖石混合修筑的边墙有两种类型：一种是下部石砌、上部砖砌的墙体，另外一种是一侧用砖砌、另一侧石砌的边墙。

（四）土沙植物混筑墙

土沙植物混筑墙主要见于疏勒河沿岸的汉长城中。当时人们利用河边生长的芦苇、红柳夹上粗沙、砾石构筑边墙。底宽均在3米左右，高度应在3—4米，以阻止骑兵前进，将敌人阻挡在边墙之外。

（五）山险墙、劈山墙与木质挡墙

在山区建筑边墙，由于并不是所有的山体都是陡峭的悬崖断壁，有些山体还存在迎敌一面平缓、守敌一面陡峭的情况。因此，出于御敌的军事考量，有时就需要对山体进行一定的修整，凿岩设防，如山险墙、劈山墙等。其中，山险墙是在山势险峻处，利用悬崖峭壁做墙体。而劈山墙又称铲山墙，是通过铲削山坡，使之成为犹如墙壁一样壁立的悬崖，以防止敌人突入的人造悬壁。

二
边墙选址与布局

为了将沿线军事设施连为一体，边墙除需要高大、坚固而连绵不断的墙体结构，以及配以屯兵据守、协同作战的其他设施外，还需要对选址、布局乃至具体走向进行综合考量。

边墙选址的原则，首先，基于战略需求，确定所需防护的具体区域，确定边墙的初步选址与大体走向。其次，基于战术需求，分析敌情与地形条件和原有军事设施的布局情况，确定边墙具体位置的布局走向。最后，利用山与海、山与河、山与山之间的地形地貌，通过"因地制宜，就地取材"的修筑方式，局部调整边墙的选址与布局走向，旨在将边墙与水陆天险有机地结合，构成一道可攻可守的军事防线。如角山长城，形势险要，古诗云："自古尽道关城险，天险要隘在角

金山岭长城两侧砖边墙

土沙植物混筑墙

京东第一楼（山险墙）

天险要隘——角山关长城

第四章 **铁壁铜墙**：蓟镇长城的建筑形制

山，长城倒挂高峰上，俯瞰关城在眼前。"

边墙的布局特征，一是受区域地形地貌条件的影响，通过与山险、水险结合改变边墙具体走向；二是受区域内原有敌台、烽火台、城堡等军事设施位置的影响，为了相互连接调整边墙布局走向。

三
墙身与墙基

（一）墙身

中国古代积累了许多丰富的修筑边墙经验。长城墙体通常与四个基本数值密切相关：一是墙身高度，它表现着施工水平。出于军事需求，长城墙体必须有适当的高度，才能阻止敌人兵马的逾越。其高度一方面受到墙基宽度和墙体收分的影响，另一方面也取决于对不同材料的选择。二是马道宽度，即墙体顶宽，它是士兵活动的空间。三是墙基厚度与墙体高度的比值。四是墙体收分。后两个数值决定着墙体的牢固程度。

1. 高度

古代夯土城墙的高度多为3—5丈，顶宽和基宽也随时间的推移而逐渐增加。明朝所建边墙高度（不包括女墙），因所处区域、建筑用材、构筑方式与截面宽度的不同，具有较大的差异，但一般在1丈、1.5—1.8丈、2—2.16丈、3丈等几个高度范围内。明蓟镇边墙的剖面尺寸在文献中便有记载，如嘉靖二十九年（1550年）的数据："边墙规格，高一丈五尺，共高二丈，根脚一丈，收顶九尺，若山势渐高稍低。"[2] 万历年间也有记载："其水口及平漫旧有边墙处所，更须俱用凿砍方石长阔各二尺以上者垒砌，高三丈，阔一丈，垛口高五尺，阔二尺五寸以上可足恃。"[3]

2. 收分

明代边墙在加宽墙基宽度的同时，加大了顶部平台的截面尺寸，旨在减少墙体材料的下滑现象。明朝所建边墙的墙体收分，一般都在70—80度，有的甚至达到85度左右。墙身的收分，能增加墙体下部的宽度，增强墙身的稳定度，加强防御性能，且使外墙雄伟壮观。以八达岭长城为例，城墙平均高7—8米，厚6—7米。

3. 截面宽度

明朝边墙结构样式不同，截面尺度也略有差异。底层基座宽均小于1.6丈，多数在1丈、1.4丈、1.54丈左右，且对应顶部平台宽度均在0.9—1.28丈。双边边墙的墙体结构，底层基座与顶部平台宽度略宽，分别规定为2.02丈与1.6丈。

（二）墙基

1. 土墙基

边墙墙基稳固，才能使墙体不易倾斜坍塌。因此，在夯筑墙体之前，必须整治墙基，即将地面整平，将浮土清除，露出新土。

2. 石墙基、砖墙基

石边墙（包括砖包石墙）的重量，要比土墙沉重得多，对地面的作用力比较大。若基础不牢固出现下沉，会引起石墙体错位，导致墙体崩落倒塌。因此，石边墙多设有地基，将下伏的地面做加固处理。

有的边墙和关城城墙下面铺有长条石。长条石接触地面面积大，整体性强，可以加固墙体的稳定性，防止墙体发生断层、错位。在一些土层薄的山区，石墙便直接在山体上砌筑。如板厂峪长城、角山长城的部分城墙或敌台，就直接砌筑在山脊岩石上，城墙的内外墙皮用条石砌筑，白灰勾缝，墙体中间用碎石填充。这种做法，在蓟镇、辽东镇、宣府镇边墙上都可以见到。

角山条石墙基

四
垛墙、宇墙与障墙

（一）垛墙、宇墙

垛墙与宇墙统称为女墙，又称女儿墙，即指建在城墙顶部内外沿上的薄型挡墙。女墙上的缺口，即用于观察敌情而设，现称作垛口，因有些边墙内外两侧的女墙高度不同或形式不同，将外侧女墙称作垛墙，内侧女墙称作宇墙。墙上除了垛口外，往往留有望孔与射孔，同时还在墙下部与墙顶（马道）较接近的地方设有便于射击敌人和施放滚木礌石的空洞，即礌石孔。宇墙，一般用于防止守军跌落。

垛墙基厚通常为 0.42 米，顶厚约 0.36 米，极个别薄垛墙基厚仅为 0.38 米，最厚的也可达 0.51 米。垛墙下层一般砌 8 层砖，少数砌有 7 层或 9 层；垛墙上层砌 7 层砖再加封顶，少数砌 6 层，但也有高至 9 层的特例。这样，垛墙通高自 1.5—2 米，多为 1.5 米[4]。其垛口高度通常多为 0.8 米，凹口砌成直角。在金山岭边墙可见将条砖一侧烧制成长方体与三棱锥结合的垛口，形成了特殊的垛墙形状，像是两个"八"字。这种垛墙有两个优点：一是增大了从垛口向外射击的角度和观察的视野，二是通过缩小垛口宽度

砌筑在山脊岩石上的石墙基 | 板厂峪长城

垛墙、垛口、礌石孔

左侧宇墙

提高防御能力。

在垛口的底部砌筑着一块长方形的条石，称为垛口石。每块垛口石的中间有一个圆形的小孔，其作用有人说一是插悬帘，即当敌人进攻时放下帘子，遮挡敌矢；攻击敌人时，卷起帘子。二是用作插护栏转板，在打击来敌时，转动木板，使木板打开，敌人攻击时，转动木板使之关闭。三是用作插军旗，以壮军威，其实际是用于支撑佛郎机铳的。

每个垛口旁有一块用白灰抹成的长方形白灰块，叫作粉白块，用以记录守卫垛口士兵的名字，如金山岭墙体上的粉白块高0.42米，宽0.35米，厚0.01米。

（二）障墙

"障墙"顾名思义就是像屏障一样的墙，是在比较陡峭的长城垛墙内侧，连续加筑几道垂直于垛墙的短墙，这是明长城边墙结构和形状的改进与创新，这种短墙高约2米，同高于垛墙，与垛墙间仅留出供单人上下的窄梯道，墙上设有望孔与射孔，这样即使敌人攻上边墙，守城士兵仍可据墙节节抵抗，同时它可防止因地形陡峭而使守城士兵暴露在敌人的视线或射程内。金山岭长城的陡峭山坡地段均建设有障墙，是金山岭长城的一大特色。

障墙上的射孔，有单孔、双孔、三孔三种类型。单孔设在墙体中间，双孔并排设立，三孔成品字形，外沿呈八字形。其作用一是用箭和鸟铳射杀来敌；二是隐蔽在墙体内侧，以墙为掩体，可以用刀矛等冷兵器杀伤来敌，也可用三眼铳、四眼铳等火器从马道上打击敌人；三是可以遮蔽敌台不受敌侧射火力的射击。

垛口石

金山岭长城上的粉白块

障墙及射孔

五
马道与步道

（一）马道

边墙上的马道有两种：一种是紧靠边墙内侧的比较长的斜坡道，也可做成阶梯状，便于士兵登城、下城，调集兵力迅速应战，还可运送军械武器和食物。另一种是指墙体顶部供人、马行车的台面，即内、外女墙中间留下的走道，随地势而起伏，有的地方平缓易行，有的地方陡峭，用青砖或石块砌成阶梯状，这种人、马行道也称作马道。

砖边墙上的马道常用素泼灰砌砖做成海墁地面。起坡处采用陡砖砌法，即利用砖的棱面形成涩脚，俗称"礓"，供士兵和马车可以登城上下兼具防滑功能。

（二）步道

登城步道是士兵上下边墙的通道，一般附砌在边墙内檐，且均为单坡，蹬面设有踏道。以司马台长城设置的登城步道为例，其踏道宽 1.6 米左右（5 尺），外侧或砌扶手墙。登城步道一般修筑在靠近敌台的地方，少数修在两座敌台之间，有些还因边墙内侧地势很高，导致边墙内地面与马道地面高度相差无几，故在此处不设登城步道，仅在女墙开设一个缺口或砌一门口供士兵出入。

墙体顶面马道

登城马道

六 望孔、射孔与礌石孔

（一）望孔、射孔

在女墙适当的地方开孔以便瞭望，这便是望孔的主要功能。有的望孔还兼具向外施展武器等功用，如发射弓弩火炮，这种望孔即为射孔。

边墙上的望孔与射孔，多采用石材或砖材两种材料构筑而成、并以整块石头或方砖、石块或砖块组合构筑的方式建造。它多被安置在敌台、墙台、烽火台、障墙或垛墙上，并呈现出不同的构筑特征。

无论是石砌还是包砖边墙，每隔一段距离就在外侧的垛墙上设置一个望孔，位置居于垛口下方，地面上方。有的边墙上的望孔还与礌石孔或出水口兼用。在一般情况下，边墙的望孔间隔较大，最大相隔5—6米或3—4米，最小也要1—2米。

（二）礌石孔

礌石孔，即为"悬眼"，多修建于垛墙的下部，与城墙顶面等高处，以观看敌情和射击、滚放礌石之用。其内孔高、宽在0.5米左右，内口下半部分是砌筑垛墙预留的方孔，上半部分则用异形砖拼成拱券状。外口上部为墙体出檐石内侧凿出一半圆形缺口，半径0.18米。在马道上看礌石孔，就像是在垛墙下挖出一个前无门窗、洞底2/3下陷的窑洞。从城墙外侧，只能看到礌石槽，无法看到礌石孔。这种建筑形制，是从军事防御角度考量的结果，即士兵在垛墙的掩护下，将礌石放到礌石孔，礌石从礌石槽滚落而下，不会受到来敌的攻击。这种既能打击敌人，又能很好地保护自己的做法，体现了边墙附属设施设计的精妙之处。

城墙上的望孔与射孔

望孔、射孔内部细节

城墙内侧礌石孔（悬眼）

城墙外侧礌石孔（悬眼）

城墙外侧仰视礌石孔（悬眼）

第四章　铁壁铜墙：蓟镇长城的建筑形制

炮台

七 炮台与炮墙

（一）炮台

炮台，是为放置火炮而修筑的炮位或平台，通常设置在进可攻退可守的战略要塞，作用在于远距离杀伤敌人。在 20 世纪 80 年代长城调查时，蓟镇长城共遗存炮台 183 座，炮台射击方向多朝北，个别地方朝向两侧，要求基座构筑坚固，配备得当，和墙体构成一道御敌网络，从而形成了一个易守难攻的防御工事。金山岭边墙马道上就设有多个炮台，大小不同，分为砖砌、石砌两种。砖砌炮台是用条砖砌筑外墙，内添碎石、土的台子，如金山岭长城三岔口处的炮台就有 5 个。

（二）炮墙

九门口到界岭口 100 多千米的长城沿线，存在一种"炮墙"：墙上设有若干孔洞，对着墙外北方，墙两侧延伸至城墙，形成三面包围的"]"形结构。这是当时督修长城的文官张梦鲤发现火器射程不够远，为增强防御，就在作战敌台外面修筑了炮墙。据《张梦鲤行实别记》中记载："蓟方建敌台，备甚设，独火器举台上自高临下，无能射疏及远，府君（张梦鲤）为增炮墙……"

炮墙上有直径大小不同的放置堂，能够同时立体式施展多种火力，如虎蹲炮、佛郎机、鸟铳等。这可以说是一种多功能墙，最重要的是可以让火炮射程远而阔，平地发射就可达数百千步的射程。炮墙的发现，显示了明朝末年火炮的先进性，为火炮制造史研究提出了新的启示。

炮墙及炮孔细节

第四章 铁壁铜墙：蓟镇长城的建筑形制

八
便门与暗道

为了满足军事需求，在长城墙体上设立的许多狭小的便门，亦称内门、暗门、警门，是官兵上下墙体的通道，均设在边墙内侧，即内檐墙体面向我方一侧的下部，且大部分接近于空心敌台台门。便门为砖石门，外窄内宽。以司马台长城为例，其边墙便门外口宽1.03—1.14米，高约2米。门口深即是内墙厚。门道外口均发券，内口有的用发券，有的用过木。下部多用过门石，门道内侧均砌有门栓孔，用于安装门扇。

便门一般分为两种：一种是敞口式（不砌拱）、一种是拱券式。以金山岭长城为例，其沿线共设有便门26个，其中砌拱券门21个，敞口门5个。

当空心敌台完全闭合的时候，常设暗道与长城墙体相通。暗道是居于边墙内部，每隔一段距离修筑隐蔽通道，并在边墙上仅以券门的形式表现出来，使敌方不易发觉，便于守城者组织突袭活动。

便门

拦水砖

九 拦水砖、排水沟与吐水嘴

马道随地势上下起伏，常陛砌拦水砖解决台面排水问题。拦水砖一般高于地面约5厘米，用于解决排水面积过大或过于集中等问题。其做法是用条砖一面加工砍磨成混砖，磨缝砌筑在两方砖之间，高出马道平面，用以阻挡雨水，将水分段拦截，通过排水沟加以疏通，从女墙底部修建的出水口与吐水嘴排出，从而形成阻截、顺排相结合的排水体系，帮助马道上的雨水沿着出水口顺利排出。

排水沟是为排除墙体顶部积水，在边墙上每隔一段距离修筑的一道与女墙相垂直的沟渠。排水沟内的水通过吐水嘴排到墙体外部。它一般都用青砖铺筑，并设有拦水砖。吐水嘴则为石制，伸出墙体1米左右，主要用以保护墙基不被雨水侵蚀冲刷。还有一种排水沟是修筑在内外女墙的底部，并配以出水石，且与女墙相平行。

十 壕堑、偏坡与拦马墙

（一）壕堑与偏坡

壕堑（壕沟、堑壕），是具备一定防御功能，通过将挖掘出来的泥土堆在其前方作为土方的狭长沟。一边是深沟，一边是把土翻上来形成的高堤，高堤高度一般在1丈左右，宛如土墙，而挖掘的沟壑则深2—3丈，形成难越之势。

偏坡即将较平缓山梁铲削陡峻，呈壁立之势，如不足凭仗，可用毛石垒砌高墙。壕堑、偏坡的作用主要是在边墙未建前，在局部地区起到主要防线的作用,在边墙建成后,又起到保护边墙的作用。偏坡与壕堑还可以阻挡敌人的攻城器械,又能使敌人的骑兵、步兵很难快速运动。这样既可以有效地保护边墙,又能在敌人翻越壕堑、偏坡时大量地杀伤敌人。

(二)拦马墙

拦马墙(挡马墙),是用来降低骑兵部队移动速度的防御设施。一般建在边墙外侧,其高2—3米,宽2—4米,长度从几十米到上千米不等。石墙或用白灰勾缝,或为干垒。有的墙上筑有角台,有的却被简化成壕堑、树木、拦马石、拦马绳等可以阻止敌军前进的防御工事。明朝的拦马墙还是一种安全防御设施,可防止巡逻者跌下悬崖。

---

1 景爱:《长城》,学苑出版社,2008年。
2 河北省文物研究所:《明蓟镇长城:1981—1987年考古报告》,文物出版社,2012年。
3 (明)陈子龙等:《皇明经世文编》卷382,台联国风出版社,1968年。
4 汤羽扬等:《中国长城志·建筑》,江苏凤凰科学技术出版社,2016年。

金山岭长城拦马墙

第二节
关隘：一夫当 万夫开

一 关隘的概念

关隘常建置在险隘的山口或重要通道，有关口、关寨等称谓。作为边境要道上的门户，"关"便与长城紧密结合，即在长城墙体处，留下可供人、马、车出入的豁口，称作"关口"。作为防御重点，墙体处不仅设城门，常建有各种起军防作用的城堡，称为"关城"。城内驻兵，并通过设列城门，与长城连为一体。关城平时可验查过往商旅和行人，战时闭门防御来犯敌人，成为长城防线上标志疆域、保卫交通要道安全、促进贸易和文化交流的驻防堡垒。

无论是对周边环境的有机利用，还是在要冲之处驻兵戍守成为要塞，与长城联合建设的"关"，不再是一处卡口或是一座堡寨的概念，而是具有显著的综合功能，即以关口或关城为管理中心，管辖长城沿线某一区域内的边墙以及敌台、烽火台、城堡等长城军事设施的防务，保障商贸往来。

二 关隘的类型与功能

（一）关隘的类型

本文基于水陆交通的性质，将关隘分为旱关关隘与水关关隘，分别阐述其特点。

1. 旱关关隘

旱关关隘一直以其险要的驻防区位、坚固的建筑结构与密集的驻防体系，成为长城防御体系的驻防重点。根据沿边设防、据隘筑关的防御策略，旱关关隘常通过修建在山谷峡谷之中，发挥其军事防御作用。

（1）设于山口的旱关关隘

设于关口的旱关关隘，一种是以狭窄陡险的山口为关，即在修筑于山口或双峰口的长城墙体开洞，并凭借两侧边墙，及沿线设置的敌台、烽火台或城堡，形成完整的关隘系统。第二种设于关口的旱关关隘，是在相对宽阔平坦的山口处设置关城，并凭借边墙、敌台、烽火台或城堡形成关隘防区。设于山口的旱关关隘数量众多，如蓟镇长城的关隘便多设于山口或双峰间。置于北京昌平区关沟中的居庸关，其城"跨两山，周一十三里，高四丈二尺"，沟中石壁狭立，只可一人一骑，视为天险。

（2）设于山顶的旱关关隘

旱关关隘常将关城建于山体较高处。除居高扼守要塞外，设于山顶的关城还借助山险墙、劈山墙等多种城墙形式，利用山崖作为天然屏障，构筑自身防御系统。

除在山顶设置关城外，有时还会在山势较高

设于山口的旱关关隘——雁门关

黄土岭山顶敌台

第四章　**铁壁铜墙**：蓟镇长城的建筑形制

处设置城门、敌台、烽火台等军事设施，占据区域最高点，巡视检查防区防务。如在山势最高点设"刀把楼"的慕田峪长城和黄土岭 138 号台，通过控制制高点，减少对主城的威胁。

（3）设于要冲的旱关关隘

旱关关隘的设置，除为防止内乱的"御内"作用外，主要是农耕民族为防御游牧民族的袭扰而采取的应对策略。因此，除通过利用自然环境条件突出军事防御性，旱关关隘还强调在交通要道处设置关卡，驻兵把守，旨在有效遏制并减少民族冲突，保证民众和土地安全。如位于平型岭的平型关，其北有恒山如屏高峙，南有五台山巍然耸立，两山之间的带状低地成为河北平原北部与山西相通的最便捷孔道。平型关关城设置于此，呈正方形，周围九百余丈、南北东各置一门，正所谓峻岭雄关。

除将关城设置在要冲之地，或凭借关隘辖区内各长城军事设施加强对交通要道的管制外，借助关隘间的相互照应，则可实现对古道线路的整体防护。

2. 水关关隘

通过结合河流、湖泊、沼泽与海洋等水环境而形成的水关关隘，除借助水体的军事防御作用，还利用水体的流通性，发挥控制交通、对外贸易以及征收税务等多项功能。

（1）以河流为端点的水关关隘

长城墙体常以水体为终端。为防止敌人从终端绕道而进入防线内，通常选择河口设关，既有效节省长城防御工事的修建成本，又使关隘凭借对自然天险的巧妙利用，增强其军事防御及管理能力。以明长城为例，因犯边入侵多沿河道上下，

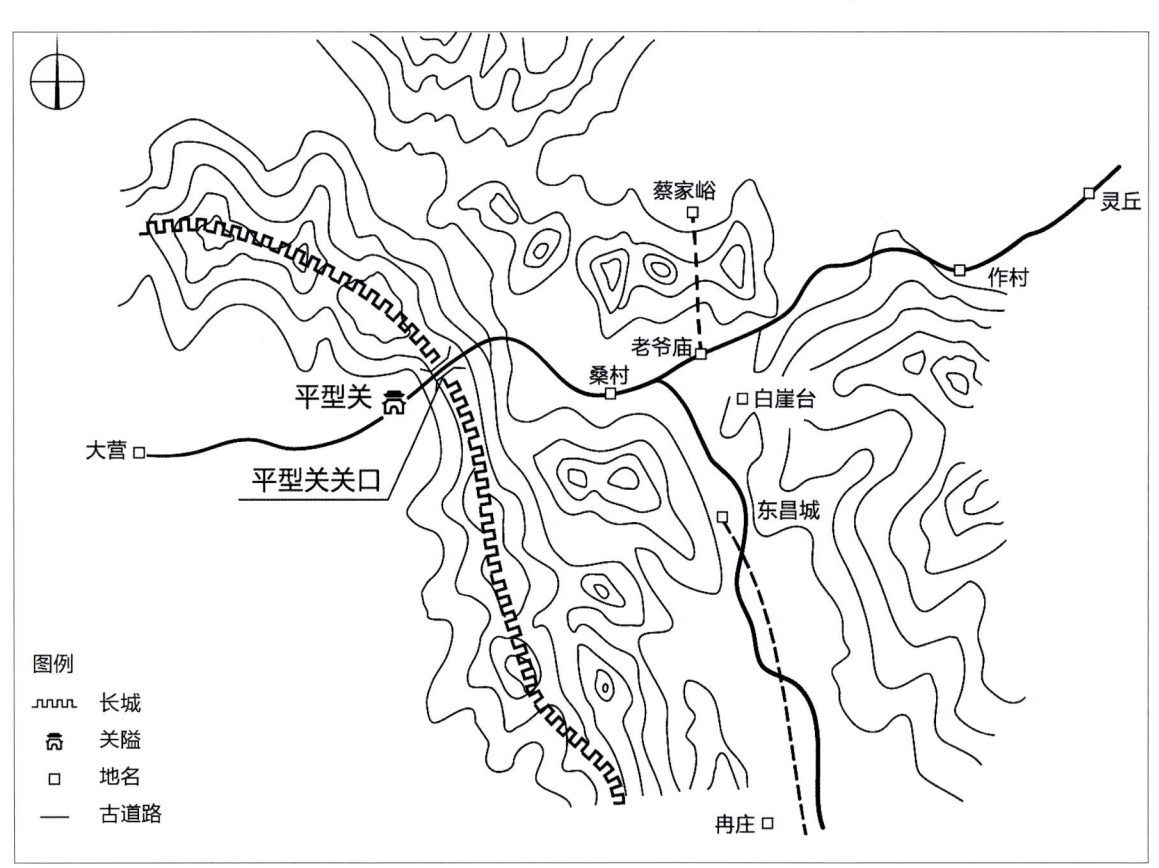

平型关及其周边示意图（根据《中国长城志·建筑》[1] 重绘）

明长城在河北境内的250余座大小关口，大部分借助水体在河流端点建关以备御。

作为明长城东端点，山海关位于现河北省秦皇岛东北15千米，北倚燕山余脉，东南临渤海湾，边墙纵贯南北，关城紧扼隘口。与关城防御体系相协调的便是山海关辖区内的边墙体系，共同构筑山、海、关的格局。其中，作为老龙头长城深入海中的部分，入海石城北接靖卤台，构成了封锁海面的制高点。南口海关是坐落在南海口的一座关隘，也是长城在滨海设置的唯一一座关口，且在关门上设城楼。

以河流为端点的水关关隘还有一种类型，就是将关城设置在河流内侧陆地上的制高点，利用峭壁、山峰或河谷高地，形成居高临下的掩护之势。如关城所处位置距离河道较远，可使长城墙体沿高地而下，并止于岸边。以抚顺关城为例，为了控制建州女真等卫通往辽沈平原的重要通道，抚顺关是在浑河河谷要冲之北制高点上设置的关城。但若边墙继续沿河流走向延伸，或跨河而建，则成为其他类型的水关关隘。

（2）沿河流设置的水关关隘

在河流内侧，沿河流走向设置边墙，并在沿线险要处设关隘，是水关关隘最常见的一种类型。各种天然或人工水体，既可为长城防线增设一道军事防线，还能为关内提供便捷的水陆交通，加强并促进交通控制与贸易往来。

如明朝被称为"内三关"的居庸关、紫荆关与倒马关，在河北北部沿内边一线修筑，是护卫京师的最后一道防线。"内三关"通过在河岸内侧修筑关城或重要隘口，实现与沿河城共同控制京师西北部四条重要河流的水上交通的目的，有效地防御关外来犯。

山海关老龙头入海石城

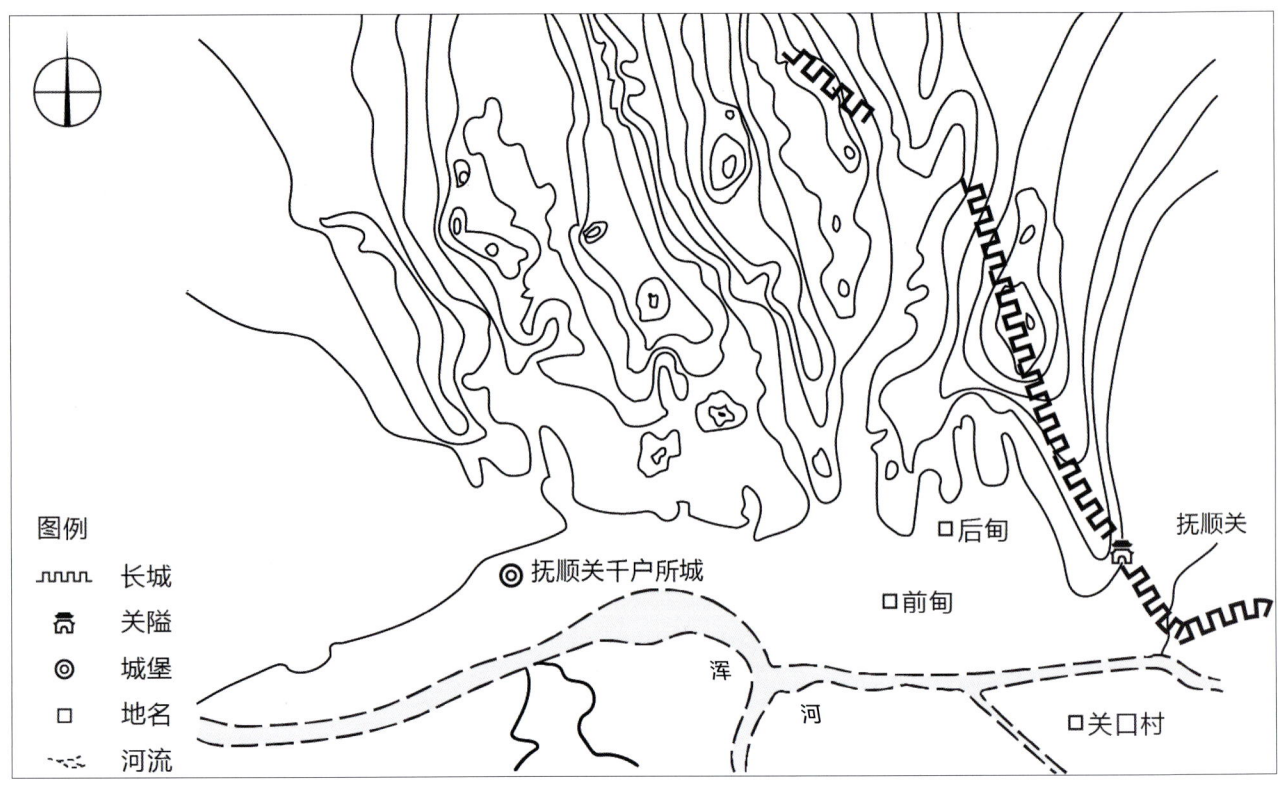

抚顺关位置示意图（根据《中国长城志·建筑》重绘）

沿河流设置的长城城墙

黄崖水关过河城桥

（3）跨河流修建的水关关隘

指关城或其防区内的边墙、敌台、箭楼、城桥等长城防御工事，建于山涧溪流上方，建构筑物下部设有过水门洞以通水流。第一种情况是关城跨河而建。如建于洋河上方的界岭口，在两翼建有关城的基础上，还设水关以驻守洋河两岸。

第二种情况是关隘防区内的长城防御工事跨河而建，其中以明代过河城桥最为典型，即当长城修筑遇到大型河流时，边墙、关城、敌台等长城工事难以跨越较宽的河面，故修建规模更大，且能够跨越河流而联系两岸，并兼具进攻、防御等军事作用的桥梁，即城桥，如九门口过河城桥、黄崖关城东北角的过河城桥等。

（4）两河间修建的水关关隘

是指将关城置于两条河流之间。基于对地形的考量，水关选择关口与关城相连的形式扼守峡谷谷口，将城北设为长城隘口。再如利用青龙河拐角而依水设关的桃林口关城，分上下两城，并在南、北两侧设门，用以直达河道与内陆交通，凭借两侧河流以及设置的敌台、瓮城，桃林口关城构建了水、旱两道军防体系。

（5）设置在河流两岸的水关关隘

在河流和长城防线交汇处，常在河流两岸地势较平坦的地区，对照设置关城及边墙、敌台、烽火台等长城防御工事，屯兵驻守以控制河道交

跨河流设置的水关关隘

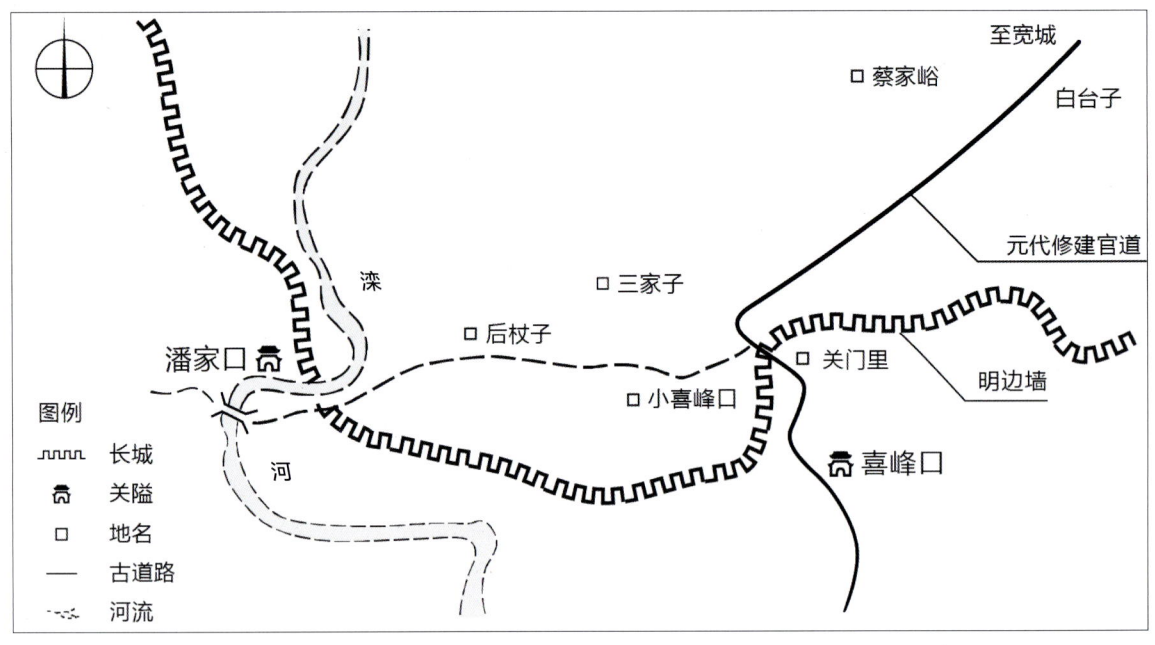

潘家口与喜峰口位置示意图（根据《中国长城志·建筑》改绘）

通安全。居于滦河两侧的潘家口与喜峰口，两关隘夹持滦河，防线坚固，"蓟镇十二路各关虽无处不险，而平原大川可容数十万大举入犯，又当贡使出入之路，则喜峰潘家口为最"。

（二）关隘的功能

1. 军事防御

军事防御是关隘最主要也是最重要的功能，反映在拱卫京畿、保护重要战略枢纽、控制地方反乱、捍卫疆土安全等方面。

中国古代都城在选址阶段，就已充分考虑到防卫安全问题，并随着修建长城防线，设置关隘城堡，加强对京畿地区的防护。明朝为加强京师的防御能力，在北京北方修筑了内、外长城防线。设于内长城靠东侧的居庸关、紫荆关、倒马关为内三关，靠西侧的雁门关、宁武关、偏关为外三关。六座关隘彼此互为联动，构成一个整体，成为拱卫京都的稳固屏障。

关隘防区内设置关城，首要原则就是要实现对重要战略枢纽的防护。无论是采用何种形式建关的旱关或水关关隘，置于内陆的关隘均设置在交通要道的形胜之地，强调对关隘防区内或长城防线上各种交通要道的防护。

2. 护卫与传递军情

关隘常配有驿传设施，发送、传递或接收军事情报，不仅要向朝廷禀报前线情况，还需接收朝廷的指示命令，同时还要实现各军事防区间军情的互通。因此，在关隘的军防系统中，往往配有发放与接收信息的驿传部门与官员。通常情况下，关隘居于要道之上，便成为出入边境的重要站点，同时具有卫护驿传的职责。

历代长城防线上都建有驿传系统。明长城沿线一些重要的关口都同时作为重要的驿站，负有传递军情的功能。如居庸关，因险峻的地形成为进入京城的北部重要防御关口，同时这里也设有"居庸驿"，成为最快速传递军情，以便对突发战事迅速做出指令传递的驿站。此外据资料记载，明朝在倒马关设置有倒马驿。

关隘的设置除了上述功能外，还具有交通、

税收、商贸及文化交流等衍生出的诸多功能。

三 关隘的选址与布局

（一）关隘的选址原则

关隘选址在强调与边墙结合的基础上，遵循扼守要冲之地、控制边疆险要地带的基本原则，注重各关隘间的对照关系，以形成层级关系与立体式的防御体系。

关隘本身在分布上就是对当时政治、军事形势的反映，致使关隘防区的划分，体现出以山川河流为界、以当时的行政区划为界、以文献记载的当时政局板块为界三大依据。这种划分关隘防区的方式被历代长城建设所用，如明代九边防区到十一边、十三边防区的建置与转变，就是以关隘自身分布所体现的聚群规律为主线，兼及当时的政治局势、行政区划和山河形胜等要素进行宏观统筹的。

（二）关隘的布局特征

1. 总体布局的对照性

从早期设置多出关隘强调对京畿、要道、边疆的防护，到后来通过关隘防区实现对各战略要点的统筹规划与控制，关隘在总体布局上均体现出对照性的特征。明代九边防区各司其职，其中尤以隶书蓟镇的居庸关、紫荆关、倒马关，山西镇的雁门关、宁武关、偏关，构建内、外三关，

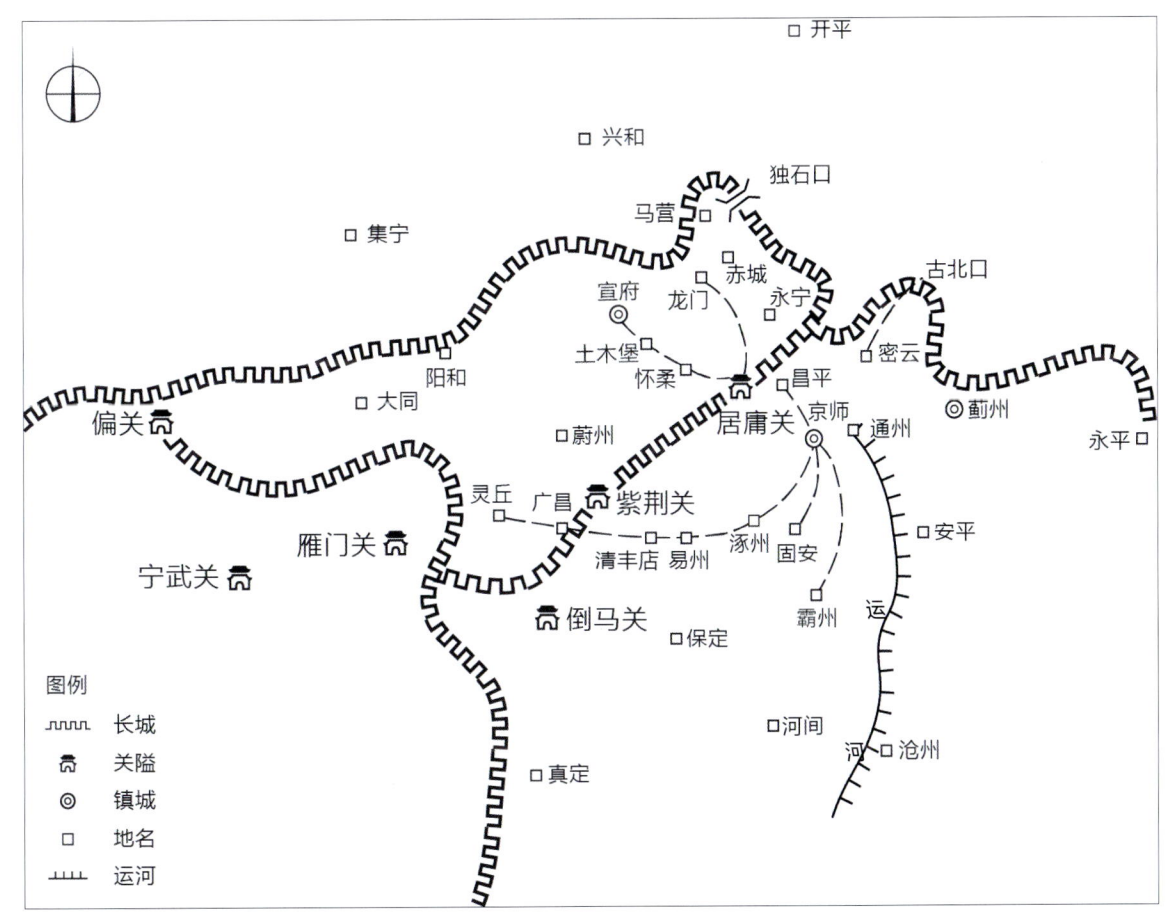

内外三关保卫京师示意图（参照《中国长城志·建筑》改绘）

居庸关关沟防线示意图

实现对京都的拱卫。

2. 防御布局的层次性

按照"都城→镇城→路城→关城→堡→敌台→烽火台"顺序布置的长城布防体系，形成了以边墙为干线、关城为控防中心，逐层规划各级军事设施的组织关系，在长城沿线纵深方向设置了多道防御屏障。

设有"关城→关沟→关防区"三个防御层级的居庸关，其中心关城跨河而建，管辖八达岭、石岭、灰岭一带，并设路级军镇的驻防规模[2]，形成拱卫都城北面的第一道防线。另因关城地处西山与军都山界的峡谷地段，故借助"关沟"在自然山险设置一道"四十里"的天然孔道，沿线布置南口城、上关城、八达岭关城以及岔道城4座防御城池，在空间上构成居庸关的第二道防线。而由居庸关沟向外围延伸，并涵盖整个居庸关戍守边界的防护区，则通过以关城为中心，分北路、中路、南路、东路、西路，又含白羊口、长峪岭、横岭口、镇边城，布置八条防线联合布防，从而借助各路所辖的108处隘口，构成居庸关的第三道军事防线[3]。在这里，三道防线层次分明，构筑了居庸关关隘"点、线、面"的军事防御性空间，通过"以点控线、以线控面"的布局策略，达到空间组织上层次节制、互相关照、彼此配合的布防目的。

3. 个体布局的结构性

作为关隘的军事指挥中心，关城一般择易守难攻的险要之地建城守防。为增强其军事防御能力，在关城外围多设罗城、翼城、瓮城、稍城等军防城池，同时注重构建关城与沿线上各敌台、烽火台、关堡的相互关系。因此，居于关城主城门外的瓮城、建于瓮城外围的罗城、在关城两侧的长城防线上设置的翼城与堡城，以及城垣之外城壕内侧加筑的羊马城与城外堡城，共同构筑了关城体系外围的基本布局关系。

四
关城、关堡与关卡

为了保证关口的防御功能，常在关口内侧修建城堡，以城为关，即为关城。作为关隘防区的军事指挥中心，关城既是出入长城内外的通道节点，也是长城防线上的守御重点，其规模的大小虽视其重要性而定，但都具有基本的规范定制。通常关城都由与长城墙体连接的城墙围合成封闭的城池，建有关门及城四角角台。关门及角台上建有城楼、角楼或箭楼，有的关门外还加设瓮城。关墙较一般长城墙体更为高大、陡险，建有登城马道。关城与城堡类似，可分为镇级关城，如山海关关城、居庸关关城等；卫所级关城、路级关城，如横岭城、镇边城等；规模更小者，即为关堡，如董家口堡等。城内建筑或道路设置与其规模或军事级别有关，通常设有行政管理及军事后勤类的各种建筑，一些关城还建有寺庙、戏楼、钟鼓楼、牌坊等文化生活设施，具有驿传功能的关城还建有驿站。

关堡实际上就是设置在长城防线上的堡城，多与长城墙体一同修建。关堡规模要次于各级关城，驻军人数也较关城少。其平面以方形为主，多设一或两座城门，并根据地形条件，有三角形、月牙形、多角形、圆形、不规则等围垣形式。作为控扼要冲的军事性城堡，关堡同样据险而守，或在驻守咽喉要道的山巅高处，取居高临下之势，用以俯瞰路口与观察周边情况；或建于渡口河岸或通衢大道之侧，用以控制交通、严查往来行人与管理商旅、征收税务。

关卡的建筑形式相对简单，一般只在道路经过的隘口上高筑墙垣，并仅开一门，以供通行与检验过往车马人员之用，军事防御能力较弱。在长城沿线上所设的关卡，其军事作用更强，不但派有少量驻军，用以防止敌人过境、遏制骚乱与维护治安，而且还使其成为附属于关城的军事设施，成为整个关隘防卫系统的前哨。

还有一些关隘比较特殊，如慕田峪长城，既建关，又建城，还建堡。

五 关墙与关门

（一）关墙

关墙即是关城的城墙，多就地取材。如明代修建的关城墙垣，多采用城砖、条石等包砌，内填黄土、碎石等材料，或在原有墙体上以砖石包砌，做加高、加宽与加固处理。关墙宽度为满足骑马行驰的要求，通常不小于四马并骑的宽度，以便作战时部队来往机动和运送粮秣、兵器等。

关墙结构形式与长城墙体基本一致，即内、外檐墙上筑女墙，其墙体厚度与垛口高度，与关城城池规模、墙体厚度有关，通常关城越大，城墙越厚。

（二）关门

关门，是关隘的主体部分，也是关隘的标志。它不仅是战时关隘防御的组织核心所在，同时也是平时盘查行旅、征收关税等履行关隘行政职能的门户。比如，八达岭长城就设置了四道关门，第一道关是南口，第二道关是居庸关，第三道关是上关，第四道关为最北关即八达岭，古称北口。

早前关门是用"过木"搭建构筑，后来由于砖的广泛使用，城门洞改为用砖、石伐的办法构筑。门洞内装有双扇高大厚实的木门，两侧设古称为"植"的门柱，门框即为楗木，且均用铁皮

居庸关关墙

关门及拱券型门洞

包裹。为防止撞击或火烧，木门多包有铁皮。门本身也装有辅手门环，内侧置门闩及锁环，或装机杼。门闩为坚韧的硬木，称关木，俗称门杠，关门时横贯于门后，两端嵌于墙体的凹槽中，并配键孔、鼻纽等设施，供关闭城门时加锁。关木通常为上下两道，关闭开启均需要使用官长印信，门卫制度严格。在不少城门外墙之上还镌题额，为关城或城门名称。

六
瓮城与谎城

（一）瓮城

为加强城堡或关隘的防守，常在城门外修建一半圆形或方形的护门小城，即"瓮城"。因依附于城门，且与城墙连为一体，两侧亦设有箭楼、门闸、垛口等防御设施，瓮城常被视为关城重要的防御设施之一。

"瓮城"取义为当主城门和瓮城门关闭，守军即可对敌形成"瓮中捉鳖"之势，也可称为月城、曲池。瓮城的建筑特点是瓮城城门通常与所拱卫城门不在同一直线上，即瓮城开门避开正门的方向，多采取侧向开门，形成迂回，这样既可以保护城门免于受到正面攻击，又可改变敌人的进攻方向，同时还可增大城池的防御纵深，使城门的防御能力得到加强[4]。比如：八达岭长城的瓮城，现有关城为明朝弘治十八年（1505年）建筑，东为"居庸外镇"大门，西为"北门锁钥"大门。二门距离43.9米，瓮城总面积达5000平方米，处于海拔高度600米。

瓮城

（二）谎城

白羊峪水关东侧有座谎城，当地人称为"马圈""阅兵城"，如今雄姿犹在。它位于水关东侧的制高点上，易守难攻，可望而不可即，面积约3000平方米。它一方面用来迷惑敌人，使其误以为是长城的指挥机关，必然集中优势兵力攻之，而又久攻不下；另一方面可集中储存粮草、马匹、士卒等。谎城，是迷惑敌人的建筑，貌似驻扎千军万马，其实唱的是空城计，是白羊峪长城防御体系中的一种独创。

大理石长城以东有座盲场墙，当地人称为错城，附近有一座将军坟。传说错城因为施工走向错误，致使将军被杀，也有传说错城与谎城功能相同，是迷惑敌人的设置，但均未见史料记载，有待查证。

七
城楼、角楼与箭楼

作为城门上方的建筑，城门楼既是关城的象征，也是守卫城池的观察所、军事指挥部，同时还是围城战斗中坚守的据点。城门楼大多为传统歇山顶式一至三层的木结构或砖木结构建筑，如山海关置有"天下第一关"牌匾的城门楼，又称镇东楼，是山海关关城的东门。其城门楼实测高13.7米，东西宽10米，南北长约19.7米，两层建筑面积198平方米。其重檐歇山顶，上覆灰瓦，四角饰以形态各异的脊兽，北、东、南三面共有68孔箭窗，还有一些石砌门楼，如居庸关长城沿线关城等。

关城城池的平面多为方形，各墙角联系两面。为加强城池四周防卫，通常在城墙四角各筑一角

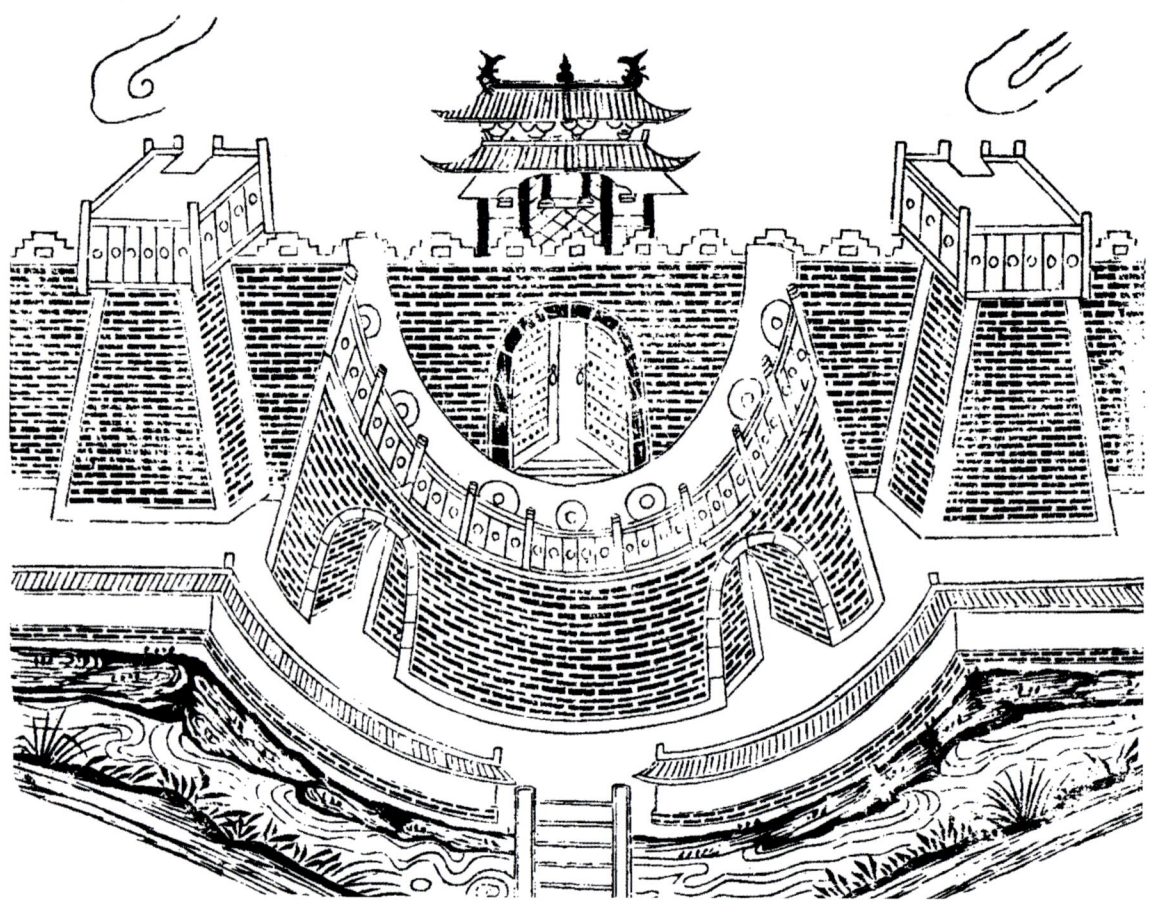

城制图(引自《中国古代兵器图集》)

居庸外镇

谎城

第四章 铁壁铜墙：蓟镇长城的建筑形制

山海关镇东楼（天下第一关）

台，台上所筑楼阁即为角楼。角楼的构筑，一方面是为了居高瞭望，用以观察城外两个方向的形势。另一方面用以指挥调集兵力，居高临下地齐发箭弩，防止兵临城下。城头所筑的阁楼，因外墙壁上开有箭窗，一般又称为箭楼，泛指关城上所筑的门楼、角楼等。

八
罗城、翼城与稍城

罗城是在瓮城外围再构筑的一道封闭的环形城墙。这道城墙比较长，不仅起到掩护瓮城的作用，还能掩护内城较长的地段，成为面对进攻的第一道防线。罗城有时也指代围筑于城墙外的大城，或称外城。因内部通常是驻军布兵之地，故罗城城外即为首当其冲的前沿阵地，夺城之战一般都发生在这里。

翼城是在关城城池外，与城门两侧相连的城墙上，隔一定距离在城墙里侧或正对瓮城城门建设的方形小城。作为边防军的执勤处所，稍城常被设置在关城作战的最前线或其他需要警戒的敏感地区，是一种兼具侦察、潜伏、警戒等功能的军事小城。

以山海关为例，关城东西修建有罗城，南北修建有翼城，外围修建有稍城，前呼后应，左辅右弼，构成掎角，共同拱卫关城。

山海关镇东楼北东南三面箭窗

山海关城靖边楼（角楼）

第四章　铁壁铜墙：蓟镇长城的建筑形制

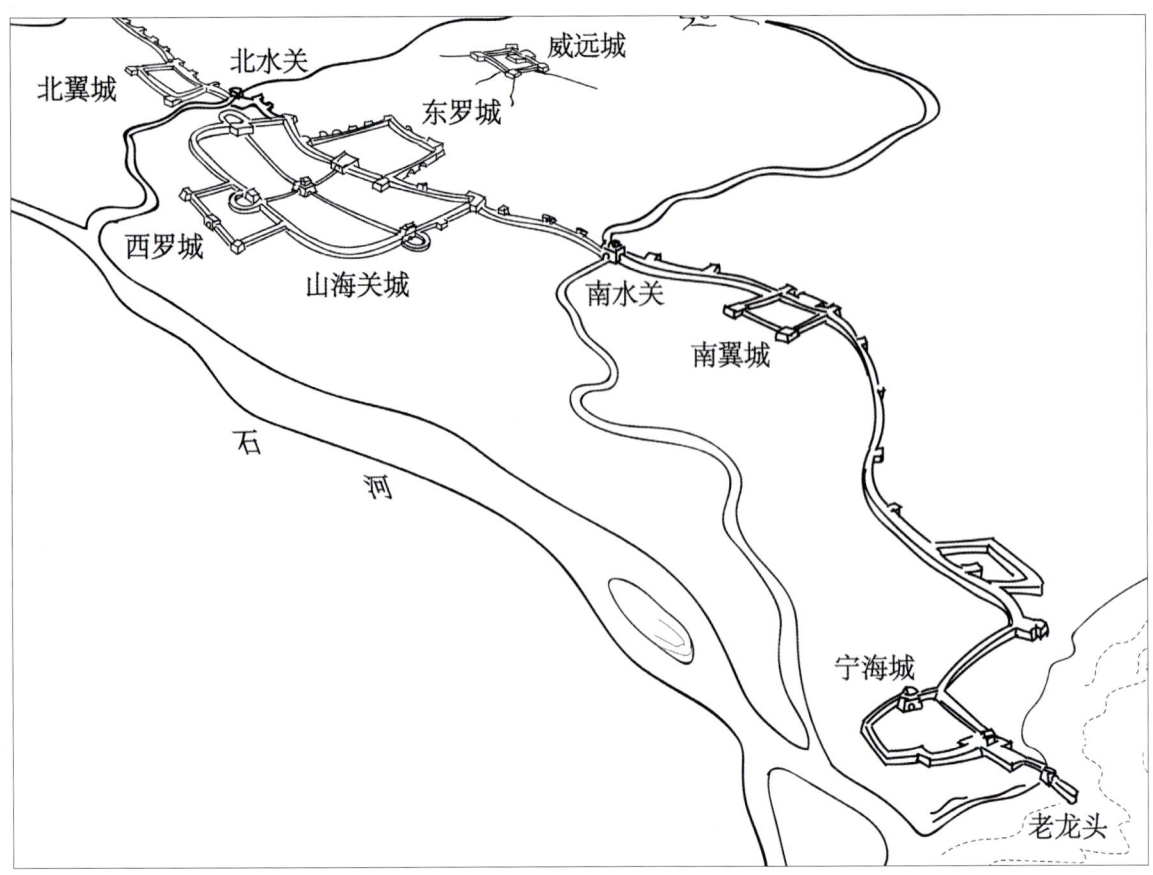

山海关长城布局示意图（参照《不一样的长城》重绘）

九 关口障碍与其他附属设施

（一）关口障碍

关口障碍是加强关口防御的设施，常设置在关外的险要节点或敌人出入关城的必经之处。

关口障碍设置在长城外偏坡处，即将向敌的山坡削成陡壁，设拦马墙，高度以能拦阻敌马跳越为度，可多层地穿插构筑，限制敌骑的活动。在平坦地形上挖掘大量"品"字形的陷坑，并在坑内设铁签、刀刃；在陷坑前方种植密集的灌木，增加敌人的行动困难，有时为尽可能使障碍物能得到火力掩护，还派出少数伏兵或诱敌入坑，或防止敌人接近和破坏障碍物；在品字窖前散布铁蒺藜，或埋置绊马筒，扎伤敌军人马的脚，阻滞敌军行进速度；用树枝、竹子、芦苇、林秸或灌木枝条等编结而成、扎在地上的篱笆或栅栏，形成隔断空间的篱格，成为阻拦人或动物通行的障碍物。

（二）其他附属设施

1. 羊马城

羊马城即在城垣外城壕内侧加筑的一道较矮隔墙，平时用以安置羊马牲畜，战时为城厢加设的一道防线，又称"羊马垣"或"羊马墙"。羊马城不但具有明确的建筑形制，而且与关城联系密切，是在关城城外设置攻城障碍的常用设施之一。

2. 护城河与城壕

关城城池四周挖掘而成的护城河，可在敌人

攻击时增加障碍，减轻守城压力。筑城时在城四周挖掘土方留下的沟渠，即为壕堑，注入水后即成为护城河。其深度多在 2 米以上，宽度在 10 米左右，并因深浅宽度与筑城时掘土量多少有关，故成为判断城池大小的外部特征之一。但在山隘或台地建设的关城城池，因缺乏水源，便又成为维护关城的壕堑，并为增加敌人逾越的难度，多在壕底埋设竹木尖桩等人工障碍物。

除为关城构筑一道人工防线，迫使敌人必须涉水或跨越壕堑才可攻城，为守卫士兵创造射杀入侵敌人的有利时机外，壕堑还是排泄城内外雨水或山洪的渠道，故筑城时也多依据山体地形，积极将护城河与城壕这一防御工事与自然环境结合起来。

3. 城桥与吊桥

城桥是当长城修筑遇到大型河流时，修建能够跨越河流、联系两岸并兼具进攻、防御等军事

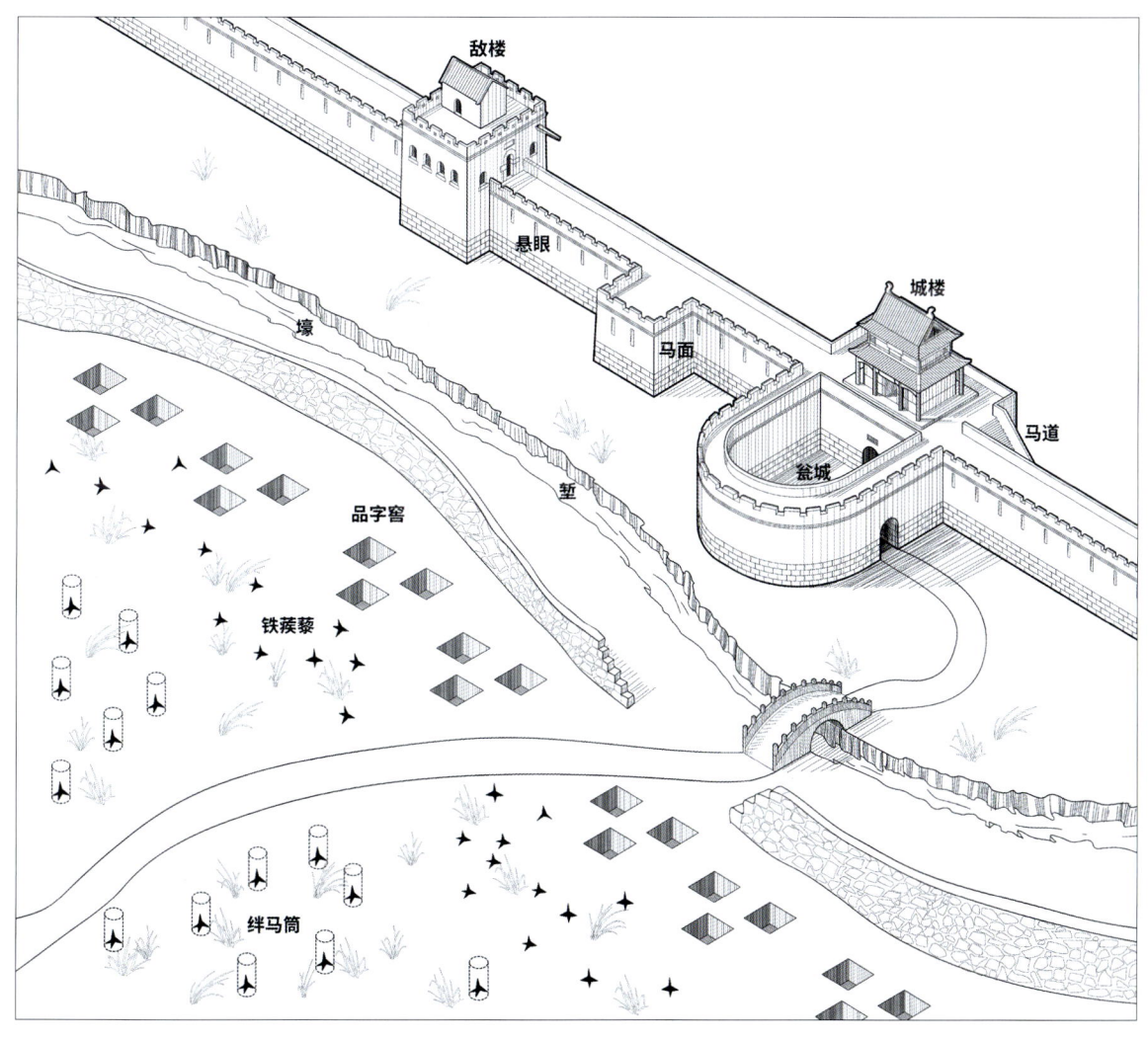

关口障碍设施（参照《不一样的长城》改绘）

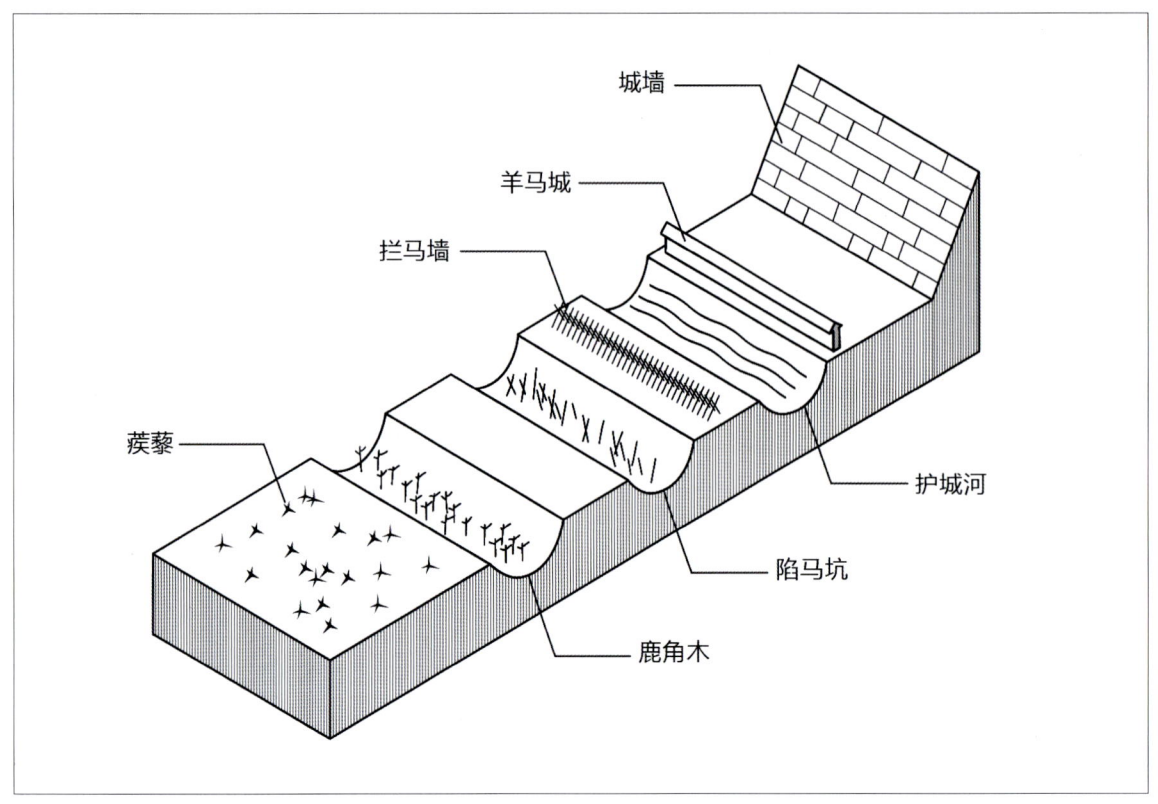

城墙障碍系统示意图

作用的桥梁。其形制类似长城墙体的过水门洞，一般由多个拱券门洞相连而成，主要作为扼守山谷河流、控制交通往来之用。另在一些关城大门外的护城河上，常设有吊桥，通过桥梁起吊掌控城堡的出入，以加强防卫。但因这种吊桥大都为木制品，并受古代吊装器械设备的限制，这种吊桥仅适用于一些小型关城。

4. 天田

在关城城墙外，通过铺设平整的细沙或自然沙地，侦察敌方过往踪迹，实现护卫关城目的的区域，即谓"天田"。

天田一般设置在关城、城鄣塞墙外侧，且沿塞墙走向伸延，其宽度多为3—5米的平坦地带。根据所处地带的不同，或采用细沙平铺，或利用边塞自然沙地稍加整饬而成，或在河边利用河岸沙来设置"水中天田"，并根据行走痕迹，成为侦察敌人袭击和士兵外逃的有效设施，故常被视为中心关城防卫敌方入侵最外缘的一道防线。

---

1 汤羽扬等：《中国长城志·建筑》，江苏凤凰科学技术出版社，2016年。后同。
2 张曦沐：《明长城居庸关研究》，天津大学硕士论文，2005年。
3 刘珊珊、张玉坤、陈晓宇：《雄关如铁——明长城居庸关关隘防御体系探析》，《建筑学报》2010年第S2期。
4 汤羽扬等：《中国长城志·建筑》，江苏凤凰科学技术出版社，2016年。

第三节
敌台（敌楼）：高筑台 御玄塞

敌台，建在长城墙体上的高台，亦称敌台、墩台、墙台、敌棚、谯楼等，主要用于守城士兵瞭望和防御敌军进攻，多建在位于地势较开阔或较高地段的长城墙体上。

为了更灵活地将敌台设置在边墙上，特别是关城城墙的各个部位，并以最经济、合理的方法塑造长城边墙上的防御据点，同时为这些据点提供足够的兵力和兵器，戚继光将传统敌台，发展成一种跨长城边墙而建的高于墙体的中空、四面开窗的楼台。空心敌台不但借助其内部中空空间，提供一个可供守城士卒休息居住以及储存武器、弹药等军需设备的场所，同时还可使士卒在各层开窗处，对入侵敌人进行观察及多角度的射击。

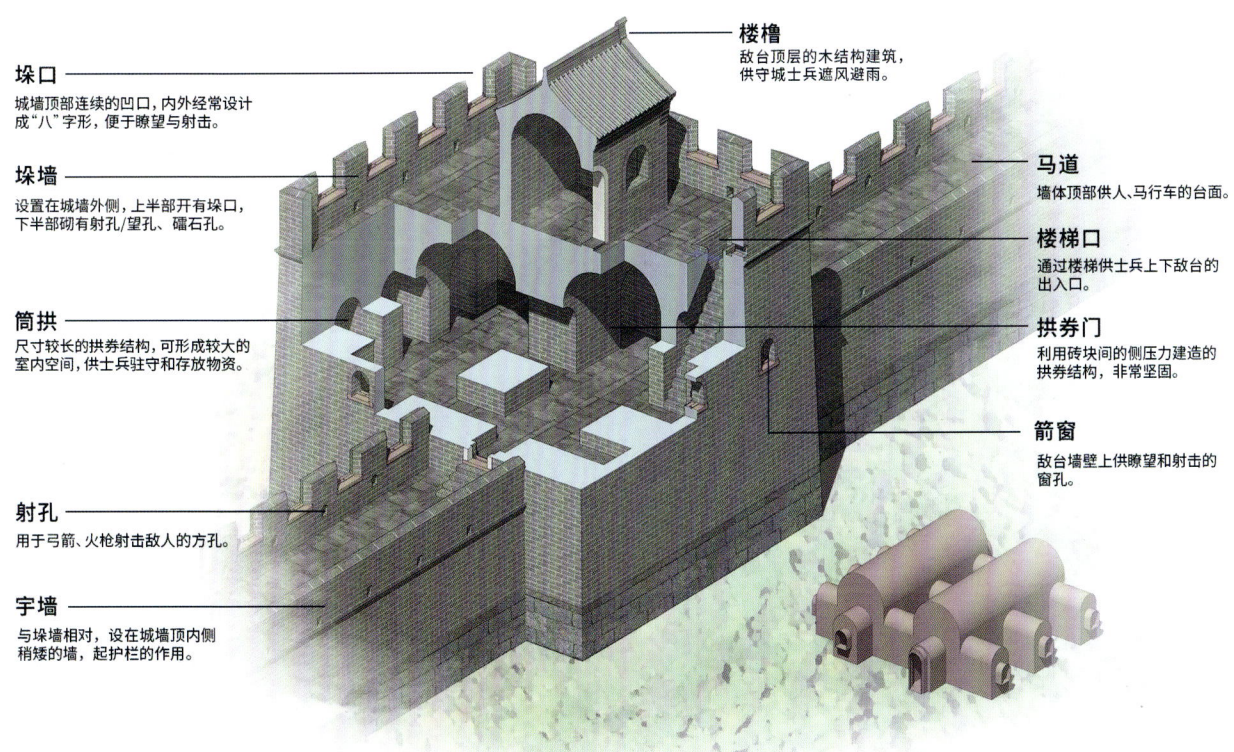

长城上的空心敌台及城墙建筑结构示意图

一
敌台的类型

墙台是敌台的早期形式，与敌台具有不同的构筑形式。墙台多倚墙而筑或突出墙外，高度与墙体齐平，平面一般为方形、矩形或圆弧形，多以石砌和砖包砌为主。台上四周有垛口和射孔，还有遮风避雨的铺房，是守城士卒巡逻放哨的地方。敌台多横跨边墙修建，高度高于边墙，平面以方形、矩形或圆弧形为主，并有多种空间划分形式。台上四周同样建有垛墙、射孔、遮风避雨的铺房，为守城士兵提供一个兼具巡视、接收与传递信息、作战的场所。根据构筑方式与使用职能的不同，敌台又发展成实心敌台与空心敌台两种类型。

（一）墙台

墙台高度与长城墙体齐平，且三面突出边墙，突出墙体表面距离一般为8—12米，各墙台之间距因受地形限制在20—250米，一般在70米左右。因修建墙台相较于敌台更为简单，故在大兴土木修建敌台的同时，明朝也积极修建墙台，目的是为守兵提供更多的场地阻击敌人，增强战斗的灵活性，同时为修建长城节省材料和人力。按照基座形式划分，墙台包括基座平面为方形或矩形的夯土墙台、石砌墙台与砖包墙台，以及基座平面为圆形或半圆形的石砌墙台等几种类型。

（二）敌台

《武备志》中曾提到敌台有实台（实心敌台）和虚台（空心敌台）两种类型，并指出敌台"……全仗高台，两边顾视夹击，贼不得直至城下，且又不能屈矢斜弹以伤我台上之人，故我得以放心肆力敌贼也。谓之曰'敌台'，其义以此"[1]。

实心敌台平面呈正方形，外壁砌筑石块或砖，内部填充土石等，台体一侧多建有登台的阶梯式步道，顶部四周或建垛口，上置望孔，底部设排水口。空心敌台为石筑或砖砌楼体，平面多呈正方形，楼梯两侧或一侧建有券形门洞，与长城墙体相通，券门两侧和另外两壁建有数量不等的券形箭窗。楼梯内部被分隔成券室、券道。券室或券道内筑有梯道，砖砌或石砌阶梯，直通台顶。台顶或设置天井，采用软梯登顶，或于垛口处设门，门下放两侧置挂石，用于悬挂软梯。

1. 实心敌台

明朝所建的实心敌台，虽也用砖石或土垒堆，但它却与边墙不同高。正是因为要比边墙高出许多，故实心敌台通常横跨长城墙体修建，或依附于墙体外侧，也有独立于边墙修建的情况。这种自墙体向外突出且高出边墙的高台，因内部夯实不能住人，不设箭窗，只筑有登台顶的踏道，以便守城士兵在敌台顶部瞭望射击。

实心敌台也分为土筑、石垒、石或砖包砌几种类型。黄崖关长城5号敌台则是石砌实心敌台的代表。砖包实心敌台通常由基座上层两部分组成。基座一般由毛石或条形石块垒砌，基部以上墙体则采用夯土心外包砖或碎石心外包砖的形式，错缝平砌至台顶。从外侧表面看，整个敌台从基部向上呈上窄下宽的梯形体态，具有明显的收分。在敌台墙顶四周设有垛口，并在垛上设望孔，用以掩护士兵作战，如义院口边墙1号实心敌台，慕田峪长城20号实心敌台等。但因没有储备兵器的空间，只能在台顶作战，作战方式也相对单一，故实心敌台的建造数量并不多，或多设置在非重要的防护点。

2. 空心敌台

空心敌台的出现极大地完善了长城的防御功能。空心敌台有两大构筑特征：一是横跨边墙修筑，台身突出边墙内外墙皮，高出边墙顶面，这决定了空心敌台的建筑体量较边墙本身更为高大广阔。二是建筑形式为中空多层，且一般由上、

空心敌台（三眼楼）

中、下三部分组成。下部为基座，由大条石砌成，中间是空心部分，多为一层，少有二层，四面开设箭窗，开窗数量随敌台大小而异。较小的敌台层前后各开 2 个或 3 个窗，左右各一窗一门。一般的敌台前后开 4 个或 5 个箭窗。按每面开设箭窗数，空心敌台又俗称为三眼楼、四眼楼或五眼楼。

空心敌台内部中空层的结构，或以砖墙和砖砌筒拱承重，构筑成相互连通的券室，或用木柱和木楼板承重，外墙为厚重的砖砌，形成一层或两层较大的室内空间，旨在提供一个供士兵驻守、存放粮秣和兵器的场所。空心敌台上部为台顶，一般在中央处筑有楼橹，供守城士兵遮风避雨之用，或铺墁成平台而无楼橹，通过供燃烟火，实现报警通信。为了增加敌人进攻的难度，常在楼层间开洞，并利用绳梯上下台顶，或者在较厚的砖砌体中，留出仅供一人通行的砖砌梯步道，使敌方在此处只可依次排列进入，进而为守军提供易守难攻的卡口。

根据功能及内部结构的建制要求，一般将空心敌台划分为单筒拱无柱式、双筒拱二柱式、双筒拱三柱式、三筒拱四柱式、环形筒拱四柱式、无筒拱木柱楼板承重式六种基本类型，其布局基本都是长的一面面对迎敌方向。

（1）单筒拱无柱式（长方形式）

单筒拱无柱式的空心敌台，为砖石结构，平

敌台上的箭窗

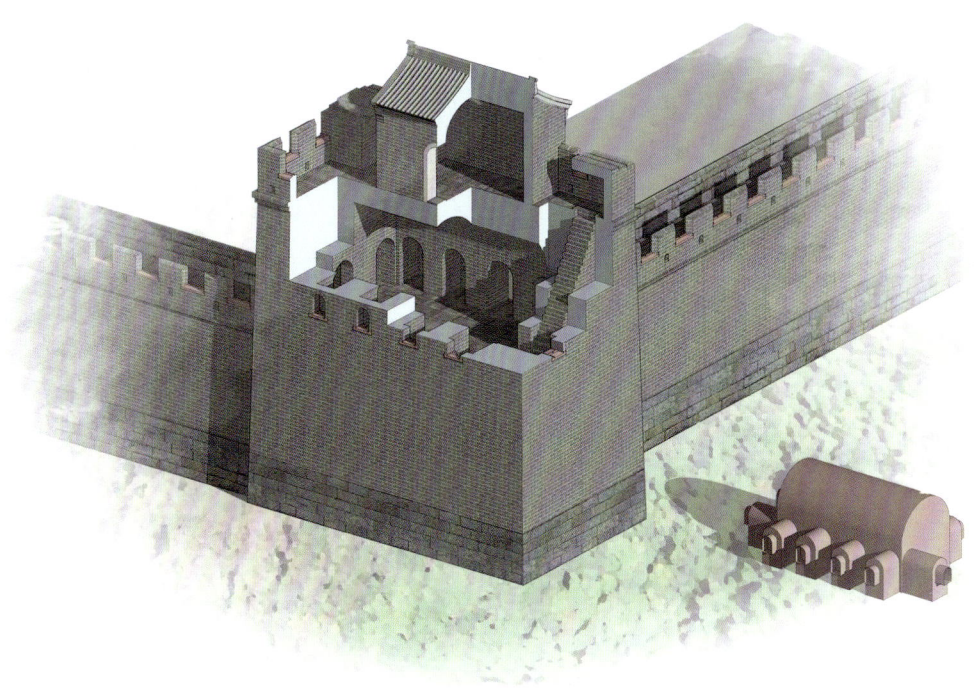

单筒拱无柱式空心敌台剖面示意图

面呈长方形，长短边约为 2：1 的比例关系。敌台长边与边墙走向保持一致，并在长墙两侧开设若干箭窗。箭窗设置数量根据敌台长度而定。敌台短边一侧设券门，另一端或设楼梯，或在顶部中间开洞口，供士兵上下。敌台顶部可设楼橹，四周环以垛墙，且有突出墙体的吐水嘴。这类空心敌台的构筑特征是：内部不设柱，并由连续单拱券构成面积不小于 40 平方米的内部空间。

以黄土岭 2 号敌台为例。该敌台中层平面为长方形，南北长 12.2 米，东西宽 7.1 米，为单筒拱无柱式结构类型，拱高 4.35 米，层高 5.25 米。东、西两墙对称设置。顶层平面为南北长 11.5、东西宽 6.8 米的长方形，墙体四周做菱角檐，上为垛墙，垛口下方有望孔。在顶层正中设南北长 5.5、东西宽 2.35 米的楼橹，遗址尚存[2]。此外，八达岭长城 40 号、44 号、49 号敌台以及慕田峪 27 号敌台都是单筒拱无柱式结构空心敌台的典型代表。

（2）双筒拱二柱式（日字形式）

双筒拱二柱式的空心敌台为砖石结构，平面呈日字形，顺边墙方向设置两排连续、高度相同的拱券，并在两筒拱交界处形成一道隔墙，在隔墙上另设置券门，券门之间形成方形砖柱。由于空间设置不同，相对于单筒拱无柱式的空心敌台，双筒拱二柱式空心敌台虽然也在与边墙走向一致的两侧墙体开设箭窗，并根据长度不同设置开窗数量，但另外两侧墙体因双筒拱的空间格局而设有两道券门（各筒拱设一道），通常靠近城墙外侧各开箭窗，靠内侧为拱门。此外，这类敌台多在靠近内侧墙体设置通道楼梯，有时不设楼梯，而在筒拱一角设孔洞，以活动梯上下，使内部空间得以有效使用。这种空心敌台的顶部也多设有楼橹，并在四周环以垛墙，还在内侧设置突出墙

双筒拱二柱式空心敌台剖面示意图

面的吐水嘴。

以擦崖子敌台为例。该敌台底层平面为边长约10米的正方形，内部结构为双筒拱二柱式。台基平铺四层条石，以上用城砖砌筑。基座上部墙体南、北两墙一门一箭窗，东墙四箭窗，西墙三箭窗。梯道设在西墙南侧箭窗龛内北侧，为拱形。顶层四周设垛墙，中间有楼橹。同类的敌台实例非常多，如九门口某空心敌台，虽然同是双筒拱二柱式结构，但这座敌台在靠近内侧墙体上设有楼梯通道，仅设有上人孔[3]。

（3）双筒拱三柱式（日字形式）

双筒拱三柱式的空心敌台，平面虽也呈日字形，但在顺边墙方向设置两排连续单拱券的长度，要比双筒拱二柱式的空心敌台更长。因在两筒拱左右交界处形成的隔墙上开有4道券门，其中间形成3个方形砖柱，便于内部空间的流通。在与边墙走向一致的两侧墙体开设箭窗，根据敌台长度设置开窗数量。另外两侧墙体，于每道筒拱设置1道券门，并在靠近边墙外侧开箭窗。该类敌台依旧采用在靠近内侧墙体设置通道楼梯的方式，或在梯井顶部中间安设洞口。这种空心敌台的顶部也多设有楼橹，并在四周环以垛墙，同时于内侧设置突出墙面的吐水嘴。

以义院口某空心敌台为例。该敌台平面呈长13、宽7.65米的长方形，其基座依地形外侧高4.5米，内侧高2.2米，并保持与边墙顶部相平。基座上部四壁起墙，且内外两侧墙壁上各开4个箭窗，每个箭窗尺寸基本相同，并基于作战需要，呈外小内大的形式。而左右两侧墙上各开1道门、1个箭窗，门均在内侧，与边墙相通，同时在长边内侧墙体设置踏梯上楼[4]。另外，司马台部分敌台以及二道梁部分敌台等，都是双筒拱三柱式空心敌台的典型代表。

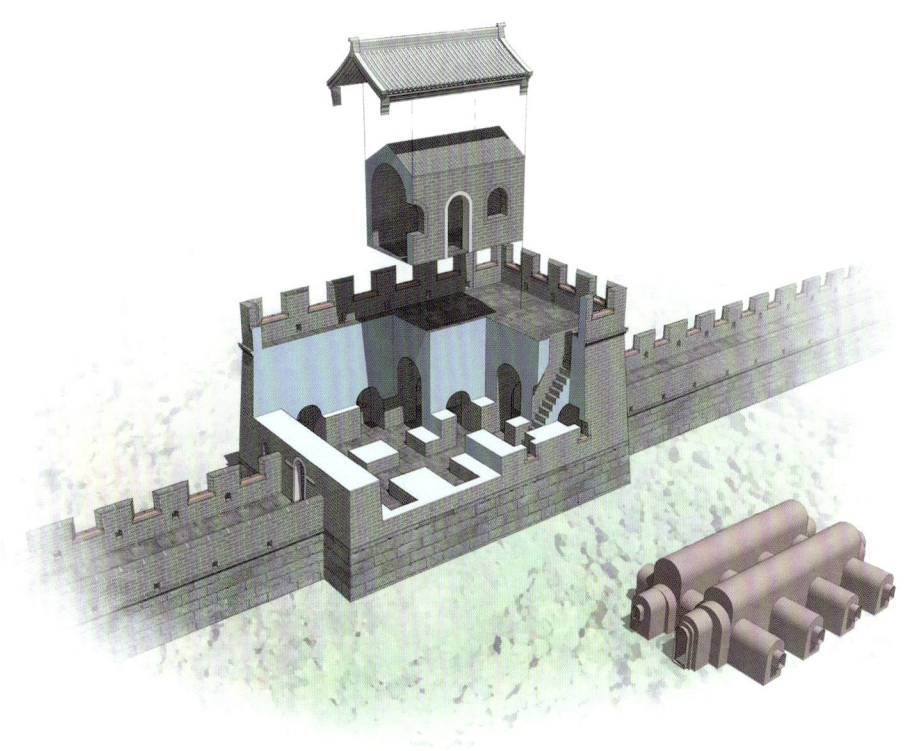

双筒拱三柱式空心敌台剖面示意图

（4）三筒拱四柱式（目字形式）

三筒拱四柱式空心敌台为砖石结构，平面呈目字形。一般情况下，内部空间由三排连续、高度相同的筒拱组成，其横跨边墙方向的长度与顺边城走向的长度相近。在每相邻筒拱左右交界处设有隔墙，每道隔墙上设有3个券门，故敌台正中部位形成4个方形的砖拱券柱。这类敌台四面均设箭窗，数量亦根据敌台宽度而定。除与边墙走向一致的墙上设置箭窗外，与边墙相通的墙体在靠近边墙一侧也开箭窗。同样在靠近内侧墙体设置通道楼梯，以便上下楼。在敌台顶部多设置楼橹，四周环以垛墙，边墙内设置突出墙体的吐水嘴。

以蔡家峪某空心敌台为例。该敌台平面呈长10.44米，宽10米，底层面积约100平方米，楼梯设于长边内侧墙体。其基座内外侧高度相近，约5.14米，并保持与边墙顶部相平。基座四周墙体底部首先开槽夯实，然后用长条石以白灰泥垒砌，并在上部用城砖白灰泥错缝平砌，至敌台顶面，中间填充碎石块和山皮土夯实。券门在敌台内侧、外侧各筑有2个尺寸相同的箭窗，并设有窗基石，前后墙各设3个箭窗。蔡家峪、义院口、大毛山以及九门口均有三筒拱四柱式结构的空心敌台。

（5）环形筒拱四柱式（回字形式）

环形筒拱四柱式的空心敌台为砖石结构，从平面看与三筒拱四柱式敌台相同，其区别主要是在起拱的方式不同。其平面近似正方形，内部由环绕墙体内一周的筒拱构成，故形成回字形的空间。在中部隔墙上的四个方向，各设一券门，四道券门隔开形成4个方形的拱券柱。这类敌台四面均设箭窗，数量根据敌台宽度而定。除与边墙走向一致的墙面上单纯设置箭窗外，其他两侧墙体则为了与边墙相通而设置入口券门，门多靠

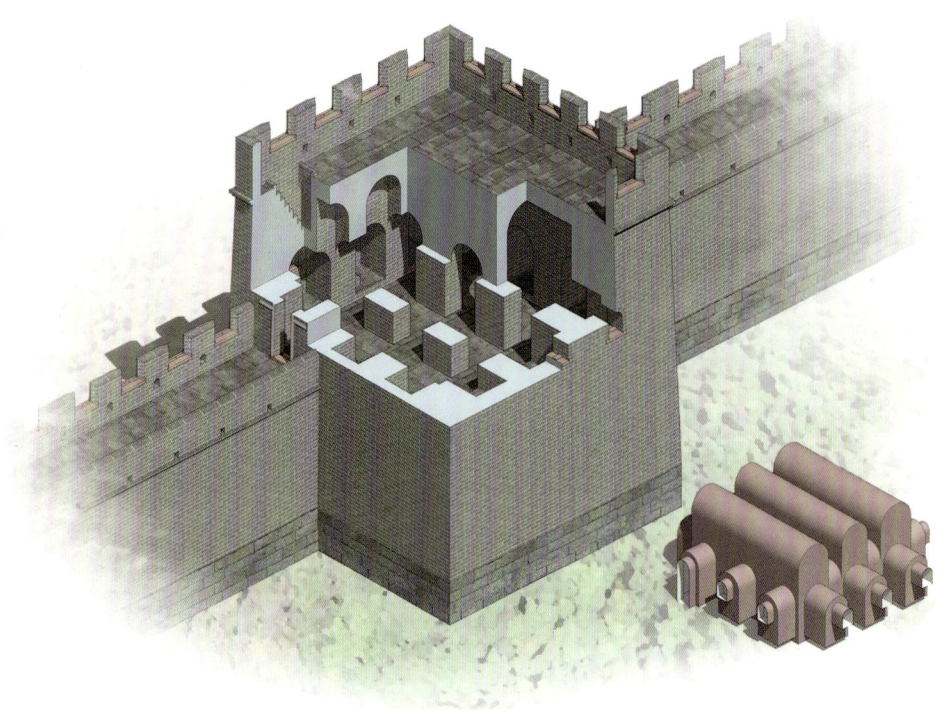

三筒拱四柱式空心敌台剖面示意图

近边墙内侧设置。敌台同样采用在靠近内侧墙体设置通道楼梯的方式，或在中间安设洞口，于敌台顶部设置楼橹，四周环以垛墙，内侧设突出墙体的吐水嘴。

以黄崖关 8 号、9 号、10 号空心敌台为例。这些敌台平面均呈边长约为 10 米的正方形。四周外壁底部开槽夯实，并用长方形条石抹白灰泥砌平，然后砌城砖，同时从下至上按比例收分，使其从侧面看呈梯形，上窄下宽。四周砖墙围合形成中部空间。与边墙走向垂直的两侧墙体，各设有 1 道入口拱门，门两侧对称各设 1 个箭窗。与边墙走向一致的两面墙体各设 3 个箭窗。楼梯设在内部隔墙上。另因四面墙内部砌成一周环形筒拱，而内隔墙则因在四周设有 4 道门，故形成 4 个拱券柱。敌台顶部四周设有垛墙，还有射孔和流水槽等附属设施。此外，洪山口、涞源等地还有环形筒拱四柱式空心敌台的特殊实例，其在中心四柱顶砌尖形拱券。

（6）无筒拱木柱楼板承重式

该类是指采用砖石结构和木结构相结合的方式构筑的敌台，即四周为砖石垒砌的墙体，内部空间由木柱、木桊枋支撑顶层平台。此类敌台四面墙体均设箭窗。与边墙连通的两侧墙体设有入口拱门，并基于防御性考量，常设在靠近边墙内侧。在靠近内侧墙体处，设通道楼梯或在梯井中间安设洞口，供士兵上下。此类敌台顶部虽也四周环以垛墙，并在内侧有突出墙体的吐水嘴，但中央位置是否有楼橹已较难考证。

以司马台西空心敌台为例。这座敌台平面呈长 10.2、宽 9.87 米的长方形。敌台基座从四周底部开槽，夯实后先用长条石抹白灰泥垒砌找平，然后用城砖错缝平砌至顶。四周砖墙继续上垒形成中部空间，但中间及贴墙内则是木柱，柱上承楼枋上承楼板，采用的是砖木结构相结合的承载

环形筒拱四柱式空心敌台剖面示意图

方式。外墙壁上设拱券式的箭窗和拱门。垂直于边墙走向的两侧墙体，各设有1道入口拱门，门两侧对称各设1个箭窗，与边墙走向一致的两侧墙体各设3个尺寸相同的箭窗。敌台顶部四周设有垛墙，个别处还存有射孔和吐水嘴等附属设施。司马台、八达岭、董家口、二道梁等多处边墙上均有无筒拱木柱楼板承重式空心敌台的实例。

除上述6种空心敌台外，还有基座平面呈圆形的空心敌台，如黄崖关长城凤凰楼的空心敌台。

二
敌台的布局

（一）布局原则

敌台的布局原则，是基于军事作战的考量而随长城墙体在全线上进行设置的。

因边墙多与自然环境结合，与边墙连为一体的敌台，其选址方式、间距设置、布局朝向也随驻守区域地形条件的不同而有所差异。如在地势平缓处的边墙段，敌台布局相对自由，在利于观察、保证台体间距可以互补帮助的前提下，设置间距可较疏。在地势陡峭处的边墙段，敌台多建在敌人易进攻或便于观察敌情的地带，设置间距相对较小，台体体量及朝向与地势环境的限制有关。由于各类敌台建造周期与造价不同，根据驻守区域的军事等级、规模的差异性，敌台配以相应的建筑形式。如在守卫国都、州府或重要城邑的要冲之地设置较多的空心敌台，在一些偏远、地势险峻或敌人不易进入的地带设置较少的实心敌台。这些敌台也并非在边墙上均匀布置，通常是在防御重点的地带集中布置，设置数量也同样与守卫城池的规模和军事等级有关。由于还兼具瞭望与观察敌情的功能，敌台还常常占据防卫区域的制高点。

（二）布局特征

敌台的布局方式除与边墙墙体有关外，还与关城、城堡等密切相关。另因敌台是构筑在边墙上的防御设施，根据与边墙的布局关系，呈现出横跨边墙而建、建于边墙外沿以及居于边墙拐角等设置特色。基于"两台相应，左右相救"的作战机制，敌台的布局方式还取决于间距设置，即在保证敌台的间距在射程范围内的基础上，根据守卫城池的军事等级以及边墙所在区域的环境限制，选择相应的间隔距离。

1. 与关城、城堡的布局关系

设置在关城、城堡墙体上的敌台，多采取以关城、城堡为防守重点，与边墙相连接，构成点线结合、以点护线的布局关系。按明制要求，集中布置在连接关城、城堡边墙上的敌台，十步或百步设一台，设置数量与城池规模有关。为消除墙下死角，关城、城堡上的敌台，通常在边墙拐点处设置得更为密集，并须在转角处的墩台上方，设置平面为弧形或方形的敌台，即敌团与硬楼。

2. 与边墙的布局关系

（1）横跨边墙而建——骑墙楼

此类敌台，跨建在城墙上，分为敌台中轴线与边墙中轴线重合，以及敌台中轴线与边墙中轴线偏离两种基本形式。敌台中轴线与边墙中轴线相重合，是明代修建敌台的一条基本原则，即为了便于阻击侧射和斜射攻城的敌人，敌人一旦攻城，敌台上的士兵就可以通过突出的敌台上的垛口，居高临下，进行侧翼阻击，遏制敌人架梯攻城。此类敌台的建筑在蓟镇长城上是最为常见的。

另《皇明经世文编》349卷记载，"台制尤当随地置形。如墙外地宽，则台当多出。如地狭，则台当少出"[5]，表明敌台与边墙中轴线相偏离的做法，是一种因地制宜的考虑，并在一般情况下多偏向于边墙外侧。

横跨边墙修建的敌台还有一种特殊形式，就是敌台三面或四面均连接边墙。此种情况多出现在山体起伏变化较大的复杂地形中，如黄崖关9号敌台。

（2）建于边墙外沿——出墙楼

这种建于边墙外沿的敌台，一般突出外墙8—20米，间距在70米左右。另外，敌台的高度要求，或与边墙同高，强调借助左右相辅的突出平台，快速支援两翼，并与边墙协同作战，保证在有效射程内消除墙下死角。或高于边墙修建，强调以其更加高大的墩台体量，增强防御与作战能力，以便观察城外情况。这种突出边墙外侧进行建设的敌台，如八达岭关城南侧的敌台，通常与边墙的连接处并不是垂直的，而是自下向上有明显的收分，以保证外接墩台的稳定性，并增加敌方攀爬墙体的难度。

（3）建于支线边墙尽头——端点楼

在一些地方的长城线上会伸出一段距离的支墙用于抢占附近的制高点或者保护主线长城的侧翼，这种楼便建于支线城墙的尽头处，既是一个远伸在外的单独堡垒，也是一段城墙尽头的终端。这样的支墙和敌台在今天著名的长城旅游区如金山岭、慕田峪即可看到。

（4）独立于边墙之外——孤楼

在边墙迎敌一侧，还可独立于边墙设置敌台。敌台与边墙的距离，通常保持在互救范围内。这种布局关系既可保证边墙走向相对自由，也使敌台择优选址更为灵活，并能够加大各自的作战防御范围。如在北京西部山区的沿河城设置的15座敌台，为了便于在较高处俯瞰山谷及河道，敌台均独立于边墙修建，并在顶部设垛墙，上有上下两道孔，与沿河城共同构成了防守京西要道的屏障。

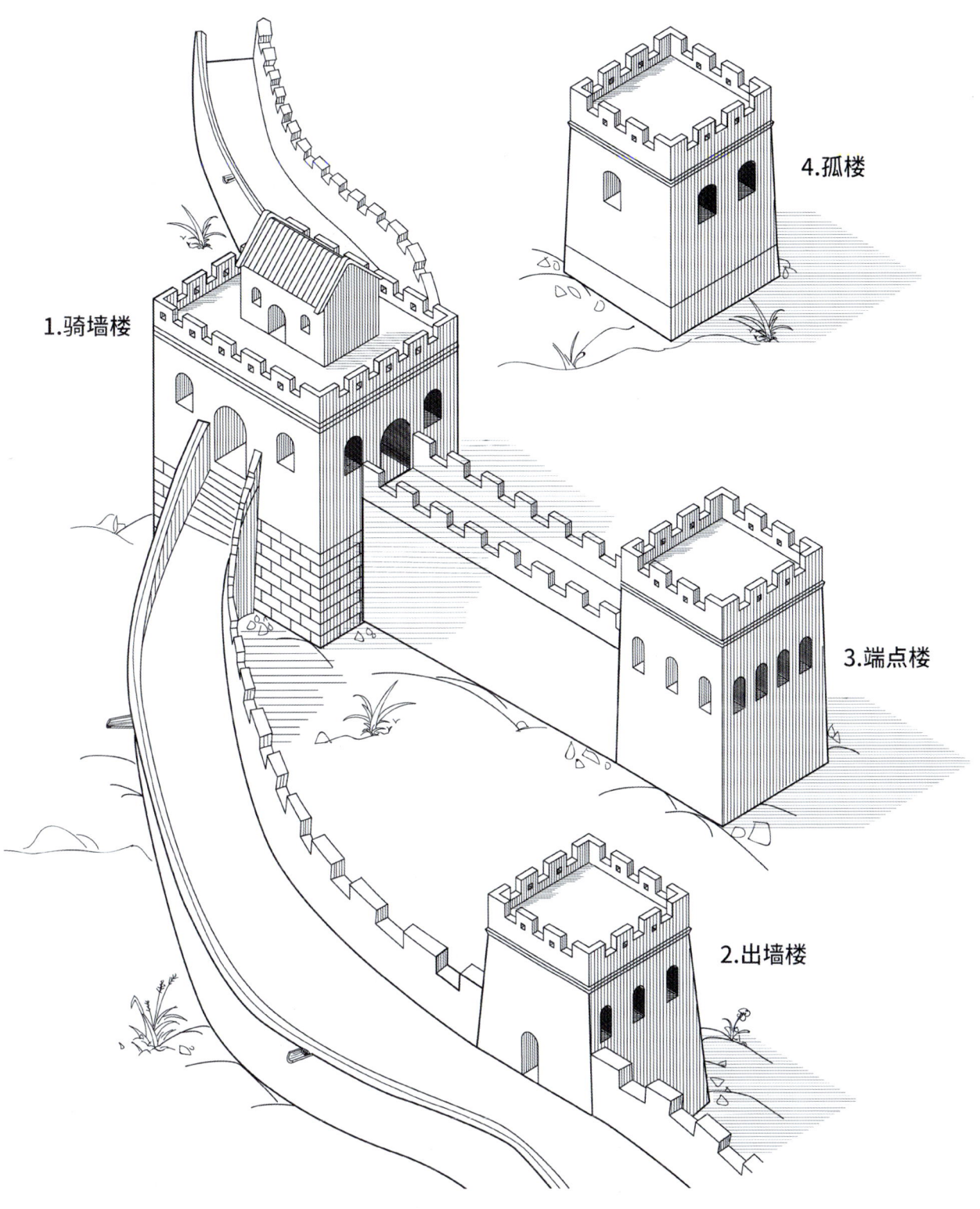

敌台与边墙的布局关系（参照《不一样的长城》重绘）

第四章 铁壁铜墙：蓟镇长城的建筑形制

骑墙楼

出墙楼

金山岭四方台端点楼

3. 敌台间的关系及布局

为满足"两台相应、左右相救"的目的，构筑于边墙上的敌台，具有严格规范的管理与编配制度。据《四镇三关志》记载，明代所建敌台，要求每座编配50名士兵，且2座敌台需设1名百总，10座敌台设1名把总，20座敌台设1名千总[6]。而在长城某一区段或城邑上设置的敌台数量，则与该防护区域的军事等级与规模大小有关，进而影响两座敌台间的距离和布局关系。

相邻两座敌台的间距，还受当时防守兵器射程的限制。如明代开始大量使用火器，当时弓箭的有效射程仅在一二百米。因此，明制一般规定敌台间距应在110—160米。敌台距离太远，箭镞和火器的杀伤力就不够，在理想状态下，要求两台之间的距离应在弓箭的有效射程内。但实际上敌台的间距设置，大多没有遵循这一原则，而是由地形决定各敌台的分布情况。

三
敌台下部基座

空心敌台室内活动空间向下的部分即为下部基座。

以司马台段的空心敌台为例，边墙上所有空心敌台基座的做法均相同。首先用方整石料做基础层，基础露明部分一般为两至三层，高度约在0.6米。但在坡度较大的地方，敌台底侧外露的基础甚至可达4米左右。在基础层之上，用经过花锤加工的方整大石，以素灰层层铺砌，铺砌高度1.5—4米，或多在开始砌楼处找平。也有敌台石砌体内外两侧存有较大高差，以素灰砌筑城砖来完成基座的。城砖一般砌水平缝，基本

板厂峪长城孤楼

第四章 铁壁铜墙：蓟镇长城的建筑形制

九门口长城孤楼

金山岭长城敌台密集布局（相应相救）

作一顺一丁排列。绝大多数的敌台基座上端平面都是正方形或近似正方形，也有矩形的。基座高度一般随地势变化而不同，但在山势坡度较大的地方，其高侧与低侧的地坪高差可达 8 米左右，在这种情况下，基座高度多是以其高端地坪为标准。

空心敌台基座周长、高度的度量标准其实有明确的记载。一般情况下，空心敌台基座下部需用石实砌，上部则以砖砌筑最为常见。砖砌体并不一定砌实，其内部可填石、砖或三合土。周长尺寸是空心敌台创建时规定的基本尺度之一，其标准的度量位置应在基座上层。另因空心敌台的实际高度常随山势坡度而定，故其高度标准可在一个灵活性较大的尺寸范围内。

四
底层及中层建筑

自基座以上到顶层平面以下即为空心敌台的底层、中层建筑。空心敌台中层建筑的外观都极为相似。一般其上端四周均以砖砌拔檐，且多为三层砖的菱角檐，以及双层菱角檐、鸡嗉檐等样式。四面均是城砖砌筑的厚墙，水平横缝，一顺一丁排列，并有 1.2—2 厘米的白灰砖缝。每面

板厂峪杨来楼

杨来楼南侧面

石基座空心敌台

厚墙上都设有箭窗，宽度 60—70 厘米，高度在 80 厘米以下（不计券高），样式以二券二伏的砖券脸为主，也有一券一伏式的个别案例，且左右两边常用砍磨过的砖砌成向外敞开的 45 度角，而与边墙相连接的墙体上还设有入口拱门。拱门形式通常为上端发券的砖筑结构，或为石砌结构，即在门左右立柱石，柱上平置腰线石，并在腰线石上砌石券脸，同时设置石门槛、门枕等设施，还有采用上石下砖或上砖下石等混合做法的构筑样式。空心敌台底层建筑的内部空间，基于结构体系的划分，主要包括木梁架结构和砖拱结构两类。

（一）木梁架结构的底层、中层建筑

空心敌台中层建筑采用木梁架结构，多为正方形或接近正方形平面，也有长宽比在 1.4：1 到 1.3：1 之间的长方形。以司马台的西 4 台、西 6 台、西 7 台、西 15 台、西 17 台、西 18 台和东 4 台为例，这些空心敌台底层建筑的室内地面都存有完好的鼓镜式柱础石，且沿纵横各四条轴线排列，其外侧的四条轴线分别深入到四侧砖壁内侧，将室内空间划分为深阔各三间。虽然这些敌台周长各不相同，但中央木柱间尺寸却大体呈现出平面为正方形或长方形两种规格，且中间一间的柱础石规格都相对较大，建筑四壁内侧均设有整齐的柱门。

中层建筑，现存实例为金山岭尚家沟门处的"三层敌台"。作为金山岭长城唯一一座砖木结构的三层敌台，位于金山岭长城最西端的山脚下，且西有十二排障墙相辅，东与五里坨寨相邻，地理位置极为重要。

这座敌台选择砖木结构的构造形式，也是基于因地制宜的布局考量。因构筑在山脚处，西侧山脊陡峭，坡度在 70 度左右。从建筑上看，由

残存的敌台柱础痕迹

于东西两侧高度差距过大，为了减少高度落差，敌台修建中模仿在马道上建楼底通道的做法，塑造以楼代替通道的建筑形式，并采用一种自重轻、施工工艺相对简单的砖木结构。

（二）砖拱与砖木结构的底层建筑

按照砖拱形状和底层建筑平面的布局方式，砖拱结构的底层建筑主要分为两种类型，即单纯以一个或纵联两个至四个筒拱为结构方式，或是在中层建筑中央安排中心室（回字形）。

以筒拱为构造方式的敌台，主要包括单筒拱无柱式、双筒拱二柱式、双筒拱三柱式、三筒拱四柱式四种类型，平面分别呈口字形、日字形、目字形与回字形。砌筑有中心室的空心敌台，其平面形式和砖拱结构既包括底平面为四边形、拱顶如覆斗式的穹隆顶形式，也有底面呈八边形的穹隆顶，或是中心室本身是筒拱，而其拱身方向或与边墙走向垂直，或顺边墙走向安排，同时还有中心室底平面为四边形，上端用密排的枋木砌在墙体内做成平顶的形式。无论中心室采用什么方式，其周围均存在由筒拱构成的外围空间。

在筒拱结构中，有一种结构形式称为纵联筒拱。在纵联筒拱或中心室的侧壁上开设门洞，则是联系底层建筑全部空间的唯一手法。设置在中心室前后左右四侧墙壁上的门洞，一般多采用拱券顶的构造样式，并多以二券二伏、三券三伏为主。在同类构造样式的中层建筑中，拱券券脚的高度也大多在一个尺度范围内，如纵联筒拱的拱券券脚高度在2.8—3.4米，筒拱中心室券脚高在2.5—2.7米，穹隆顶中心室券脚高3米左右。作为构成次要空间的筒拱，其券脚高度均在2.7—3.1米，过门洞券脚则大部分高1.4—1.6米。拱券的矢高与跨距之比也大致具有类似的特征，即同类构造样式的底层建筑有着相似的比值。

除设置门洞建立底层建筑内部空间的联系性外，在外墙上安设箭窗与券门则可反映敌台的构造形式。在一般情况下，四壁内侧均开有窗龛或门道，位置大体与筒拱的两个端面和过门洞相对。大多数的砖拱结构底层建筑均采用一龛一窗的制度，个别的在中央窗龛内开设 2 个箭窗。再有就是在外墙的前后面开设 3 个箭窗，左右 2 个箭窗 1 个门，个别前后开 4 个或 5 个窗。

砖拱结构底层建筑通高一般在 4.2—4.6 米，四周壁厚大多超过 1 米，最厚可达 1.6 米，大多数在 1—1.2 米之间。外侧墙体的收分多在 4% 以下。窗龛均采用筒拱形式（个别用过木做龛顶），

空心敌台券门与箭窗

空心敌台内部拱券及箭窗

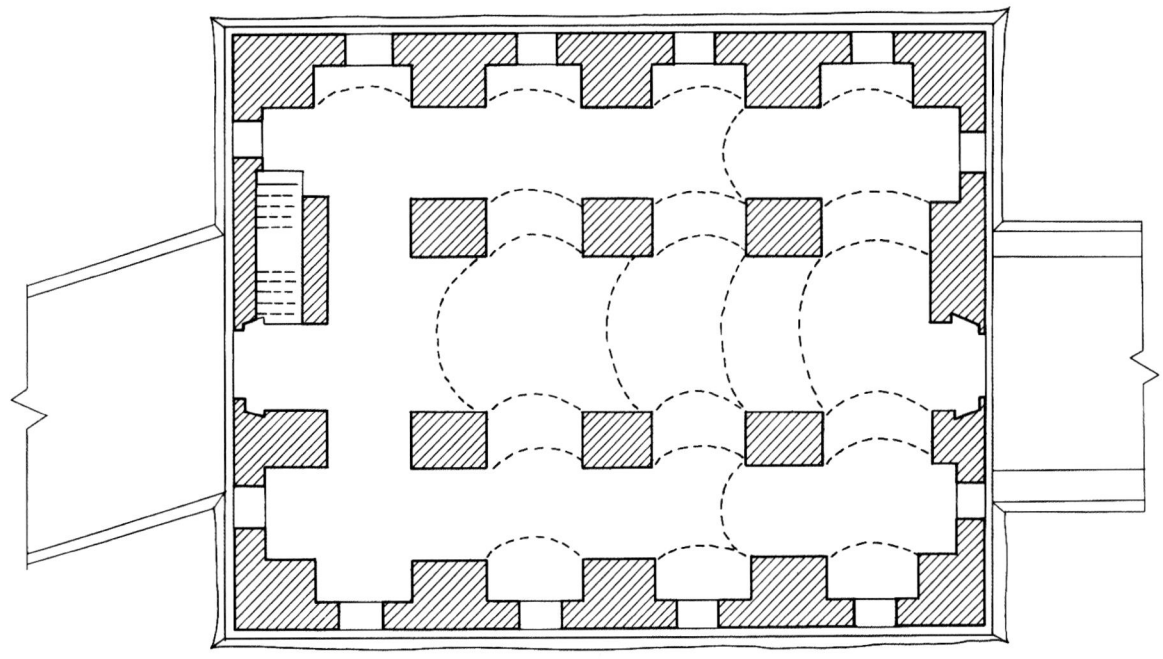

空心敌台内部空间平面图

时而在贴近箭窗的地方加砌横向小筒拱。窗台上常用石料雕凿窗槛，窗框左右和上边多贴砌一层陡砖做成平整的墙面，以及将窗龛两侧做直壁，没有向内敞开的样式。室内地面一般是城砖或方砖铺墁，其做法大部分是十字缝，砖趟方向比较灵活，个别敌台铺墁形式具有不同花样。

五 敌台顶层建筑

空心敌台台顶即为其顶层建筑。据《练兵实纪》的记载，"上层建楼橹，环以垛口"[7]，表明空心敌台上层一般包括位于上层台面中央或紧靠边墙内侧的楼橹，以及台面周围的垛墙、顶面铺地。在前文中已介绍垛墙、顶面铺地相关内容，在此就不作赘述。

楼橹是建于长城空心敌台台顶上供戍边士兵做事、观望敌情、躲避风雨的建筑物，多为一开间或三开间的硬山顶建筑。一旦规模较大，又将其设置成带有周围廊的歇山顶建筑，也有无梁砖拱，或平面为正方形的攒尖顶设施。楼橹的结构或用五檩或用七檩大木构架承重，或硬山木阁棕、砖砌筒拱结构，建筑屋面多为布瓦（不施釉的筒、板瓦），并配以脊兽，而正脊两端一般不用正吻，多用望兽代替。

一般情况下，在砖拱结构敌台顶上设有楼橹，其构造样式则以抬梁式木结构房屋为主，并通常具有四种平面位置形式。

（一）一开间的平面布置

一些建在地形较陡或地势较高的空心敌台，因环境限制通常建造规模都不大，基座周长一般控制在十二丈以内。这类敌台的上层建筑多采用

砖木结构楼橹

一间房布局，即在敌台台顶的中心部位砌有方形砖墙，呈一顺一丁式砌筑。方形开口朝向边墙内侧，在左右两面墙中各设三柱，排列成线。左右墙即为山墙，开口一面的左右两侧各砌槛墙。槛墙中央设 1.2 米宽的木门。一间房式楼橹的面阔与进深虽各有不同，但不同部位的墙基厚度并没有明显差别，并多采用硬山顶形式。

（二）三开间的平面布置

除面阔变为三间外，平面呈三开间布置的楼橹，在平面布置与方位选择上，并没有与一间房的楼橹存在太大差异。从司马台敌台顶的楼橹可以看到以下几种构筑特征：一是后檐墙与山墙连接的地方仍采用折角砌法，且山墙前檐大多留有墀头。后檐墙一般将三间面阔全部封死，有时也在明间中央留有门，但前檐两次间均砌槛墙。二是根据面阔尺寸，三开间的楼橹通常被划分为范围在 6.4—6.7、5.4—5.9 米的两组类型。明间面阔最常见的尺寸是 2.9 米左右。虽然次间面阔要小于明间，但并未发现两者在尺寸上有比例关系。三是这种楼橹的进深范围通常在 2.64—5.5 米，且室内一般不设金柱。如若设柱，柱直径在 0.16—0.23 米。通常山墙还砌有下碱和上身，并采用不太规整的三顺一丁砌法。其上身上部多用平头墙做一封书式的墙顶，或为两折的五花山墙加以点缀，即一种悬山式的屋顶架构。四是与

三开间楼橹

一开间楼橹一致，三开间楼橹的装修也主要集中在前檐部分，即朝向边墙内侧，明间也多为满装修，但次间建筑构件则多采用常用样式。

（三）前后出廊

前后出廊式的楼橹，是指在三开间建筑的基础上，加设前后廊，即在平面上顺面阔方向排列有四个檐柱，构成纵横各四列的柱网。在左右两侧山墙上，有时还设有中柱，檐墙与槛墙均砌在金柱位上。

一般情况下，这类楼橹均砌筑成平头山墙，且后檐墙与山墙高度保持一致或稍低些。墙身也分为下碱和上身两部分，且高度比约为 1：2。

有些楼橹还在明间前、后金柱处设有隔扇门。通过平面布局形式推测，这类楼橹的面阔通常在 6.3—7 米，也存在个别大体量的实例。明间面阔一般为 3 米左右，通进深也多在 4 米上下，廊步进深通常前后等步，在 1—1.2 米。檐墙与山墙基一般厚 0.42—0.53 米，槛墙与山墙的厚度并没有明显区别，且其高约 1 米，屋面铺设筒瓦、板瓦、勾头和滴子等瓦件。

（四）四周出廊

最为复杂的楼橹为四周出廊式，其平面布置相当于前后出廊式楼橹的左右两侧各加设一排外廊。这类楼橹一般面积较大，做法考究。出廊做法为廊柱均贴在垛墙上，檐墙、槛墙和山墙都砌在金柱之间，且三种墙的关系处理与前后出廊式楼橹一样，即前后檐明间不砌墙，前檐次间砌槛墙，后檐墙和两山墙都是平头墙，并做一封书封顶。

四周出廊式楼橹还有一种构筑形制，即纵横各排为六列柱，司马台敌台有楼橹四周出廊的实例，这类楼橹外围为廊柱，均贴近垛墙，内圈是金柱。墙均砌在金柱之间。此类楼橹的两山墙，均砌完整的墙并折向前后檐面的次间，前后檐明间均不砌墙，后檐明间有木装修。西 12 台和东 7 台的山墙和檐墙则只砌在次间，两种墙等高，都是平头墙，且上做一封书封顶。橹廊步与金步的明间面阔为 3.22—3.35 米，进深均在 3.3 米左右，廊步次间面阔为 2.7—3.1 米，进深则在 2.5—2.94 米，金步次间面阔为 1.12—1.39 米，进深为 0.95—1.16 米，建筑面积均大于其他三类楼橹，建筑形式和屋面做法也较为复杂。

关于底建筑通向上层建筑的做法，砖拱结构敌台通常建有两折的砖楼梯券道，但大多数仅在底层建筑顶部开设一个矩形方孔，方孔均设置在筒拱内。

1　（明）茅元仪：《武备志》，《四库禁毁书丛刊》，北京出版社，2000 年。

2-4　6　河北省文物研究所：《明蓟镇长城：1981—1987 年考古报告》，文物出版社，2012 年。

5　（明）陈子龙等：《皇明经世文编》，台联国风出版社，1968 年。

7　（明）戚继光：《练兵实纪》，中华书局，2001 年。

敌台底层通向上层建筑的楼梯及出口

敌台底层通向上层建筑的出口

第四节
烽火台：狼烟起 兵戈见

蓟镇长城烽燧的修建达到顶峰，成为世界上罕见的军事防御设施。蓟镇长城烽燧由一系列烽火台、关、亭障、屯戍城等构成。

一
烽火台的概念与类型

（一）烽火台的概念

烽火台是古代警戒和传递军情的工程设施，又称烟墩、烽堠、烽火台、狼烟台，专指建于长城沿线或交通要道沿线的山顶、高岗或易于相互瞭望之处，供燃烽烟、烽火或举起醒目标志用以报警的高台建筑。

烽火台还是边塞体系中最基层的哨所，派有戍卒驻守，轮班守望。《明史·兵志·边防》记载："各处烟墩，务增筑高厚，上贮五月粮及柴薪、药弩，墩旁开井。"[1]明代，烽火台戍卒驻守，一般要求轮班守望，由燧长或候长统领。处于边疆交通要道上的烽燧，守燧的吏卒还兼管沿线邮书的收受发送、过往行人的盘查放行及接纳等工作，兼有了与亭邮的邮递驿传类似的职能。

（二）烽火台的类型

基于就地取材的建设原则，烽火台结合地形及地方材料特质、选择适宜的结构形式。另因烽火台可与边墙连为一体，也可处于边墙内外，设置位置相对灵活，往往还被赋予其他使用功能。根据结构形式、位置及其使用功能，烽火台具有不同的类型。本文以结构形式分类进行介绍。

蓟镇长城许多敌台建在险山之上，既可作战又兼以瞭望预警，故有一些敌台充当烽火台。专职的烽火台造型主要为圆台或方台，材料有包砖或石砌等，常以孤立形式存在，下部较少有建造坞堡环护者。

1. 圆台体

以金山岭砖垛关东烽火台为例。该烽火台为圆台体，台底周长32.5米，直径10.6米，高4.8米，台顶周长28.6米，直径8.7米。台体外皮毛石砌筑，白灰坐缝，内以碎石、沙土填心夯实。台顶表面方砖铺坝，周边用条砖砌垛墙，垛口10个，垛墙内侧底部砌流水槽，东南西北四个方向置4个出水嘴，中间建井穴1个，长约3米，宽3.9米，高0.6米。该烽火台一台连丫髻、沙岭、砖垛、陶春四关，视野开阔，是金山岭长城丫髻、沙岭、砖垛三关防御的前哨。

2. 方台体

以黄土岭18号烽火台为例。该此烽火台近正方台体，毛石砌筑。四周筑有护墙，东西长19米，南北宽16米，台体与长城墙体中间筑有1道石块砌筑的墙体[2]。

金山岭长城烽火台

二 烽火台的选址与布局

（一）选址原则

不同类型的烽火台，选址原则基本相同，具体布局略有差异。烽火台的分布一般存在两种情况：一种是沿疆域边界横向展开，旨在监视敌人的动向；另一种是向内地纵深排列，以便于传递信号消息。

烽火台位置的选择必须能保证正确、及时地传递和接收相邻烽火台发出的信号。因此，为保证信息的畅通无阻，烽火台应合理利用地势，一般建在居高临下、交通要道、依山傍水等视野较为开阔的地方，修建数量依地形山势和传递烽火、烽烟可视距离而定。在长城沿线及其延伸地区有数条烽火台系列，一旦有敌情，这些烽火台迅速向上级及相邻防区传递信息。此外，作为兼具瞭望、巡视与防御形制的长城工事，烽火台通常被设置在敌人易于进犯的通道周边，较少设于水草不生、渺无人烟之地。

（二）布局特征

1. 与边墙的布局关系

蓟镇长城沿线烽火台的布局因地制宜：有的在边墙以外，向远处延伸，以监测敌人来犯的动向；有的设在边墙以内，四周或附近有带围墙的据点，并与关隘、镇所相连，便于及时组织作战反击；有的建在长城两侧，紧靠城墙，可快速向朝廷报警，利于迅速调动全线戍边官兵，起而迎敌。

2. 与敌台、墙台的布局关系

为更有效地传递军情，烽火台与敌台、墙台密切配合。

明长城一般有敌台的地方，敌台可充作传递烽火信息的烽火台，但没有敌台同时也没有适于点烽的地方，则按传烽路线建有烽火台。通过与墙台、敌台密切配合，长城防御体系中的通信网络异常发达。

3. 与城堡的布局关系

作为具有显著层次的防御系统，发展到明朝，凭借镇城、路城、卫城、所城、堡城的等级分类，中间连接以烽火台，最终使这种层次化的布局关系更为显著。设置在城堡间的烽火台大多存在两种布局方式：一种沿着边墙走向修建的沿边烽火台；另一种是纵向传递信息的腹里接火台。

4. 烽堠群、连墩的设置

烽火台一般独立构筑，但也有三五个成犄角

离墙敌台与烽火台

配置的烽堠群，或是两两成组出现。在极为险要处，还有成排出现的情况，呈连墩设置。明代也多以烽堠群、连墩代替边墙，赋予烽火台多重使用功能。如八达岭长城外便设有连墩，约50米一座，南北向排列。

三 烽台、望楼与坞陛

（一）烽台

作为烽火台的主体建筑，烽台多呈下大上小形体，平面以矩形、方形为主，也有圆形的，但其断面均呈梯形，因地形形成一面坡度缓长、另一面坡度较陡时，也会呈不规则梯形。烽台顶部均较平，底径一般在7—20米，多数因风雨侵蚀，所存高度不一。

烽火台的烽台有实心与空心两种情况，现存实例中实心更为多见。烽台有土体夯筑、土坯垒筑、石块垒砌以及砖石包砌或全部砖包砌等多种构造形式，如金山岭砖垛关西烽火台，烽台台体用毛石砌筑，中东部自明代始用砖石包砌或全部砖包。

除具有规范的形制要求，以及因地制宜的结构形式外，烽台基座做法也较为一致。通常与敌台基座一样，选择地势平坦的区段建设。即使地处山地，也尽量选择山头或山势转折处，同时不排除对地坪进行人工平整。烽台地基还可借助围城台基在原始地形上夯打找平。

（二）望楼

自汉代起，烽火台的烽台上便建有望楼，作为观望敌情、传递消息之用，即"望敌之楼也"。望楼有两种形式，一为烽台上的方屋，一是烽台旁跳出的橹。

1. 台上屋

《通典》对唐制圆屋的建筑形制有明确记载，即烽台"形园，上盖园屋复之。屋径阔一丈六尺，一面挑出三尺，以板为之，上复下栈。屋上置灶三所，台下亦置三所，并以石灰饰其表里，复置柴笼三所，流火绳三条。在烽台侧上下用屈膝梯，上收下乘。屋四壁开觑贼孔及安火筒"。有关汉制方屋的记载鲜有古籍提及，但如《杂记》

对沙石墩的描述，其"高7.6米，台基每面7.6米，台上方屋四面各位4.5米"，"小屋四围有土坯垒城的矮垣，阶在西，尚残存阶梯栈孔"，以及《释名·释宫室》"楼谓户牖之间诸射孔，楼楼然也"的解释，居延简曰，"洞皆毋肩冒"，大体可知汉制方屋与烽台的体量关系。汉制方屋也有可供上下的阶梯，且方屋四壁皆开孔，即觑贼孔及视火筒（望贼情烽火，并非放烟的火筒）。另据考古发现，早期烽火台的烽台与台上屋之间，墙面平齐，无明显标志。但自明清开始，则在烽台顶部，以小砖或土墼做叠涩或牙子式的出檐装饰，烽台和台上屋之间出现明显的区分线。

2. 橹

橹是烽火台的望楼。

烽火台上的守望楼汉简称为候楼。据《太白阴经》记载"楼橹，城上建堞楼，以板为跳出，为楼橹"，以及《后汉书·袁绍传》注云"候橹者露上无覆屋也"，可知候楼亦是楼橹、候橹，其"三十步置坐候楼，楼出于蝶四尺，广三尺，广四尺，板周三面，密傅之，覆盖其上"。《通典》亦载"却敌上建堞楼，以版跳出为橹，与四外烽戍昼夜瞻视"，即堞楼为烽台旁以栈木伸出、上铺木板的木橹，三面围板，悬于半空，夏日上有覆盖，相当于观察哨位。

四
烽具、烽架与点火台

每座烽火台都有可供燃放烟火释放信号的烽具，如被收录到《守御器簿》中的烽、表、烽竿、烽承索、烽索、鹿卢、灶、鼓、标、出火具、薪苣等。根据烽火制度要求，烽、表是以赤缯制作的不燃的旗帜，两者皆有烽帜（表帜）、烽木（表木），即整体与零件二义，且每座烽火台可置三具烽或表。不同的燃烽或升举方式，烽、表各自有相应的种类划分，即烽包括亭上烽（台顶屋上的燃烽）、坞上旁烽、坞上烽、埃上烽、地烽（坞外平地上的燃烽）等，表包括守何表（亭上升举）、坞上大表（用于坞上旁烽）、地表（地烽升举）三类。在明代还开创了鸣炮制度。

一具烽架的标准结构包括直立的烽竿、可上下举起的横木、横木一端的烽或表、横木上用作上下举的烽索、起落烽索的鹿卢等构成。其中，烽竿长三丈，横木缚于竿端之下，故烽索亦长三丈。鹿卢又称举烽鹿卢、地烽鹿卢，就是辘轳，即滑轮。薪苣则是烽燧的燃料。

点火台，即烽火台台下附近设置的小土堆或石块堆，通常成排设置。

五
营房、坞与护台围墙

（一）营房

烽火台旁常设有供守瞭士兵休息的营房。为配合士兵生活起居，明廷规定"每墩台一座，设备号火什物；小房一间，炕各一座，米一石，锅灶各一口，水缸一个，碗五个，碟五个，种火牛马粪五担，盐菜之类不拘。以上墩军备之，空心台系充墩者，亦备一分。大铳五个，三眼铳一把，白旗三面，灯笼三盏，以上俱官给。大木梆二架，旗杆三根，发火草六十个，火池三座，火绳五条，火镰火石一副，旗杆三根，扯旗绳五副，火池。以上俱军采办"[3]。

（二）坞

有的烽火台下面或旁边有成卒居住的小城，即为坞。其或围于烽火台四周，或偏于烽火台一侧，与烽台连为一体，有狭长的门道，多有双重门设置。坞垣高一丈四尺多，其顶设女墙和"转射"等装置。

如修建规模稍大的坞，可分为内、外两部分。内坞置居室，以阶梯与烽台相连，外坞设羊马圈、仓库、武器库等建筑。通常，驻有士吏、候长、

俯瞰烽火台

候史等官员的坞面积较大，坞内有2—3间居屋。一般燧长所驻的坞，坞内仅有1—2间居屋，仅容数人而已。居屋内均有炊食、取暖的炉灶。有的烽火台还设有登燧夹道，内存烽火苣等。而烽火台及坞内、坞外，皆以马粪涂地，以草或白土涂壁。

（三）护台围墙

烽火台带有护台围墙，将环壕和围墙相结合，作为烽火台的防御设施。

六 烽火台的附属设施

有的烽火台外围通过挖取一道壕沟或构筑壕堑，以加强军事防御能力。环壕与坞墙塑造了双层防线，以加强对烽火台的防护。另据《通典》记载"城外四面壕内，去城十步，更立小隔城，厚六尺，高五尺，仍立女墙。谓之羊马城"可知，环壕或壕堑内通常还设有羊马城，作为防守御敌，类似于城圈的工事。

烽火台与边墙之间有时筑有通道，其作用是便于随时检查发现情况，并在发生战争时方便支援。

---

1 河北省文物研究所：《明蓟镇长城：1981—1987年考古报告》，文物出版社，2012年。
2 张柏等：《中国长城志·遗址遗存》，江苏凤凰科学技术出版社，2016年。
3 （明）戚继光：《练兵实纪》，中华书局，2001年。

第五节
城堡：卫所立 边防固

一
城堡选址与布局

蓟镇长城防御体系并非只有线性墙体和其上构筑物，还包括驻扎在长城边墙周围的屯兵城，即城堡。城堡又称城障、障城、镇城、障塞、寨，作为长城兵备系统的主要组成部分，主要是为了增强长城工事的战斗储备。

城堡选址注重对地形条件的灵活运用，为了强化长城防线的军事管辖，各级城堡间距有明确规定。城堡建设强调与长城及其沿线的文化、交通、贸易通道建立关联。基于"因地形，用险制塞"的基本原则，城堡利用能够影响军事活动的山脉、水系等自然因素建设，层层设防，守卫边界，塑造双重或多重防御体系。城堡是长城军事防御体系的重要组成部分，在与各防御要素共同构筑军事防区的过程中，选址势必受到边墙走势与布局的影响。

城堡的空间布局是长城兵备系统乃至中国古代军事思想的集中体现。长城兵备系统是基于明代防御战略和防御指导思想完善起来的。

宏观层面上，依托于长城大边、二边（或外边、内边）防线设置的城堡，因防护对象与驻守职能的不同，与长城城墙及其沿线关城、敌台、烽火台等军事设施的布局有所不同。中观层面上，基于卫所制军事管理制度性以及屯兵城系统，镇城、卫城、路城、所城和堡城五种城堡类型，借助层层把控的管理，塑造具有层次性与阶梯性的纵向布局关系，并注重对横向关联性的塑造，即基于战略需求，设置合理的间距与空间结构，形成多堡联合防御性。结合这种纵向层次性与横向关联性的空间布局，还使各级城堡形成以上级城堡为中心且向外发散的放射状组织结构。微观层面上，城堡内部的布局关系，同样依据防御性的战略需求，塑造具有纵深性、向心性以及对外封闭性的结构特征。

二
军堡与民堡

根据建堡主体的不同，城堡可以分为军堡、民堡两大类。其中，军堡是指由朝廷出资兴建，按照一定军事等级和军事制度设立的保疆卫国的屯兵城。民堡则为村民自发兴建，用来抵御土匪、倭寇或各种地方劫掠的堡城。

（一）军堡

面对日益严重的边患问题，明朝规划在北部防线上，设立九个防守区域分段守御，明代"九边"的建立，是在明初边地都司、行都司的基础上，根据当时边防形势实行分地守御的原则形成的，其建置以总兵镇守制度的建立为标志。因设置镇守的时间不同，故在时间上有九边九镇、九边十一镇、九边十三镇的建置变化过程。

从九边九镇到九边十一镇,再到九边十三镇,明长城沿线整个防御体系建立起以镇城为军事指挥中心,严格按照军事管理制度,逐层依次设置卫城、路城、所城、堡城等各级军事城堡,并涵盖烽火台、驿传、边墙、敌台、墩台等军防设施的修建、维护与管理。

上述城堡与长城军防设施的建立顺序一般首先要确定建置,在长城沿线划分诸都司、驿传与烽燧网络,即结构系统。其次开始建设卫城及其附属设施,此阶段是九边重镇建设的初始期,也是九边防区构架形成的标志。随着镇城、路城、卫城与军户人口的增多,逐渐兴建所城,并在边防线上设置守边堡城以及作为守卫各级城堡的堡寨、边墙及其墩台、烽火台等军事设施。因受到军事制度与地方行政管理制度的双重制约,各级军堡所辖土地,也多以军屯或卫所城池周边部分土地为主,需由国家或某一地区统一划拨。因此,军堡在选址布局、城堡间的组群关系、平面布局的方向或军防设置的层次方面均呈现出显著的规律性。

军堡为长城防御体系提供了最重要的军事储备。按照一定的组织方法,分段管理长城防务、军堡首选各个军防要点,结合屯兵的数量,兵力分布的空间布局,有效地实现长城防御功能。除要求占据军防要点、交通便利、易守难攻外,受当时作战距离的限制,一般相隔15千米或20千米建一城堡,以此形成城堡的辖区范围。另外考虑到城堡与边墙的布局关系,两者间距多在数百米到几千米不等。

军堡在组织结构上也具有规律性。每个军镇、卫、所都有管辖范围,并设一定数量的前线军堡。镇城是该镇军事和行政指挥中枢,一般在其周边设有前、后、中、左、右五个卫,拱卫镇城安全。而每座卫城又分设前、后、中、左、右五座千户

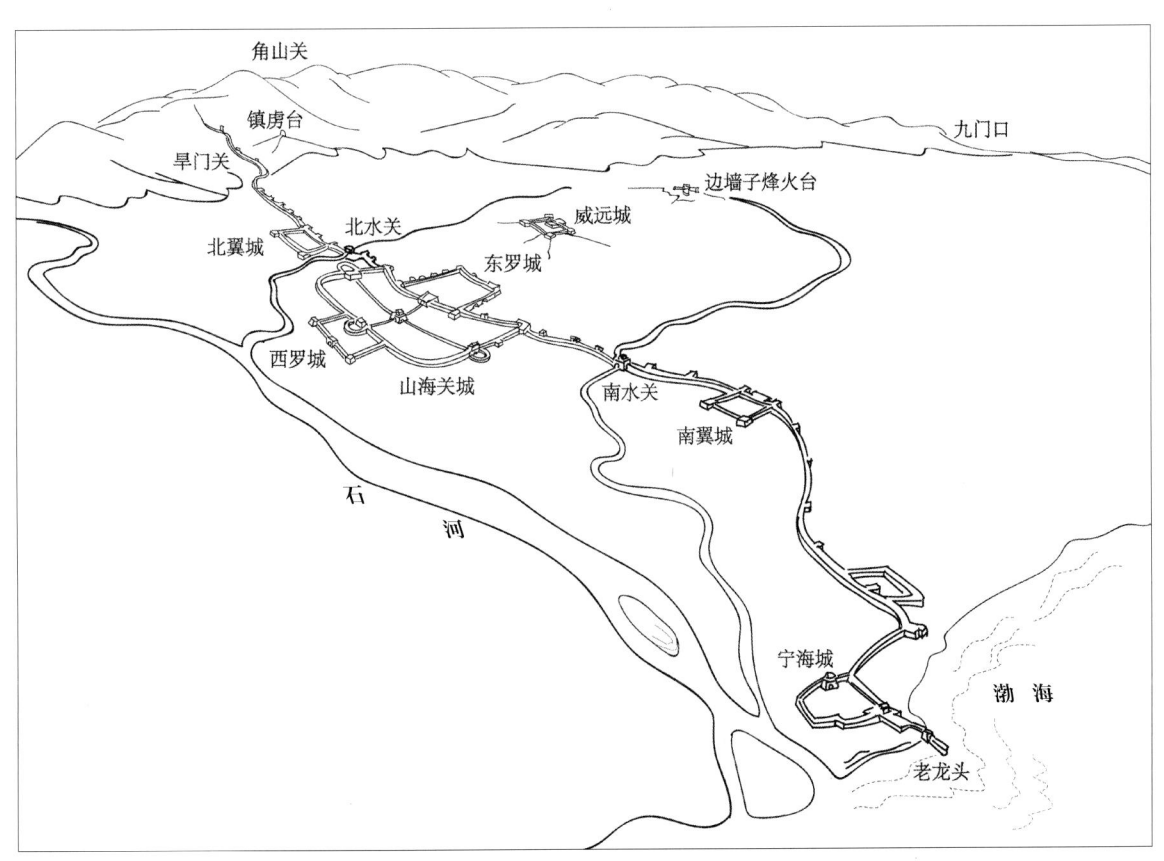

山海关城堡布局示意图(参照《不一样的长城》重绘)

山海关老龙头俯瞰图

所城，再依次下设十座百户所城，层层防护，且每个军镇内部驻扎游击部队，负责支援其他军堡作战。

各级军堡平面布局的方向性是指堡门开设位置具有规律性。通常，边墙防线上的军堡，地形险壑，堡门多开设在能够有效抵御敌人入侵的方向，以便于调动兵力、迅速应战，同时兼顾堡门开设的城墙位置，以及与道路方向、其他军防设施互济关系等因素。如地处平坦地段的军堡，平面规整，大者四面各开一门，小者开二到三门，因四面受敌，故多在堡门处设置瓮城以防护。位于山谷或山坡上的军堡，平面多呈不规则状，堡门多开设在面对道路的方向，并亦设瓮城以防护。有时也将堡门开设在周围的制高点，塑造易守难攻的形势。边墙防线上的军堡，地形险壑，开门方向既要便于调动兵力、迅速应战，又要利于抵御敌人的进攻。

另外，军堡单体的防御层次，依次为边墙、军堡周边的烽燧、堡城、关城、瓮城、城门几部分，另外还有堡墙上的马面、垛口、射孔、铺房，堡墙内侧的登城马道、角楼等。这些设施共同构筑起坚固的军事防御聚落。各级军堡间塑造的防御层次，则由于军堡类型和规模的不同，呈现出满足各自使用与军事需求的规律。

（二）民堡

民堡建设都是民间自发组织的，是村民避乱的一种应变之举，没有经过朝廷或是地区的统一规划，故其建置并没有显著的规律。无论是在选址布局、民堡间的组群关系、平面布局的方向性还是军事防御的层次性方面，民堡均与军堡具有差别。

在选址上，民堡所处位置需满足村民基本生活需求，一般选择地势平坦、水源充足、交通便利之地修建。为有效抵御匪徒入侵，民堡多选择背山面水之地建设，设置瓮城，有些还在山上建寨，便于躲避。村寨关系具有村与寨分离、村与寨合一、村寨集结等表现形式。

在组织结构上，民堡组群的防御战线也相应分为数堡联建、单堡通过加强防卫层次和设置复杂路网系统提高防卫能力两种情况。

三
军堡类型

（一）镇城

镇城镇守总兵是防区最高军事长官，驻镇城，统辖全镇兵马，负责防区战守行动。镇守总兵副职是协守副总兵，同驻镇城（也有例外），统领3000官兵，负责协助主将策应该镇各路与邻镇的防御工作。也有少数军镇下设分守副总兵，另驻其他重要城堡，专管某一紧要地段的防务。各镇均设巡抚都御史衙门，与总兵府并列，但巡抚的职权范围更大。巡抚如需赞理或提督本镇武备，需与总兵商议处理战守军务，拥有指挥标兵、部署防务、惩处将领的职能。

镇城是军镇最高军事长官驻守的所在地，在各层次军事聚落中级别最高。城池建设具有平面规整、规模庞大、周边及城内道路系统发达、城内建筑类型多样等特征。首先，被设置在长城关内腹地的镇城，因所处地势平坦，较少受地形条件限制，城池平面多呈规则的方形或矩形。另因驻扎兵力最多，城池周长均在12里以上。其次，城内道路系统常分干道、一般街道、巷三级，形成垂直相交类似棋盘式的道路网。再次，作为防区的政治、经济、军事中心，镇城城内建筑种类多样，并配合十字形干道系统，形成"中央有楼，衙署、军事指挥所等重要建筑分布在主干道两侧，在干道、街道交汇处建设商业区，街巷两侧分布庙宇寺院"的空间格局。

山海关关城（明末镇城）由关城、东罗城、西罗城、南翼城、北翼城、威远城和宁海城七大城堡构成，四周城墙高大坚实，气势宏伟，形成前拱后卫、左辅右弼的防御格局。山海关关城东、南、西、北建有四个城楼，分别为镇东楼、望洋楼、迎恩楼、威远楼。城东墙体由南至北还依次建有靖边楼、牧营楼、临闾楼和威远楼。城中间建有雄伟的钟鼓楼。东南、西南、西北建有三个水门，以泄城中之水。整个关城建筑规模宏伟，防御工程坚固。

山海关城的东门为"镇东楼"，俗称箭楼。明初徐达建。"天下第一关"匾额为木质白地黑字，最初为明朝山海关人萧显（成化八年进士、官至福建按察司佥事）所书。匾长5.8米，宽1.55米。镇东楼上层为木制隔扇门窗，这些箭窗是战时射箭之用，平时关闭。箭窗设计成红底白环黑靶心的鹰眼图饰，旨在防止飞鸟栖息筑巢。

山海关城的四门之外均建有瓮城。西、南、北三座瓮城均毁于20世纪50年代。现保存较完整的只有东瓮城。

东瓮城平面为梯形，占地面积0.7公顷，瓮城规模不大，但作用重要。登临其上可环视四野，士卒昼夜注视城外动态，有警立即传报，敌人入侵靠近，可三面御敌于墙外，即使敌人进入瓮城，也可将关门设为二道防线，以四城为堡垒制敌于瓮中。另外，城外瓮城回护，形成重城回守之势，坚固、雄伟，充分表现了长城防御工程的特色。瓮城外围是罗城，罗是罗列的意思，即城外套城。罗城的前方是威远城，是山海关的前哨卫城。

（二）路城

镇城下划分若干路城。路城既是次一级的防区，也是次一级的防御单位。每路设置参将一员，开府于某一重要城堡，管辖该路诸城城堡的驻军，负责该路地段的防守工作。作为一路的指挥中心，路城参将须受镇城总兵调遣。

路城是管辖本路诸城堡的参将或分守驻守的所在地，在各层次军事聚落中级别仅次于镇城。

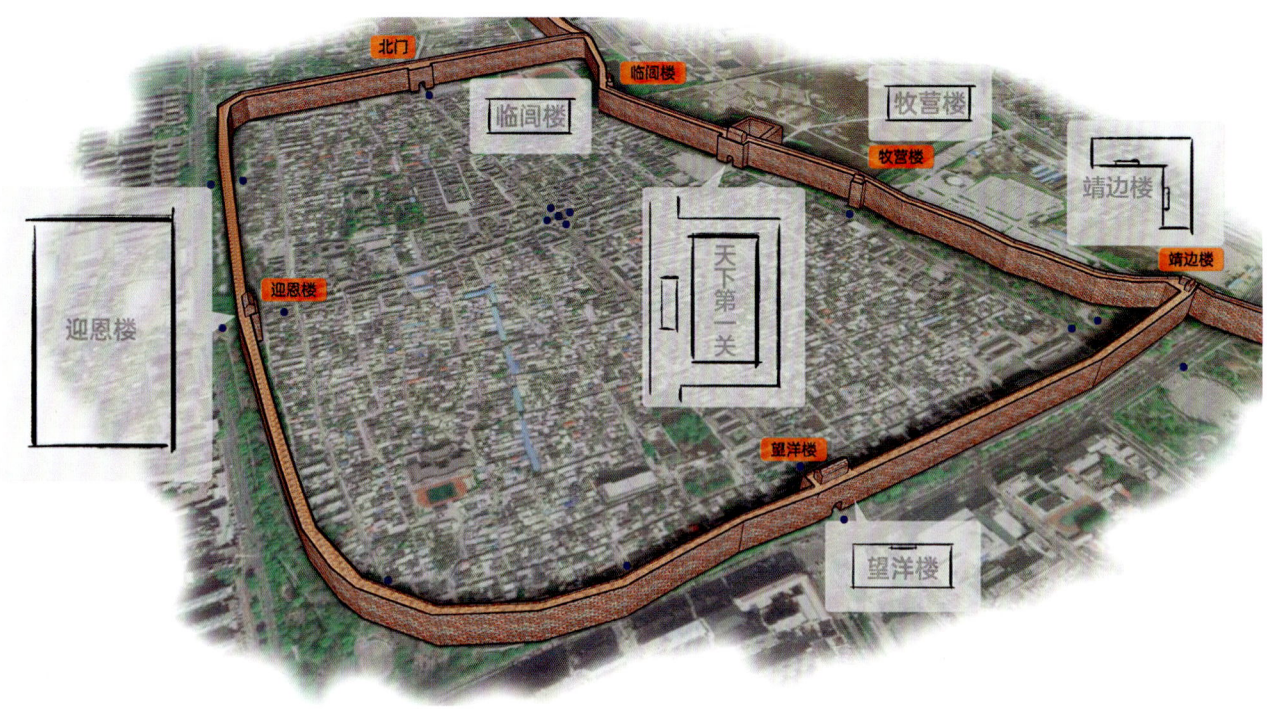

山海关城平面布局

城池建设具有平面规整、规模适中、城内道路系统完备、城内建筑类型齐全等特征。路城还有一种特殊的城堡类型，即驿路城，是指建在驿传沿途上的堡城，因其城池级别和规模较大者相当于路城或卫城而得名。驿路城城池多为四方形，有与驿路相平行的两座门，时而可配以递运所。

（三）卫城

卫城与屯兵系统下的镇城、路城不同，基于卫所制度设立的卫城由管辖本卫诸城城堡的参将驻守，分设在各要害地区。作为拱卫镇城的兵力驻扎地，在各层次军事聚落中级别低于镇城。城池建设具有平面灵活、规模较大、城内道路系统完备、城内建筑以军事设施为主等特征。首先，作为军事职能更为凸显的军堡，卫城既可择平坦地段建设，也有设置在山谷、山坡等复杂地形的情况，故城池平面相对灵活。据记载，每座卫城全额兵力5600人，并在城内储备较多粮饷，因此城池规模较大，周长在明制4—7里，少数因险设防的卫城规模稍小。其次，卫城内道路结构分为主街与街巷两级，布局多呈十字形或一字形，对应开设2—4座城门不等，且街巷整齐平直，通往门的主街宽阔畅达，并多依古制在城墙内侧设环城马道。

（四）所城

所城是拱卫卫城的兵力驻扎城池，在各层次军事聚落中级别低于卫城。其规模比卫城小，比堡城大，城池建置与卫城相似。首先，据记载，千户所兵力全额1120人，百户所兵力全额112人，分别由千户和百户统辖。城池周长多在3里左右，且平面多以方形为主。其次，所城内道路结构布局同样多呈十字形或一字形，并分设巷道若干，沿城墙内侧设置"环涂"。但多数城池只开3座门，不设北门，在北面位置修庙。城内公署、仓库、军机库等建筑设施，则结合道路系统多设立在主干道两侧。

山海关镇东楼（天下第一关）

山海关望洋楼

山海关望洋楼东及箭窗鹰眼图饰

山海关迎恩楼

山海关临闾楼

山海关牧营楼

山海关澄海楼

（五）堡城

堡城是军堡中等级最低、最基础的防御单位，各边镇堡城数量不一，主要与防御位置有关。堡城规模较小，一般驻扎几百人或一百多人。每堡设守备一人，统领该堡及所属堡寨戍军，负责该地段的战守事宜，部署所辖长城、敌台、烽火台等工程设施的守卫。

堡城属纯粹的军事城池，基本没有经济职能。规模稍大的堡城，内部交通结构为十字形，规模

外，较多呈不规则形状。其周长在明制1—4里，开一门、二门或三门不等，主要城门可设瓮城加以拱卫。

此外，各级军堡还有基层防御单位，听从守备指挥，即堡寨。每个堡寨设把总或操守一人，负责该堡寨附近若干里长城及其沿线墩台的瞭守工作。堡寨选址自由，多建在不平坦之处。其军事设施配置简单，通常仅是围以土墙木栅的战守据点。

四
堡墙及其建筑

（一）堡墙

城堡堡墙的墙身高度、收分、厚度均有一定的规制要求。《宣大山西三镇图说》记载，明万历时期修建的军堡，无论城周多少，城墙高要求一律为明制三丈五尺[1]。通过统计《三云筹俎考》记录的各个城堡墙体高度，发现除墙高三丈五尺是一个较为普遍的数值外，各地城堡因镇守情况或地形条件的差异，均有比此数值或高或低的情况[2]。随着国力的日渐衰退和与外藩敌对活动的日渐增多，明后期所建城堡堡墙高度标准也日渐提高。

各级城堡的堡墙高度基本一致，其收分也差别不大。堡墙墙面斜度，一般在70—80度，且同一城堡的堡墙和马面、角台的墙面收分约略相当，只有少数城堡的马面和角台的墙面收分要大于堡墙收分。

（二）堡墙建筑

与边墙上筑敌台、墙台一样，城堡堡墙上同样设置各类建筑。马面和角台一般和堡墙齐平或稍高。同一个堡城的角台通常高于马面，以便于环视观察。有的角台上还修筑有建筑，即角楼。此外，堡墙还有城门、城楼、女墙、马道、瓮城等建筑，因前文已做介绍，在此就不作赘述。

较小者，为一字街，通常不开北门，仅在北门位置建真武庙供奉北方之神。出于军事职能的考量，堡城首选临近边墙、易守难攻的地段建设，如山坡之上，或谷地之中，并随地势变化建设。因所处地形十分复杂，堡城平面除采用方形或长方形

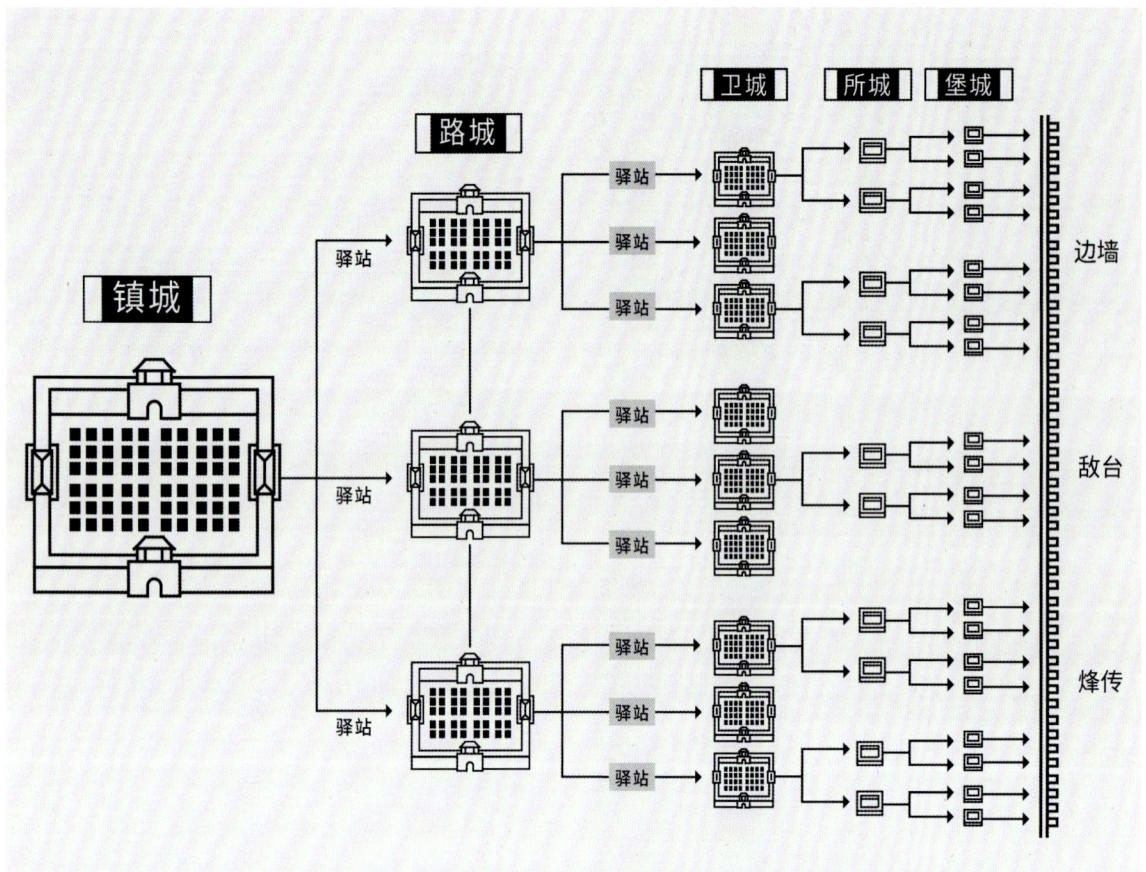

长城防御体系构成要素示意图

五
城堡的主要配套设施

（一）护城河与城壕

有些城堡在堡墙外设或借助湖泊、大型河流人工改造而成护城河加以防护。少数城堡还在堡墙内侧再人工挖凿一道护城河，护城河与堡墙基部距离通常为数十米，也有百米或更远者。内沿常筑有"壕墙"或羊马城一道，并借助外设壕堑、内为夹道的构筑形式，提高护城河的防御能力。而在缺乏水源处修建的城堡，为增加敌人逾越难度，多在堡墙外围修筑一道壕堑，并在壕底埋设竹木尖桩等人工障碍。这些统称为"城壕"。

（二）吊桥

吊桥的出现晚于护城河。在吊桥未发明之前，连接护城河外与城堡间的工具是固定的简易桥梁。考虑到既可在战争中迅速毁掉，又能在战事结束后迅速重建，这种简易桥梁通常以木制为主。但随着城堡攻守双方战斗节奏的加快，吊桥便为守城方提供更易把握防守与反击的战机。

吊桥，就是把桥做成翻板，撤去梁端横销，桥即翻转，并将其一端做成枢轴，另一端搭向对岸，战时用绞盘把桥拽起呈垂直状，阻敌过桥，故亦称为钓桥。修建吊桥，既方便了城内外和平时的交通，又利于战时的攻守。但也有吊桥反为敌方所用，如城内守兵未及时升起吊桥或升起速度太慢，吊桥绳索被砍断，导致护城河失去应有的防御作用。

（三）羊马城

为对敌方坚壁清野，古时居民在爆发战争时要进入城内避敌。在敌人没来之前，羊马牲口仍需白日放牧、夜晚圈围，故在城堡堡墙外、壕沟内，另建一圈矮墙暂时关拦羊马，即为羊马城，又称羊马墙，后逐渐开发其军事价值，成为一种城防设施。

羊马城，实为守卫城堡外围并与护城河相互联系的独立作战区域。它强调通过暗门，与城堡内随时保持联系，起到及时支援兵员，供给武器、粮草的作用，并弥补了城堡作战顾上不顾下的弊端，在一定程度上增强护城河与城堡外围的防护及作战能力。

（四）拦马墙与陷马坑

在接近城堡地面设置矮墙，称拦马墙、挡马墙，以降低骑兵部队移动速度。据《防守集成》记载，拦马墙也可以简化为用来阻碍敌军前进的树木。除拦马墙外，还有其他设防手段，如鹿角木、马筒、拦马石、拦马绳、踢圈、扫蹄等。

针对骑兵速度快的特征，长城防御体系还设有一种阻挡敌骑前进的军事障碍设置，即陷马坑。明长城沿线上的陷马坑广为利用。《武备志》称，陷马坑"长五尺，阔三尺，深四尺。坑中植鹿角枪、竹签二物，皆削尖，入火令坚。其坑排如巨字，或解枪为之，覆以刍草，或上种草苗，务令敌人不觉。凡敌来路及城门内外，皆设之"[3]。陷马坑又称"品字坑""品字窑""品窑"，其"山坡平漫，高下不一坡处，凿成品字坑，以限虏马。古北口品字坑二万处，山海关品字坑一千二十八处"[4]。品字坑又简称"品坑"，"品坑，河东墙外共四万四千有余坑，都御史张祯叔、王珣相继置挖"[5]。

---

1 （明）杨时宁：《宣大山西三镇图说》，"国立中央"图书馆出版，正中书局印行，1981年。
2 （明）王士琦：《三云筹俎考》（万历刊本），长城文化网制作，2009年。
3 （明）茅元仪：《武备志》，《四库禁毁书丛刊》，北京出版社，2000年。
4 河北省文物研究所：《明蓟镇长城：1981—1987年考古报告》，文物出版社，2012年。
5 （明）胡汝砺：《宁夏新志》（弘治）卷一《边防》，中国社会科学出版社，2015年。

第十节
吴三桂与甲申山海关之战

1643年，清太宗皇太极驾崩，清世祖福临继位，由多尔衮和济尔哈朗辅政。多尔衮洞悉明朝连年与农民军交战，已呈土崩瓦解之势，认为入主中原时机已到。次年正月，多尔衮以清帝名义致书大顺军，提出协谋同力并取中原的策略，李自成未予理会。

清顺治元年（1644年）甲申年三月，因李自成大顺军进军北京，明廷命辽东总兵吴三桂放弃宁远城（今辽宁兴城），率兵入关守卫都城。三月十五日，大顺军进逼北京。十六日，吴三桂入山海关；二十日，至丰润，得知大顺军攻占北京，进退失据。李自成令降将唐通带犒赏关宁官军的银两、财物，成功招降吴三桂和山海关总兵高第，并接管山海关防务。吴三桂西进朝见李自成。二十四日，吴三桂到达永平府（治今河北卢龙县卢龙镇），闻在京的父亲吴襄被刑拘，爱妾陈圆圆被霸占，遂率部叛变，回兵击败唐通占领山海关。四月十三日，李自成率大顺军东攻山海关，又派唐通率奇兵出击九门口（即一片石），以阻截吴三桂与清军联合。李自成的军队列阵关内石河，对吴三桂形成包围之势。

四月二十二日，清军进至山海关附近。见情势危急，吴三桂率轻骑冲出重围，飞奔至山海关城东威远堡清军营垒，跪降于多尔衮。多尔衮当即"赐坐赐茶，面谕关门为第一功"。吴三桂曾说：倘若清军不愿助山海关明军，我也不愿返回山海关督战，李自成大军必在攻陷山海关后，一鼓作气攻向清军！多尔衮见吴三桂归顺非诈，便接受了吴三桂的请求，并令吴三桂按满洲习俗剃头，许诺将皇太极女建宁公主嫁给吴子吴应熊，并偕和硕英郡王阿济格、多罗郡王多铎率劲旅8万，分别从南水门、北水门、关中门进入关内，令吴三桂部系以白布为号任前锋。翌日辰时，吴三桂军渐难支撑，据守北翼城的一部向大顺军投降。得知此情，在欢喜岭威远台上观战的多尔衮下令清军从南水门、北水门、关中门三路进关。

李自成因攻坚一昼夜未能夺关，乃改取野战，自角山至渤海投入全部兵力，布一字长蛇阵，成决战架势。多尔衮以吴三桂部为右翼迎战，重兵则鳞次列阵于渤海滨大顺军阵尾薄弱处，待机出击，并告诫各部不得急进。大顺军不明清军意图，仍按原计划向吴三桂军紧逼。吴三桂因有清军压阵，顽强抵御，双方展开肉搏，损失甚众。多尔衮见势，急令阿济格、多铎各率精骑，对阵直冲大顺军。大顺军死伤惨重，开始溃败。眼见此景，李自成立马小岗阜上督战，期望有所振作。然而，有一僧人跪在马前说："执白旗的骑兵不是关宁兵，必是满洲兵，大王赶快回避。"李自成见败局已定，急令余部向永平方向撤退。当天，多尔衮封吴三桂为平西王，命他作先导，一路追杀，直扑京城。当清军追至范家店，李自成杀吴襄以泄愤，并将其首级悬挂于高竿之上示众，回师京城杀了吴家老少38口后，无奈离开北京向西安撤退[1]。

---

[1] 白寿彝：《中国通史》第九卷《明时期》，上海人民出版社，1999年。

孙承宗坐镇辽东的四年,与天津巡抚李邦华、登莱巡抚袁可立遥相呼应,"关门息警,中朝宴然,不复以边事为虑矣"。当时的兵部尚书王永光对孙承宗积极防御的一番作为作过很中肯的评价:"兵家有云,善战者,无赫赫之功!"孙承宗能守善战,后金不敢贸然侵袭,因此,孙承宗一直没有发动大战役的机会,而发动战略总反攻把后金赶出去的机会又不成熟。孙承宗在无形中为朝廷省下了许多军费,确保了山海关安然无恙,使明朝得以养精蓄锐,充分显示了明朝的不战之威。首辅孔贞运评价道:"公久历海上,凡地形险易,军储盈缩,将吏能否,虏情向背皆洞若烛照,故登莱终公(袁可立)之任销锋卧鼓。"

明崇祯二年(1629年)十月,皇太极亲率10万后金军大举进攻,从大安口直取遵化,进逼都城。朝中大臣奏请朱由检应起用孙承宗。于是朱由检下诏仍以孙承宗原来的官职兼任兵部尚书去驻守通州。孙承宗于是领27名骑兵出东便门,直奔通州,与保定巡抚解经传、御史方大任、总兵杨国栋固守通州。但不久之后,后金军绕道直逼京都,孙承宗派遣尤岱率领3000骑兵支援,派遣刘国柱率领2000兵马与尤岱回合,调3000密云兵驻守东直门,5000保定兵驻守广宁门,又派人收复马兰、三屯二城。同年十二月,袁崇焕被崇祯帝下狱问罪,将领祖大寿在城外与后金军作战时被自家军队用炮石砸击,祖大寿进退两难,与副将何可纲率领5000人往东溃走。孙承宗得知后,急忙派遣贾登科带着自己的书信去抚慰祖大寿,又派石柱国抚慰其他将士,并上书朱由检力保祖大寿。

明崇祯三年(1630年),后金军占据遵化、永平、迁安,又分兵攻取抚宁,久攻不下,转攻山海关,又攻不下,于是清军又攻抚宁及昌黎,亦攻不下。而孙承宗抚慰溃军,祖大寿等重归于麾下,又有马世龙及四方援军,孙承宗又招募大量死士沿海守卫直达京师。马世龙建议孙承宗先收复遵化,但孙承宗认为遵化在北,容易攻取却很难守,不如收复滦州。孙承宗令东西各营一起进兵。五月,祖大寿、尤世禄等攻克滦州,王维城等攻克迁安,孙承宗占据永平,谢尚政攻克遵化,后金军溃败而走。

明崇祯四年(1631年),孙承宗巡视松山、锦州等,上书朱由检关内外政事,朱由检全部采纳,又加孙承宗太傅,兼领尚书的封路,子孙世袭尚宝司丞,又赏赐蟒服、钱币等。同年七月,因先前高第尽撤宁锦防线,右屯、大凌河等城被毁,孙承宗派人对其进行重新修筑,但不久后金军却突然来围攻。孙承宗赶赴锦州,派遣吴襄、宋伟前往救援,而辽东巡抚丘禾嘉多次改变出师的日期,导致吴襄、宋伟在长山被后金军大败。十月,祖大寿投降,刚修好的大凌河被损毁。朝中大臣责怪孙承宗修复旧城导致失败。于是,孙承宗以病请辞,而后在高阳城回乡居住。

明崇祯十一年(1638年),清军大举进攻,十一月,进攻高阳。赋闲在家的孙承宗率全城军民守城,城破被擒身亡,时年76岁。其五子、六孙、两侄、八侄孙全部战死,孙家百余人遇难。后孙承宗被追赠为太师,谥号"文忠"[2]。

---

1 2 河北省文物研究所:《明蓟镇长城:1981—1987年考古报告》,文物出版社,2012年。

第九节
孙承宗北御后金

孙承宗（1563—1638年），字稚绳，号恺阳，北直隶保定高阳（今河北高阳）人，明末军事家、战略家、教育家、学者和诗人。曾为明熹宗朱由校的老师，后任兵部尚书、辽东督师、东阁大学士等[1]。

天启二年（1622）正月，后金军攻陷广宁，辽东经略熊廷弼、巡抚王化贞皆退入关内，辽东危急。二月，孙承宗担任兵部尚书兼东阁大学士，许入阁办事。孙承宗认为当务之急应择一员沉雄有气略的武将节制辽东，并提出稳定辽西、抚恤辽民、精简京兵、增设永平大帅、修筑蓟镇边墙、开垦京东荒田等计策，均获得皇上赞许。此时，蓟辽总督王象乾、辽东经略王在晋建议在八里铺修筑一座关隘，并以4万士卒守备，用以阻挡后金军进攻，此项工程耗资巨大。而袁崇焕、孙元化等人极力反对，两方相持不下。孙承宗主动请缨要求前往山海关实地考察。天启帝因孙承宗以国事为重，特加太子太保，赐玉带、蟒衣、银两等。到达山海关后，孙承宗巡阅了山海关城、八里铺、中前所等地，否定八里铺建城的构想，支持袁崇焕等人坚守宁远、觉华岛提议。同时，他还提出"以辽人守辽土，以辽土养辽人"的战略主张。八月，孙承宗自请为蓟辽督师，明廷造内阁关防、敕书，以原官督理山海、蓟、辽、天津、登、莱诸处军务。孙承宗十分重视军事防御，在其主持下，明朝构筑了三道防线，防御后金进

孙承宗画像

攻。宁远、觉华岛为第一线；锦州、大小凌河城、松山、杏山、右屯为第二线；山海关、永平、蓟镇为第三线。在任四年，孙承宗对蓟辽地区的军务领导有方，修复大城9座、堡45座、练兵11万人、立车营12个、水营5个、火营2个、前锋后劲营8个，铸造甲胄、器械、弓矢、炮石、渠答、卤盾之具合数百万，拓地400里，开屯5000顷。

袁崇焕画像

有之,则袁督师其人也。"由此可见,明朝之衰的确是起源于万历皇帝统治时期,正是由此开始,明朝内外积聚的社会问题越来越多,形成了一种内忧外患的局面。

明崇祯二年(1629年)十一月,后金主皇太极举兵数十万分别进入龙井关、大安口,名将袁崇焕听闻后率领祖大寿、何可刚入关守卫,所经之地蓟州、抚宁、永平、迁安、丰润、玉田各城,都分兵留守。崇祯皇帝朱由检得知后非常高兴,下令嘉奖袁崇焕的部下,并让袁崇焕统领指挥各地援军。

但不久之后,遵化、三屯营都被后金军队攻破,赵率教也在遵化战役中身中流矢阵亡,巡抚王元雅、总兵朱国彦自尽而死。后金军越过蓟州往西,直逼京城,袁崇焕急忙回师护卫京城。朱由检召见袁崇焕,并赏赐御用酒菜及貂裘进行慰劳,袁崇焕以兵马长途奔波,疲惫不已,请求入城休整,但遭到拒绝。于是,袁崇焕驻军城外,与后金军鏖战,互有胜负。袁崇焕令戴承恩在广渠门列阵,祖大寿于南面列阵,王承胤在西北列阵,自己则在西面列阵以备战,中午时刻,清骑兵从东南面进攻,祖大寿率兵奋力接战,而王承胤却拔阵向南避战。后金军力战祖大寿不下,于是撤退,明将刘应国、罗景荣等率兵进行追击,杀伤后金军千余人,而明军死伤也很多。收兵后,朱由检用酒食犒赏军队。之后,袁崇焕又派遣任守忠率领500人用火炮轰打金营,后金军撤退,京都之围遂解。

然而,后金军队退兵后,袁崇焕却被治罪。原因就是,朝中大臣有很多人认为是袁崇焕放清兵入关,于是纷纷诽谤袁崇焕与后金军有勾结,崇祯皇帝朱由检对此也很怀疑。与此同时,为了铲除袁崇焕这一劲敌,后金军也设计离间,说袁崇焕与后金军有秘密约定。是年十二月,崇祯皇帝朱由检将袁崇焕下狱。见此情况,魏忠贤遗党王永光、高捷、袁弘勋、史𫖮等想趁机给魏忠贤报仇,以擅自与后金军议和、擅杀毛文龙两条罪名定袁崇焕死罪,并意图一并杀死钱龙锡。明崇祯三年(1630年)八月,袁崇焕被凌迟处死,家人被流徙三千里,并抄没家产,实则家无余财。

袁崇焕被杀后,皇太极多番远征蒙古,终于在崇祯八年(1635年)彻底击败林丹汗,次年在盛京称帝,改国号为大清,并且5次经长城入侵明朝直隶、山东等地区。当时直隶连年灾荒疫疾,民不聊生。辽西局势亦日益恶化,清军多次与明军作战,最后于明崇祯十三年(1640年)占领锦州等地,明军主力洪承畴等投降,明朝势力退缩至山海关。

---

1 河北省文物研究所:《明蓟镇长城:1981—1987年考古报告》,文物出版社,2012年。

击远处敌兵,而敌人的弓箭无力攻击敌台,因此,可以有效地阻止蒙古兵的进攻。按照计划,谭纶要求蓟、昌二镇各路军队均要修筑敌台,每路约建 300 座,共约 3000 座,在 3 年内完成。后来,考虑到明廷财政状况吃紧,根据地势不同,重新调整了敌台数量,减为 1500 座。谭纶十分重视敌台的质量,各路将官的赏罚升迁也以敌台质量为依据。

隆庆五年(1571 年)八月,1500 座敌台全部完成,谭纶因功升兵部尚书。从此,在东起山海关,西至镇边城一线上,分布着大小不一的敌台,在攻势防御体系中发挥了重要作用。首辅张居正认为谭纶督造的敌台是明军阻止蒙古骑兵入侵的坚固壁垒。

万历三年(1575 年),朵颜部首领董狐狸、长昂等人,联合长秃(董狐狸之弟)进攻蓟镇董家关。谭纶指挥明军从榆木关和董家关同时出击,经过激战,打败敌军,活捉长秃。董狐狸、长昂等首领不得不亲率部众前来投降,请求释放长秃。谭纶考虑到边地需要长久和平,赦免长秃,很快恢复了边地的安宁。

---

1 2 毛佩琦:《中国长城志·人物》,江苏凤凰科学技术出版社,2016 年。
3 河北省文物局长城资源调查队:《河北省明代长城碑刻辑录》,科学出版社,2009 年。

第八节
袁崇焕与晚明边患

明朝后期边患,主要是指后金(清朝)对明朝边防辖区的攻掠,其中尤以明崇祯二年(1629 年)到明朝灭亡的崇祯十七年(1644 年)为最甚。明崇祯二年(1629 年)、七年(1634 年)、九年(1636 年)、十一年(1638 年)、十五年(1642 年)等,均有重大边患发生[1]。而且,满洲军队均不是从山海关进入中原的,而是借道蒙古,从长城其他关隘突进。

自明万历年间起,社会开始出现乱世苗头,之后的泰昌、天启年间更是每况愈下,直到明朝最后一位皇帝即位已回天乏术。梁启超曾提到:"使督师以前而有督师其人者,则满洲军将不能越辽河一步,使督师以后而能有督师其人者,则满洲军犹不能越榆关一步,故袁督师一日不去,则满洲万不能得志于中国,后金军之处心积虑,以谋督师宜也。而独怪乎明之朝廷自毁长城,为敌复仇,以快群小一日之意见,而与之俱尽,古今冤狱虽多,语其关系之重大,殆未有袁督师若者也。""若夫以一身之言动、进退、生死,关系国家之安危、民族之隆替者,于古未始有之。

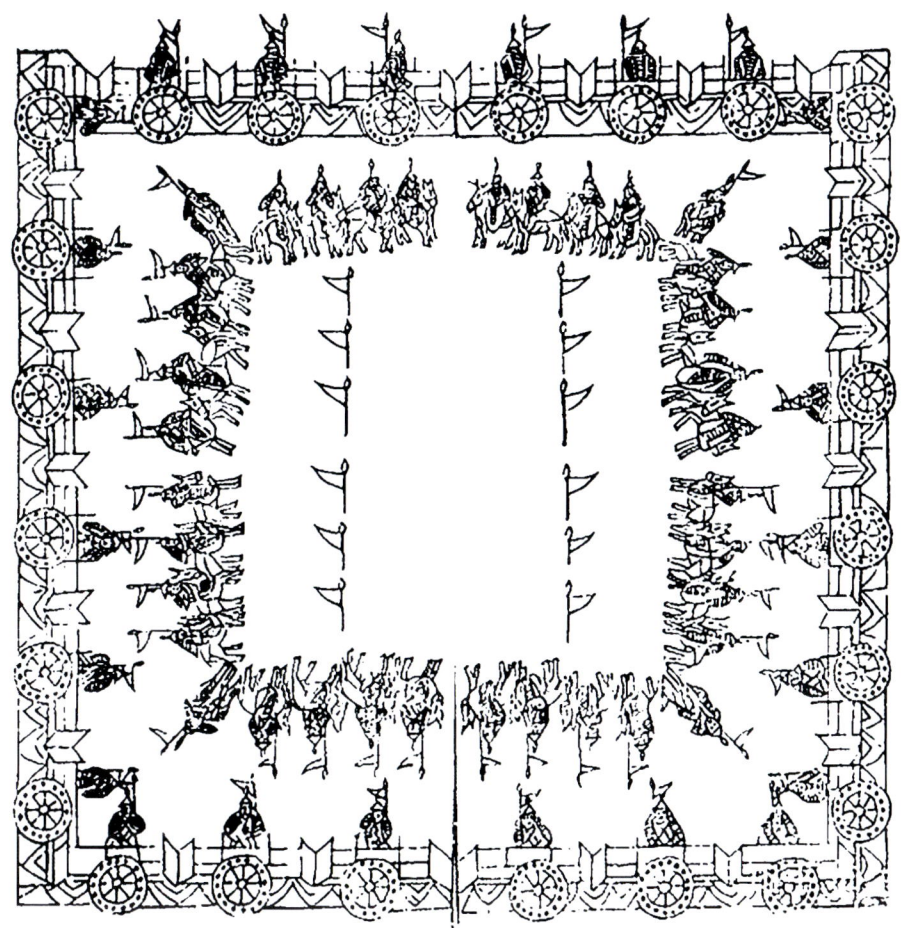

车营示意图

山海关长城博物馆车营展示图

分散于二千里的防区。敌人集中兵力来攻,明军分兵防守,众寡强弱不等。面对这种情况,谭纶认为虽然要以防守为主,但不能消极防御,而应采取攻势防守的战术。

谭纶为蓟镇边防花费了大量心血,有效提高了明军战斗力,多次打击蒙古兵侵扰,巩固国防。他将蓟镇和昌平镇两处边墙划分为十四路,每路按地势不同分配兵力部署。又将十四路分为四区,昌平镇的镇边城、居庸关、黄花镇为一区,蓟镇的十一路划分为东、中、西三区,总督谭纶驻扎在密云,巡抚刘应节驻扎在遵化,相互呼应,呈掎角之势。

隆庆三年(1569年)初,谭纶考虑边地关隘、要道的险易及道路的远近,将蓟镇分成十二防区,每个区设置一名小将,全军总共分成三个营:东营驻扎在建昌守备燕河以东的地区;中营驻扎在三屯守备马兰、松太地区;西营驻扎在石匣守备曹墙、古石地区。各位将领时常率兵操练,互相声援,管理办法周到明了。此外,谭纶还在十路主客官军之中,各选精锐三千人,作为本路和周边中路的应援部队。这些调整,大大地提高部队的机动作战能力,在不增加军队条件下,提高了蓟、昌二镇的防御能力。

谭纶十分重视火器,在蓟镇积极推广火器及车营。每营用重车156辆,轻车256辆,步兵4千,骑兵3千,驾轻车马256辆。从浙江等地调遣鸟铳手3000人,作为抵御蒙古骑兵的劲旅。这些鸟铳手在蓟镇大规模使用火器,提高了当地兵卒运用火器的能力。此后,他又奏请明廷,按照木制佛郎机仿造了33000架,分发给蓟镇各路,每路3000架。火器大规模使用后,增强了明军火力,对阵蒙古骑兵时,有了克敌利器[2]。

谭纶提出了修建敌台、加固长城的建议。他认为长城有其不足之处,容易两面受敌,于是主张将长城加宽加厚,两面城墙皆设垛口,又根据地势高低缓急,每隔不同距离,在长城上修筑一

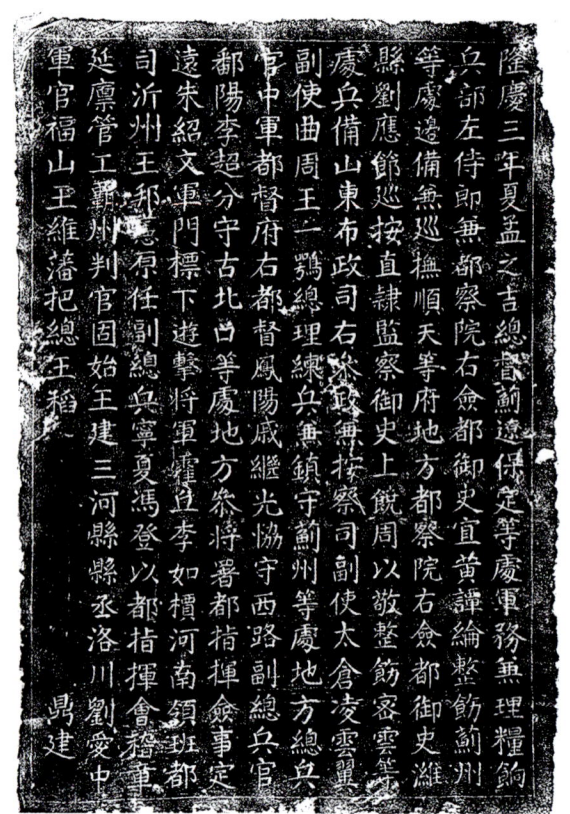

滦平县隆庆三年谭纶、王稻鼎建碑

碑铭录文:

隆庆三年夏孟之吉总督蓟辽保定等处军务兼理粮饷　兵部左侍郎兼都察院右佥都御史宜黄谭纶整饬蓟州　等处边备兼巡抚顺天等府地方都察院右佥都御史潍　县刘应节巡按直隶监察御史上饶周以敬整饬密云等　处兵备山东布政司右参政兼按察司副史太仓凌云翼　副史曲周王一鹗总理练兵兼镇守蓟州等处地方总兵　官中军都督府右都督凤阳戚继光协守西路副总兵官　鄱阳李超分守古北口等处地方参将署都指挥佥事定　远朱绍文军门标下游击将军霍邱李如樃河南领班都　延廪管工霸州判官固始王建三河县县丞洛川刘爱中　军官福山王维藩把总王稻　鼎建[3]

座敌台。敌台比长城高约一倍,可容纳数十名士兵戍守。平时,士兵可住在敌台内,轮番守望,一遇敌情,则各尽其职从城墙和敌台分别打击敌人。

这种敌台因其高约3丈,敌人的长钩杆无法发挥作用,台上守军装备佛郎机和鸟铳可以射

的部分。

此后，戚继光开始了艰巨的修墙、筑台工程。戚继光亲自监工，对工程质量要求极为严格。他将城墙分为一、二、三等，双侧包砖城墙为一等边墙，单侧包砖城墙为二等边墙，石城为三等边墙，要冲地段一律包砖，严禁任何偷工减料现象。在城墙上以一定距离设置瞭望孔、射孔，有些地段在外侧城墙筑有礌石凹槽溜道，大大加强了防卫能力。

戚继光在《练兵杂纪》中给予详细记载，敌台高低大小不等，各个敌台之间互为掎角，相互救应。敌台里都配备有火炮，鞑靼的弓箭无法射到敌台里的士兵，骑兵在火炮的攻击下也不敢靠近长城。每个空心敌台置有百总一名，负责指挥战斗。

从 1569 年到 1571 年，整整用了 3 年时间，蓟州镇守范围内的长城修筑工程全部完工。隆庆六年（1572 年），明政府派兵部尚书汪道昆等一大批官员视察蓟镇，戚继光借此时机组织一次盛大的军事演习，集结十万大军于遵化，演习进行了 20 天。

"南北驱驰报国情，江花边月笑平生。一年三百六十日，多是横戈马上行。"[6] 戚继光坐镇蓟州 16 年，成就了他戎马生涯中最辉煌的一页。蓟镇长城"兵精城雄，两千里声势联结"，使长城的防备力量大大加强。此间，蒙古朵颜部入侵蓟北。戚继光得到消息后，亲自带兵直驰黄崖关东侧的青山关，将敌军击退。这是戚继光镇守蓟州后的第一次战斗，从此蓟州一线边防固若金汤，终使鞑靼勒马，望长城兴叹，百姓得以安宁数十载。

1-5 河北省文物研究所：《明蓟镇长城：1981—1987 年考古报告》，文物出版社，2012 年。
6 （明）戚继光：《止止堂集》，中华书局，2001 年。

第七节
谭纶对长城防御的贡献

谭纶（1520—1577 年），字子理，号二华，明江西宜黄县人[1]。嘉靖二十二年（1543 年），谭纶中举。二十三年，登进士，授南京礼部主事，历任南京兵部职方郎中、台州知府。四十二年，谭纶任右佥都御史、福建巡抚负责福建军务。

隆庆二年（1568 年），谭纶晋升左侍郎兼右佥都御史，总督蓟、辽、保定军务。当时蓟镇

谭纶画像

形势十分严峻，外有强敌环伺，蒙古骑兵经常劫掠长城沿线地区；而蓟镇（包括昌平）守军不满 10 万人，且老弱者占一半，分别隶属几位将领，

关求赏，明朝廷答应其按年给予赏赐[3]。万历二年（1574年），董长昂又入侵边境但无法从关口攻入，于是逼着他的叔父董长秃寇犯边境。戚继光领兵将其击败并活捉董长秃。董狐狸与董长昂率领宗族300人来到戚继光关前请罪，董狐狸穿素服大哭请求赦免董长秃。戚继光与部下商议后决定接受其投降，董狐狸于是将劫掠的百姓放回，并发誓不再反叛。自此董狐狸与董长昂再也不敢侵犯蓟门。戚继光镇守的蓟门固若金汤，还协助辽东守将李成梁将来犯之敌击退。朝廷封戚继光为太子太保，又进封少保[4]。

蓟镇管辖的长城，修筑于明朝初期，到弘治、嘉靖年间也有所修筑，但过于简单。戚继光巡行塞上，发现边墙不仅低薄，而且颓废较多，根本无法阻遏蒙古骑兵的武装袭击。而且在旧长城线上虽有一些砖石小台，但这些砖石小台之间彼此毫无联系，既不能掩蔽士卒，又没有地方贮存军火器械，故军只要登高发矢，台上守军就很难固守，不利于很好地坚持战斗。据此戚继光上疏朝廷："蓟镇边垣，延袤二千里，一瑕则百坚皆瑕。比来岁修岁圮，徒费无益。请跨墙为台，睥睨四达。台高五丈，虚中为三层，台宿百人，铠仗糗粮具备。令戍卒画地受工，先建千二百座。"[5] 自明隆庆二年（1568年）戚继光任蓟镇总兵官起，就对蓟镇长城包砖加以大修，全部为砖石结构或砖石木结构，此外还设计创建了空心敌台和砖石城墙，个别地段加修了障墙、支墙、挡马墙，使这段长城设施完备，进可攻，退可守，是极具特色的军事工程，把长城的建筑水平推向了最高峰，使蓟镇长城成为万里长城中最为精华、最为实用

金山岭长城上的支墙与主墙大致呈直角分布——有助包抄敌兵

假言安抚两人。两人穿着囚服长跪在道旁，拦住权贵的车驾，乞求援助。刑部官员认为王忬过去有功劳，可以判戍边。明世宗亲手批示："诸将皆斩，主军令者顾得附轻典耶？"[2]遂改论斩。

第二年冬天，王忬被斩于西市。王忬的儿子王世贞、王世懋兄弟二人相泣号恸，持丧而归。

明穆宗隆庆元年，王世贞、王世懋伏阙为父论冤，得以昭雪。

---

1 （民国）滕绍周、王维贤等：《迁安县志》铅印本影印，成文出版社，1931年。
2 河北省文物研究所：《明蓟镇长城：1981—1987年考古报告》，文物出版社，2012年。

第六节
戚继光修筑蓟镇长城

戚继光（1528—1588年），字元敬，号南塘，晚号孟诸，登州（今山东蓬莱）人。提起长城防务，很多人都会想到戚继光，特别是蓟镇长城防御能力的加强，戚继光功不可没。

戚继光出身将门，初任登州卫指挥佥事，明嘉靖二十七年（1548年）始，从浙江义乌募集矿工和农民，编练戚家军。自戚家军成立开始，戚继光曾率军于浙、闽、粤沿海诸地抗击来犯倭寇，历十余年，大小80余战，最终扫平倭寇之患。

隆庆元年（1567年），给事中吴时来向明穆宗上疏，建议让戚继光、俞大猷等训练蓟门一带的士兵，但朝议后决定只任命戚继光即可，于是朝廷任戚继光为神机营副将。当时，谭纶刚刚在辽、蓟一带募集了3万步兵，又在浙江招募了3000士兵，请求让戚继光对其训练，得到了穆宗的许可[1]。隆庆二年（1568年），穆宗命戚继光训练蓟州、昌平、保定等地的士兵，总兵官以下的官员都受戚继光的节制。戚继光到任后，

戚继光画像

时蓟州有总兵郭琥，而戚继光为总理，无法统一号令，于是朝廷将郭琥调走，以戚继光为总兵官，镇守蓟州等地。又以戚继光前破吴平（闽广海寇总首领）有功，晋封为右都督[2]。

万历元年（1573年），北蛮小王子与蒙古朵颜部酋长董狐狸向明朝索要赏赐遭到拒绝，谋划进犯，于是二人在喜峰口烧杀抢掠。戚继光率兵前往平乱，没能抓住董狐狸。同年夏，董狐狸再犯桃林口，又被戚继光击退。而后董狐狸的侄子董长昂侵犯界岭，又被击败。董狐狸多次侵扰边境非但未能占到便宜，反而损失惨重，于是献

第五节
王忬与潘家口之战

王忬，出生于以诗书著称的太仓王氏家族。父亲王倬，任兵都右侍郎，以谨厚称。嘉靖二十年（1541年），王忬考中进士，才学通敏，为时所重，授行人，迁御史。劾罢东厂太监宋兴，颇有政声，巡按湖广。二十九年（1550年），复巡按顺天，筑京师外郭（永定门城），修建通州城，建筑张家湾大小二堡。当年，鞑靼部首领俺答汗进犯古北口，以御史巡按顺天疾驰御之。三十一年（1552年），浙江倭寇告急，出任提督军务，巡抚浙江及福、兴、漳、泉四府，任用俞大猷、汤克宽等，立有战功。

明嘉靖三十八年（1559年）二月，蒙古鞑靼首领锡林阿率数万大军，由兀良哈三卫的影克哈孩做向导，进至会州（今平泉），欲犯边塞。他们先是假装要进攻东面的义院口和冷口，续又迅速回兵西进。待率军迎敌的蓟辽总督王忬察觉中了圈套，急忙从冷口和义院口调兵西进时，锡林阿已于二月二十八日一举攻下了潘家口，并渡过滦河，攻进三屯营，占领了镇府。同时，纵兵劫掠，以至遵化、丰润、玉田、蓟州等地皆受其害。当明军赶到西面时，鞑兵又向东再次攻下今迁西、迁安一带，饱掠五日后才从潘家口退出。此次战役史称"潘家口之战"[1]。

此战因总督王忬防御失利，引得明世宗大怒，并严厉斥责，下令停俸思过。至五月，方辂再次复弹劾王忬失策者三，可罪者四，皇帝遂下令逮捕王忬及中军游击张伦，下诏狱。

王忬石刻像

王忬下狱后，他的儿子王世贞辞官赶赴京城，与弟弟王世懋每天拜伏在严嵩家门口，涕泣求饶。严嵩一边暗中操纵王忬的案件，一边

"诸州县报所残掠人畜二百万"。其后明世宗追究责任，兵部尚书丁汝夔作为严嵩、仇鸾一党的替罪羊而被处斩[5]。

庚戌之变是蒙古对明朝发动的大规模战争。凡兵之所起、经、终无不与明、蒙贸易相通之复息息相关，故明蒙之经济贸易交流为维系双方和平交往不可断之纽带，这正是庚戌之变的实质所在[6]。明朝政府勉强答应"通贡互市"，实际实施却拖延反悔，只在次年（1551年）在大同开马市。但坚冰已破，且互市的好处也逐渐为明朝统治集团所认识，于是，隆庆四年（1570年）以俺答汗之孙把汉那吉负气降明为契机，明蒙开始和谈，议定通贡互市条款并实施，从此开始了明蒙几十年和平友好的局面。

---

1 3 河北省文物研究所：《明蓟镇长城：1981—1987年考古报告》，文物出版社，2012年。
2 中国大百科全书总编辑委员会《中国历史》编辑委员会：《中国大百科全书·中国历史》，中国大百科全书出版社，1992年。
4 珠荣嘎译注：《阿勒坦汗传》，内蒙古人民出版社，1990年。
5 （明）陈子龙等：《皇明经世文编》卷434《俺答前志》，台联国风出版社，1968年。
6 许宏芝：《土木之变与庚戌之变实质初探》，《雁北师范学院学报》2003年第4期。

第四节
"庚戌之变"与长城营建

庚戌之变，又称庚戌虏变、庚戌之乱，是明世宗时期的一次蒙古侵犯明朝事件。因该事件发生于明嘉靖二十九年（1550年），而该年为干支纪年庚戌年，故名。

当时，蒙古与明之"贡市"中断。俺答汗作为土默特部首领和右翼3万户盟主，为对付瓦剌，更好地统率各部，迫切要求与明贸易，他向明称臣纳贡，望扩大和增加交易。但明恐土木之变重演，加以拒绝，并杀其使。于是，俺答汗发大兵，欲以兵使明就范。

嘉靖二十九年（1550年）六月，俺答汗率军犯大同，总兵官张达和副总兵林椿皆战死。因贿赂严嵩子、严世蕃而任宣大总兵的仇鸾惶惧无策，以重金贿赂俺答汗，移寇他塞，勿犯大同。八月，俺答汗入古北口，杀掠怀柔、顺义吏民无数，明军一触即溃，长驱入内地，营于潞河东20里之孤山、汝口等处，京师戒严[1]。

时京师兵力空虚，仅有禁军四五万，半为老弱，半为内外提督大臣之家役。又少具甲，战力甚薄。明世宗朱厚熜急集兵民及四方应举武生守城，并飞檄召诸镇兵勤王。十八日，保定、河间、山西等七镇兵先后至。明援军虽5万余人，但皆恇怯不敢战，又缺少粮饷。时世宗拜仇鸾为平虏将军，总领诸军，而纵兵掠民，"民苦之甚虏"。严嵩要求诸将坚壁勿战，听凭俺答汗兵在城外掳掠。此时，俺答兵自白河渡潞水西北行。八月二十一日，俺答汗放回所掠内宦杨增，"持番书入城求贡"，提出"予我币，通我贡，即解围，不者岁一虔尔郭！"俺答由巩华城（位于今北京市昌平区沙河镇内）攻诸帝陵寝，转掠西山、良乡以西，保定皆震[2]。

明廷接俺答汗之书后，世宗臣急议处，大学士严嵩言："所以食贼耳，不足病。"礼部尚书徐阶责道："今虏在城下杀人放火，岂可言是抢食？正须议所以御之之策！"世宗说："苟利社稷，皮币珠玉非所爱。"徐阶觉得太失颜，只好劝俺答汗先退，复由大同者则通贡者与之周旋[3]。另据蒙古史料记载，"其后汉国大明汗慑于普尊阿勒坦汗之威名，派来名为杨兀扎克之人，谓'互相为害不能杀绝斩尽，故不如和好往来买卖通贡。'派名为阿都兀齐者偕同来使前往，将大军撤至墙外开始会谈，以三万户分别进兵逼和，取得极多之田赋之后而回还"[4]。

八月二十三日，俺答汗率军撤退。此前，俺答汗引兵夺白羊口，以西走塞外，而留余众于京城外，以为疑兵。但撤退之时，大雨倾盆，俺答汗认为白羊口过于狭窄，怕明军伏击，乃中途掉头，一半由高崖口、镇边城等处，一半由古北口旧路全部出边。在俺答汗北撤白羊口时，仇鸾引兵蹑其后，企图袭击落伍的骑兵邀功；不料俺答汗中途折返，明军不战而溃，死伤千余人，仇鸾本人差点被俘。其后俺答汗长驱至天寿山，循潮河而上，仍由古北口出塞，京师解严。九月初一日，蒙古兵全部撤退。整个"庚戌之变"期间，彰义门攻打敌军，和都督王敬一起挫败也先的前锋。敌军正要退却，而几百个骑着马的宦官想争功，争着向前。阵脚乱了，武兴被乱发的箭射死。也先兵赶到土城，居民爬上屋顶，呼喊着用砖石投掷敌人，喧声震天。王纮和福寿的援兵赶到，瓦剌军撤退。

相持了五天，也先挟持明英宗敛财的阴谋没有实现，作战失利，挟着明英宗由良乡向西去。也先在景泰元年（1450年）的几次侵扰边塞均被明军击退。为了加强京师的防卫力量，于谦又对京军三大营进行了改编。明朝边疆和京师防守力量的增强，使也先无隙可乘，也先利用英宗进行诱降、胁和、反间的政治阴谋被明朝识破，拒绝与他议和言好。在这种情况下，为了恢复与明朝的通贡和互市，也先于景泰元年八月无条件将英宗送回北京，恢复了与明朝的臣属关系。这充分显示了于谦领导明军抗击瓦剌军、保卫京师取得了彻底胜利。

北京保卫战虽取得胜利，但边防重镇并未发挥应有的防御作用，以于谦为首的大臣意识到边塞防御急需整饬，上书明廷立即采取固边策略，加强京城周围的军事防御。

景泰元年（1450年），明代宗朱祁钰下令增修居庸关城，但凡城池适宜布置防御设施的地方，都建设配备齐全。城外可通人马的地方，就动用工力，务必使其险峻。同年，在白羊城旧城上，重建堡城一座，上跨南北两山，下当两山之冲。于谦着重加强长城沿线关隘的防御设施，并在离京城10—15千米的地方，每隔2.5千米修筑一座烽火台，称为墩台，俗称堡子。景泰六年（1455年），居庸关城又一次修缮，六月毕功，命工部造碑，翰林院撰文刻置关上，以纪其绩。

景泰八年（1457年）正月，石亨和曹吉祥、徐有贞发动夺门之变，迎接明英宗恢复帝位，改年号为天顺，于谦和大学士王文被逮捕入狱。石亨等诬陷于谦不轨，判其死刑。正月二十三日，于谦被押往崇文门外斩决，并抄家，其家人都被充军边疆。

于谦死后，石亨党羽陈汝言任兵部尚书，不到一年，贪赃累计巨万。不久边地有警，恭顺侯吴瑾进谏：如果于谦在，一定不会让敌人这样。天顺帝无言以对。这一年，徐有贞被石亨中伤，充军到金齿口。几年后，石亨亦被捕入狱，死于狱中；曹吉祥谋反，被灭族。于谦的冤情真相大白。

成化初年，于谦的儿子于冕被赦免，恢复于谦官职，赐祭。

弘治二年（1489年），明廷采纳给事中孙需意见，赠于谦特进光禄大夫、柱国、太傅，谥肃愍，赐在墓侧建祠堂，题为旌功，由地方官府年节拜祭。万历中，改谥忠肃。

第三节
于谦与北京保卫战

于谦（1398—1457年），字廷益，明考城（今河南民权）人，家族世居考城（今河南省民权县程庄镇于庄村）。永乐十九年（1421年），于谦中进士。

明英宗正统十三年（1448年），于谦任兵部左侍郎。十四年秋，也先率军三路攻明，在土木堡俘明英宗朱祁镇，之后北撤休军，借英宗要挟明朝廷。当时京师最有战斗力的部队、精锐骑兵都已在土木堡被歼灭，京师守军不足10万。郕王监国，命令群臣讨论作战和防守方略。侍讲徐珵说星象有变化，应当迁都南京，以避灾难。于谦力排迁都之议，主张坚守京师。

郕王（后为代宗）命于谦为兵部尚书，全权指挥守城作战。于谦立即部署城守：调集河南、山东等地将士入援；荐拔得力将领，分别镇守宣府（今河北宣化）、大同、居庸关和紫荆关等重要关口和要地，调整京师"三大营"主将；扩充兵员，日夜操练，赶制兵器，筹措粮草，缉拿奸细。经过一个多月的紧张备战，京城守御能力迅速加强，兵力增至22万。于谦将主力列阵于九门之外，与总兵石亨率领副总兵范广、武兴在德胜门外列阵，抵挡也先，把各城门全部关闭。

于谦亲自督战，下令临阵将领不顾部队先行退却的，斩将领；军士不顾将领先退却的，后队斩前队。于是将士知道必定要死战，都听命令。景泰帝令于谦选精兵聚集在教场，以便调动；再命太监兴安、李永昌同于谦一起管理军务。也先

于谦画像

部队深入，以为很快可以攻下京城，见到明朝官军严阵以待，有些丧气。叛变了的宦官喜宁教唆也先要求明廷派大臣迎接明英宗，索取黄金和丝织品以万万计；又邀于谦及王直、胡淡等出城谈判。景泰帝不准许。也先部队窥伺德胜门。于谦令石亨在空屋里设下埋伏，派骑兵引诱瓦剌。瓦剌用1万骑兵逼近，副总兵范广发射火药武器迎击，也先部队转移到西直门。都督孙镗率兵抵御，石亨亦分兵增援，瓦剌撤退。副总兵武兴在

高及防线配置的复杂、坚固程度，都是别的关隘难以相比的，经明代六朝修筑，明后期建成九边十三镇中的最后一镇，山海镇。

1 （明）詹荣：《山海关志》，《秦皇岛历代志书校注》，中国审计出版社，2001年。
2 王飞：《重修显功祠碑记》，《档案天地》2014年第9期。

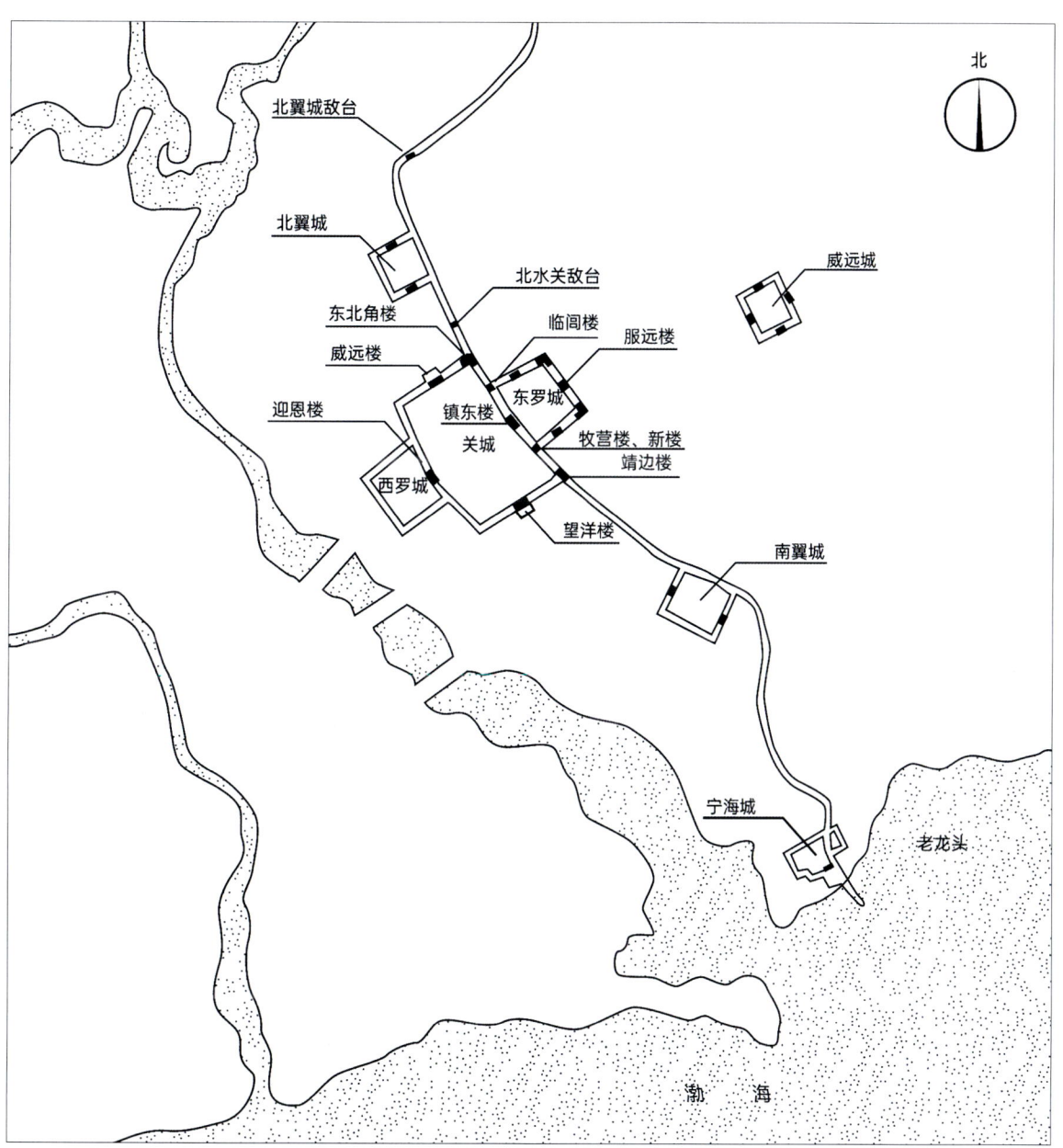

山海关总体布局示意图（根据《中国长城志·建筑》重绘）

徐达画像

东部的广阔地区没有关隘，便于蒙古兵长驱直入，所以，在辽西走廊西端驻扎重兵是形势使然。当时，角山以南至海有回族骑兵营寨。山海关清真寺建于洪武十三年（1380年），就是驻扎回族骑兵所建。民间有"先有清真寺，后有山海关"的说法，即源于此。

山海关在明代时属永平府，辖制卢龙县、抚宁县、昌黎县、永平卫、山海卫。山海关长城的营建，其目的是防御北方游牧民族的攻击。洪武十三年（1380年）十一月，元平章（辅佐丞相处理军政大事的高官）完者不花与乃儿不花率数千蒙古兵"入桃林口，寇永平，掠民资畜"。明指挥官刘广战死，千户王辂分兵在迁民镇（即辽迁州、金元降为镇）、界岭口设下埋伏，堵截蒙古兵的归路。明军又从燕河营出兵夹击。元兵退走，到迁民镇，进入明军的埋伏圈，平章完者不花被俘，乃儿不花逃遁。这次大捷，引起了徐达对迁民镇战略地位的重视，于是他向朱元璋请命，在迁民镇建关设卫，朱元璋也认识到了在此"高筑墙"的必要性，便命他修筑长城。徐达经过多日实地勘察，寻找筑城之地，最终选址山海关。

朝廷准奏徐达，于古渝关东60里移建山海关。徐达率兵15100余人开始动工筑城，整整修建了一年零八个月，关城竣工。嘉靖《山海关志》对此记载："国朝洪武十四年，创建城池关隘，命名山海关。"[1]山海关建城符合"通川之道，要害之处"的古代城市规划原则。同时，士兵除军事作战职能外，还负责开垦荒地进行屯田，满足作战士兵的粮食需求，迁派数万人在山海关周边进行屯田，对于北部边境的开发具有重要的作用。

"太傅提兵出塞还，更因渝塞起渝关；石驱到海南城堞，垒筑连云北倚山；辽水至今来靺鞨，蓟门终古镇賨颜；岁时伏腊犹祠庙，麟阁勋名孰与班。"[2]这是明代嘉靖年间山海关兵部分司主事陈绾写的《显功庙》诗，以炽烈的热情歌颂了徐达筑山海关建山海卫的丰功伟绩。

山海关长城因其重要的战略位置，历来受到明朝廷重视，因此其修筑历史之长、修建等级之

年号	蓟镇历任总兵官
永乐	张隆平、陈遂安、陈敬、陈景先
宣德	王彧
正统	孙继光、宗胜
天顺	胡镛、马荣、沈煜
成化	吴德、焦寿、赵胜、冯宗、刘清、李铭
弘治	刘福、蒋骥、阮兴、王铭
正德	温和、吴玉、马澄、陈鏸、戴钦、马永
嘉靖	张轧、杨镇、卜云、萧陆、刘渊、祝雄、戴廉、周彻、罗希韩、李凤鸣、成动、周益、欧阳安、李广、张承勋、孙膑、胡镇、王孟夏
隆庆	李世忠、郭琥、戚继光
万历	杨四畏、张臣、董一元、张邦奇、王保、尤继先、倪尚忠、杜松、冯栋、王国栋、萧如薰、张国柱、张承荫、朱国良、李怀信、刘渠、王威、杨茂春、许世臣、孙祖寿、马世龙、尤世威
崇祯	朱国彦、杨肇基、杨国振、王维城、杨嘉谟、张天礼、陈国威、猛如虎、白蛟、李居正、薛敏忠、唐通、孔希贵

第二节
徐达营建山海关

徐达（1332—1385年），字天德，濠州（今安徽凤阳县）钟离太平乡人，明朝开国军事统帅，淮西二十四将之一。徐达戎马一生，善于治军，历数十役，战必胜、攻必取，建立了不朽功勋，死后被追封为中山王。

元末农民战争爆发后，在郭子兴起义军中当军官的朱元璋回乡招兵，徐达仗剑往从，从此开始了戎马倥偬的军事生涯。1363年大败陈友谅。1364年，朱元璋以徐达为左相国。1367年率军消灭了张士诚地方割据势力。同年，任征虏大将军，与副将常遇春一同挥师北伐，推翻元朝的统治。

元朝灭亡后残余势力北逃，徐达奉命连年出兵打击元朝残余势力。洪武六年（1373年）十二月，盘踞在东北的蒙古兵进犯燕山以南的抚宁县，大肆剽掠，明迁抚宁县城到洋河西（今名旧县）。蒙古兵犯瑞州（今辽宁绥中前卫镇），明撤销瑞州治，将瑞州百姓迁到滦州。因永平府

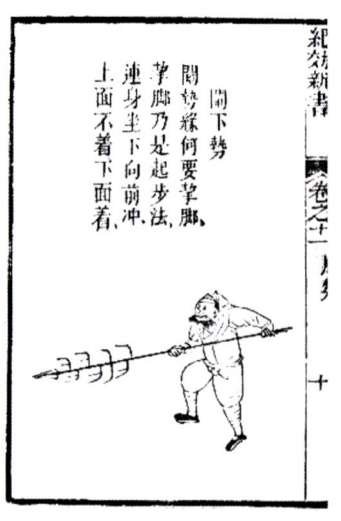

《纪效新书》图（戚继光著）

击后金入侵时战死。孙祖寿，昌平人，万历时任蓟镇总兵，支援辽东作战有失，被劾回家，此时金攻陷昌平包围北京，孙祖寿尽散家资，召集旧部与昌平戍将满桂赴关抗敌，英勇战死。朱国彦，崇祯二年任三屯营总兵，11月清兵攻破喜峰口、冷口，直抵三屯营城下，副总兵挈家小潜逃，朱国彦愤将他们的姓名榜布于众，然后把自己的俸禄、衣物散发给士卒，穿好官服向西叩拜投环缢死。

祝雄、赵胜、孙继先、宗胜、马永、李凤鸣、萧如薰都是德高望重的将领。董一元和张臣、杜桐、达云、麻贵等人并称"边将五选"，都矫健精悍，多次立功。董一元原任蓟镇游击将军时，在一片石以少数兵力抗击数万朵颜骑兵，立大功升三级。张臣，原在延绥与千总刘朋共守黄甫川，遇敌，刘丧马被围，臣单骑冲入敌阵，夺马载朋以归。隆庆元年，朵颜数十万人大犯永平五县，张臣领精兵来援蓟镇，辽东镇也派兵来援，但拥兵不前，张臣到永平以后便勒兵欲战，辽帅王治道说："敌众我寡，往必无利"，张臣说："我等食朝廷俸禄200年，随有应报效，大敌当前，怎能畏缩不前？"遂率自己带领的一千精兵勒马上阵，朵颜先以数骑包围张臣，全被他斩于马下，千名勇士，冲向敌阵，喊声震天，斩敌首百余级，朵颜逃跑到棒槌崖前，张臣在后边追杀不懈，朵颜兵坠崖者无数。战后，蓟辽诸将获罪，张臣以大功晋升二级。

在200多年的历任镇帅中，最杰出的应是戚继光，他驰骋南北，战功卓著，晚年虽遭到派系斗争的排挤和诬陷罢归，但历史给了他公允的评价：赤胆忠心的民族英雄，文武俱精的军事天才，清正廉明的官吏，才华横溢的诗人。

戚继光在中国军事史上占有重要地位，他在修建长城、重修镇城的同时，着力整饬营伍，训练军队，淘汰无能官员，招募年青兵卒，整顿军纪，采取步、骑、车各兵种协同作战的战术，配备适应新战术的武器装备，大大振作了士气[3]。戚继光的《纪效新书》《练兵实纪》是我国古代兵书宝库中的灿珠，《止止堂集》在我国古代思想史和文学史上具有一定的影响。

通过文献记载及长城实地调查所发现的碑刻文字记录，对明代蓟镇长城总兵官进行了整理、排列，详情如表所示。

综上所述，蓟镇总兵官戍边情况是研究蓟镇长城军事防御体系的基础，同时也是研究蓟镇长城营建、戍边屯田、粮饷供给、边贸经济等问题的基础，尤其是蓟镇长城军事聚落文化遗产的印证，为蓟镇长城研究提供了可靠依据。

---

1 鲁杰、孟昭杰：《明蓟镇总兵官考略》，《文物春秋》2008年第4期。

2 （明）郭造卿：《卢龙塞略》，《秦皇岛历代志书校注》，中国审计出版社，2001年。

3 赵现海：《明代九边军事统率制度的变迁》，《明史研究丛刊（第十辑）》，故宫出版社，2011年。

山海关入海长城——老龙头

第六章
刺马鸣镝：
蓟镇长城的军事防御体系

"九边"防线作为明朝最为完善的长城工程和最为重要的军事防御体系,对明朝防御外族掠扰、保护国家安全、开发边远地区及保护北方域外交通联系都起过重要作用。"九边"不仅是特定历史时期的产物,还保障了中西交通要道"丝绸之路"的畅通,凝聚着人民的血汗和力量。

蓟镇长城是京师的直接屏障。所以,明朝对这一带长城的修造格外精心,布局也十分严密,在一些重要关口附近,修筑多层长城,无论城墙的高度、厚度、防卫设施及工程质量皆为上乘,构成了主要由城墙、关、隘口、敌台、烟墩(即烽火台)、堡子等共同组成的一个完整的防御工程体系。其中敌台、铺房是明代长城特有的军事防御建筑工程。

第一节
防御机制

蓟镇长城的修筑出于明王朝京师防御、威慑敌方、谋求和平的战略决策。从这个角度来说,蓟镇长城首先具有体现防御战略的军事功能,这种军事防御功能体系在冷兵器时代是领先的和卓有成效的。一般来讲,蓟镇长城关隘空间的层级性与其防御的层级性有着一定的对应关系,各个关隘的防御性空间布局由多层次、多级别的防御空间共同建构。大到各路统辖范围内的整体布局,小到关城的防御设施配置,再到蓟镇长城沿线上防守相连的各个关堡,两两相望的烽燧都体现了蓟镇长城建造者周密的防御设计与匠心。

一
战略层面——预防为主

蓟镇长城既发挥积极防御的功能,又具有积蓄力量、积极进攻的作用。明初的几位皇帝,无不是在主动出击、军事上取得压倒性优势时修建长城的。可见,蓟镇长城体现了"御敌于国门之外"的一种可进可退的策略和军事功能。明太祖朱元璋在千里北境中分封了九大塞王,驻军于要冲,多者统兵 19000 人,战时可调动各地驻军,但不参与事务管理。

北京地处华北平原,为明王朝的政治中心,"土木堡之变"和"庚戌之变"中,蓟镇长城拱卫京师的作用日益突显,大规模营建长城为情势所逼,更在于事关整个明朝安危的全局战略。明成祖朱棣曾言:"居庸关路狭而险,北平之襟喉也。百人守之,万夫莫窥,必据此乃可无北顾忧。"[1]

明长城的军事预防部署是以长城为依托,沿长城一线,分段布置军镇,把防区内的战时用兵和平时备战相结合,设立军镇,每镇设总兵把守,下辖数路,各路分管一段长城,层层分级加强防守,共同作战。纵深作战是正面抵御敌军的入侵,具有明确的军事导向性；分路设隘、横向联防是以关沟为中心，向东西两个方向延展。

随着蓟镇地位提升，其戍兵数量也逐年增加，形成了以主兵和客兵为主的防守体系。戚继光担任蓟镇总兵时，蓟镇长城的营建达到了明朝历史的最高峰，代表了明长城建筑的最高水平，包砖城墙和空心敌台是蓟镇长城的特色。空心敌台既是屯兵驻防的战台，又是士兵居住生活的场所，并逐渐加强了蓟镇防区主要关隘的防务，这些措施促成了蓟镇最终成为明末"第一军镇"的称号。同时，戚继光十分重视加强训练、严明军纪，还增立车营、改进战法，戍边十六年"边备修饬，蓟门宴然。继之者踵其成法，数十年得无事"[2]，是长城军事文化创造者的杰出代表。

二
目的层面——安内攘外

从目的层面来讲，蓟镇长城的防御功能主要表现在安内与攘外两个方面。所谓安内，即在中央与地方之间、朝廷与民众之间维系一定的秩序，以保证社会的安定。所谓攘外，即抵御外敌进攻，保障朝廷安全。安内与攘外这两方面的功能互相配合，互为支撑，缺一不可。

明成祖上位后，大力招抚四方蛮夷，既有南征北伐，还有下西洋等外交活动，一时极盛。明朝招抚、吸收少数民族做官，也是为了安抚他们少生祸端。据《明太宗实录》记载："春秋之法，夷而入于中国则中国之，朕为天下主，覆载之内，但有贤才，用之不弃。"[3]

至其孙明宣宗继位后，放弃了明成祖的政策，改为休养生息、开源节流、养兵而不耗国家财力为目的，和藩属保持宗藩礼法关系。长城在明朝叫"边墙"，"其主要目的是警示'边外'虏夷，未经允许，不可越线，更不得强行闯入。

在明朝内部，处理边境事务叫"边务"。官员没有处置好，惹出祸事，叫"边祸"；贸然和少数民族引起武装冲突，叫"启边衅"；通过军事行动驱逐了犯境的少数民族，或者拓展了明朝的领土，叫"立边功"，将给予一定封赏。

蓟镇长城在营建过程中，客观上起到完善河北北部、天津和北京等地区交通设施的作用，促进了这些地区农业和手工业的发展，使长城内外的经济活动日益活跃起来。

三
运行层面——形成体系

蓟镇长城的军事功能包括边墙、关隘、城堡、烽燧、驿站、军屯等设施体系和军政设置、预警系统、经贸往来等制度体系，是由点到线、由线到面，把隘口、军堡、关城和军事重镇等有机连接防御线，最终形成网络状防御体系发挥整体作战的效力，具有战斗、指挥、观察、通信、隐蔽等多种功能，增强了整条防线的稳定性，也是一套科学完善的军事运行体系。

这种军事运行体系大致可以划分为四个级别：第一层级，总兵负责总兵驻地、都司制下的总督驻地；第二层级，参将负责参将驻地，都司制下的巡抚、户部专司等驻地；第三层级，守备负责总兵制下的守备驻地，都司制下的千户所等驻地；第四层级，守兵负责守兵驻城，都司制下的百户所驻地等。

尽管这种制度划分得相当明确，但由于长城军事防御的复杂性，导致了军事机制存在杂糅，而这种杂糅正是其灵活性的重要体现："总兵官一员，天顺前多用勋爵，后皆五督府，列衔领制敕，挂镇朔将军印，谓之镇守。副总兵官一员，成化前多用五府堂官，后皆都司列衔领敕，统军三千，谓之协守。左右参将五员，西、北、中三路曰左，东、南二路曰右，都司列衔，各领敕一道，名分守。游击将军二员，例皆于都司列衔领敕，统领官军三千员名，近于东路增置一员。"[4]

蓟镇兵力分为主兵和客兵。守军一般以依靠

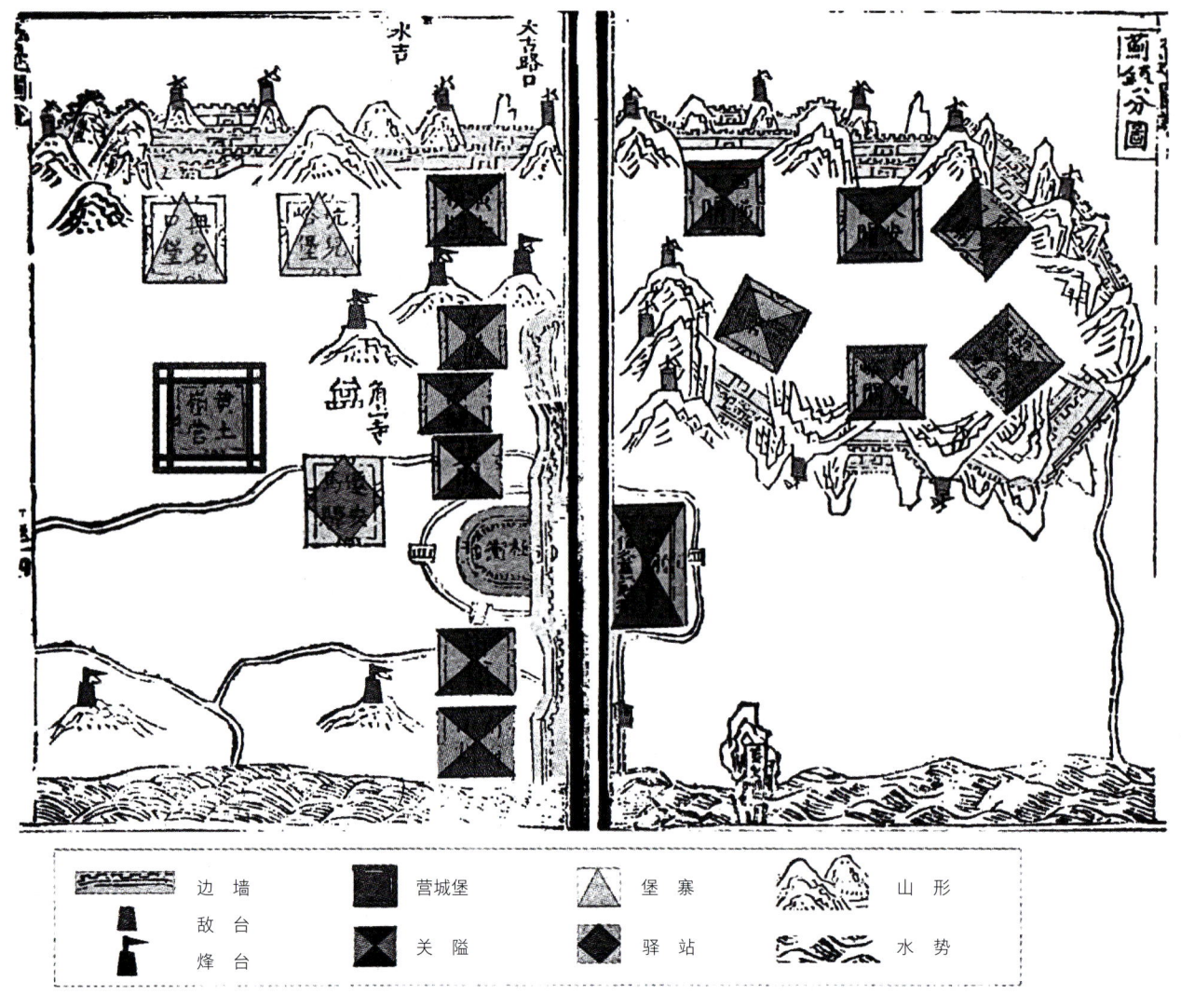

蓟镇长城防御体系构成要素分析图（引自《九边图说》）

蓟镇所在地原卫所为主，还有由外卫调入蓟镇的兵员，京军有时也参加戍边。本地卫所兵员为主兵，外来卫所兵员为客兵。蓟镇所在地的原有卫所大部分建于洪武年和永乐初年，少部分是永乐年间以后从北方调入蓟镇的。京营的官兵是明代北京长城重要的戍防力量，最初驻扎在北京城，后来大部分调转至长城区域，最后许多人变为职业工匠。

为了利于管理和作战，戚继光统领蓟镇时期，将军队按营哨制重新进行了编制：十二人为队，队有队长；三队为一旗，旗有旗总；三旗为一局，局有百总；四局为一司，司有把总；二司为一部，部有千总；三千总为一营，有将官一员，中军一员；每营三千人左右[5]。各营官员头衔结合了营哨制和卫所制的特点，这从蓟镇长城沿线镌刻着修长城各级官员名字的碑碣中明显反映出来，如"钦差统领天津海防标下右营参将署都指挥佥事""蓟镇东路南兵营游击将军署都指挥佥事""右部千总河南彰德卫指挥使""一司把总百户"[6]等等。

戚继光先后编练了七个步兵营、七个骑兵营、七个车营和三个辎重营。这种以营为单位的编制，是一种小聚居、大分散的形式，将这二十几个营分布于长城延边要害、东西适中之处，平时则首尾相望、遥相呼应，有警则一呼百应、遏其要冲，比先前更灵活机动，更有利于增强整体战斗力。

当时，由于戍边士兵的工资很低，为调动他们的积极性，戚继光设置了高奖金：每杀死一个倭寇，赏银 30 两，杀死 10 个赏银 300 两，100 个赏银 3000 两。每小队 12 个人，除队长外，二线有短刀手两名和伙夫一名，一线作战士兵包括 2 名持牌手、4 名长枪手、2 名狼筅手。戚继光制定了详细的奖励措施和奖金分配方案，当然，队长所得最多。如果全队一年累计杀敌 60 人，将获得丰厚赏银，像一线岗的 8 名士兵，每人能拿到 150 两银子，相当于兵部首长年薪。

另外，蓟镇长城的军屯机制、驿传制度、烽燧系统等，后面都将专门论述，这里不再详解。

---

1 刘珊珊、张玉坤、陈晓宇:《雄关如铁——明长城居庸关关隘防御体系探析》,《建筑学报》2010 年第 S2 期。
2 3 河北省文物研究所:《明蓟镇长城：1981—1987 年考古报告》,文物出版社，2012 年。
4 （明）孙世芳:《宣府镇志》卷二十一《兵籍考·皇明·将领》,成文出版社，1970 年。
5 （明）戚继光:《练兵实纪》,中华书局，2001 年。
6 赵宏利:《明代蓟镇长城军事设制与戍守》,《剑南文学》2012 年第 2 期。

第二节
军政设制

明朝建立后，其行政区划一共分为三个部分，分别为都指挥使司、布政使司、按察使司，三司各司其职，分别负责地方管理中的军事、行政、监察三方面工作。

军事指挥机制主要包括：央地指挥系统，是指按照行政层级从不同层次管理长城戍防区；戍边防御系统，即为了对长城全线进行有效的防务管理和修缮长城而建立的分段防区体系；文官、武职和监军的官员系统，是指文臣统军、督抚经略节制总兵的指挥体制。监军多为宦官，用宦官制约长城戍防区的武将，体现了明代统治者"以内治外"的思想[1]。

一
军事指挥机制

明代的军事管理制度经历了"卫所镇守制度→都卫体制→都司卫所制度→总兵镇守制度→九边总兵镇守制度与都司卫所制度并置"的发展过程。各制度均在特定时期内对明代军队的

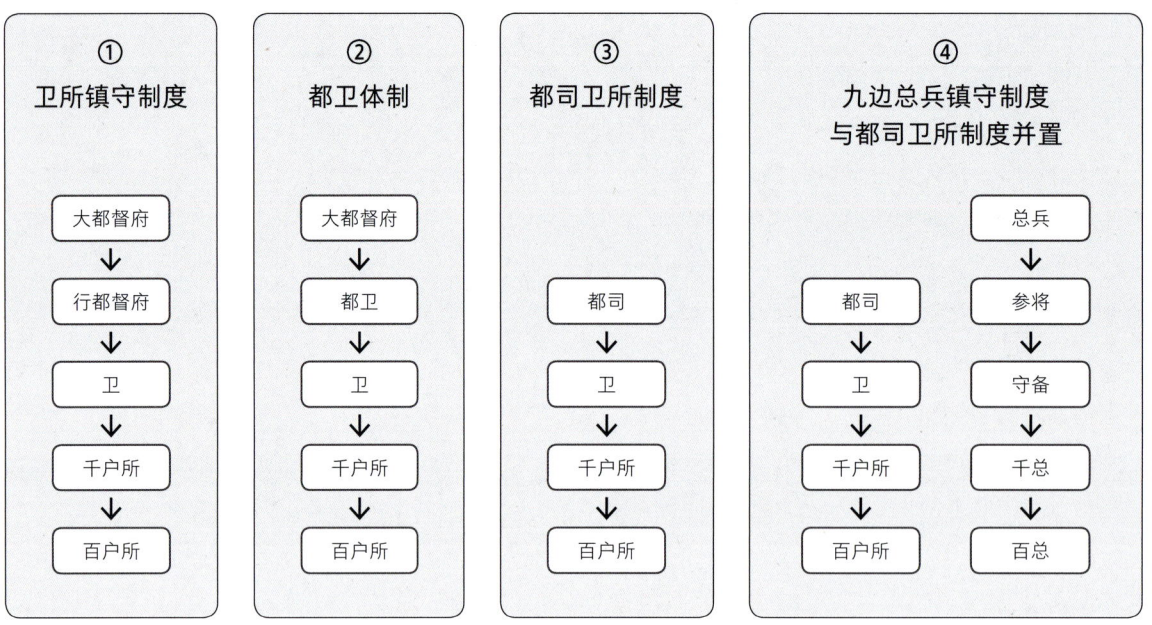

明朝军事管理制度发展过程示意图

管理和边防事务起到重要作用,尤其对军堡影响很大。

(一)卫所镇守制度

卫所镇守制度是明代的一种主要地方军事制度,为朱元璋所创立,其构想来自于隋唐时代的府兵制。在此制度下,基于"度要害地,系一郡者设所,连郡者设卫"的原则,分设卫城、所城两种军事级别由高到低、驻兵与城池规模由大到小的军堡类型。

(二)都卫体制与都司卫所军务管理制度

明政府为解决卫所军力较弱、地理分散、不便防守等问题,制定都卫体制,赋予其节制诸卫的权力,并能自主行动。因控御一省卫所,都卫体制不须听命于行都督府,故成为卫之上的军事机构,并使明代统军体制由大都督府→行都督府→卫→所,转为大都督府→都卫→卫→所。都卫成为镇守一方的地方军政机构,其地理意义的凸显,使军镇色彩逐渐呈现。

明洪武元年(1368年),蓟镇建立大兴左、右卫,燕山左、右卫,永清左、右卫,守卫北平和燕山边境一带。翌年开设燕山都卫、北平行省,从此成为北方军事基地。

明洪武七年(1374年),卫所制度的改革成为都卫制度改革的先声。次年,朱元璋宣布改都卫为都司,正式废除都督府,改地方镇守制度为军务管理制度,地方军事权力下降,中央集权意味显著。都司下辖燕山左、右、前卫,大兴左卫,永清左、右卫,济州卫,济阳卫,彭城卫,通州卫,蓟州卫,密云卫,真定卫,永平卫,山海卫,遵化卫十六个卫,还增加了居庸千户所。

至洪武十三年,实行三司分立体制,都司地位完全确立。设立三司后,都司驻守一地,专掌军政,直属五军都尉府,遂成为一方最高军事机构。都司作为省级最高军事机构,在其制度下,有着明确的数量关系:每卫为5600人,分为五个千户;每个千户1120人,分为10个百户;每个百户112人,设2个总旗;每个总旗下设5个小旗,每个小旗10人[2]。

（三）大将镇守制度与塞王守边制度

明洪武五年至洪武二十年期间，明朝在北边驻守大量军队防范北元南下，攻时采用征伐制度，守时由大将镇守，从而形成一种临时、权宜的大将镇守制度。在此制度下，大将具有节制诸将、便宜行事、军法从事之权，成为之后塞王守边制度和总兵镇守制度的渊源。"建大将、屯重兵"的形式也成为明代早期大型军镇的雏形。

为了加强中央集权，朱元璋将边地分封给诸子驻守，并用塞王守边制度代替大将镇守制度。在此制度下，北边遂形成塞王、总兵官、都司卫所三重军事体系，都司卫所演变为可以与诸王平分军权的地方军事机构。这一转变促使将军军号与总兵名号相分离，从而使大将镇守制度演变为总兵镇守制度，九边相应逐渐建置。

（四）九边总兵镇守制度与都司卫所制度并置

九边总兵镇守制度是不同于都司卫所制度的一种新型地方军事制度，显示出明朝中央与地方围绕地方军事权力进行重新分配的历史转变，使明朝维持省、镇并存的双重地方建置格局，成为九边军镇建置的标志。

经过长时间的演变与推广，九边总兵镇守制度最终确立于嘉靖时期，九边地区形成了总兵镇守制度与都司卫所制度并存的双重体制。在双方多次较量后，总兵官取得了对都司卫所的节制权力，成为地方最高军事长官，统率作战，都司将领成为总兵官下属，偏重日常军务管理，二者权责分工逐渐明确。作为总兵官的所在地，镇城遂成为军事等级最高、驻兵最多与城池规模最大的军堡类型，并因"总镇一方者曰镇守，独守一路者曰分守"，即受总兵官派遣，镇城下分路设防，由参将分守所筑城池，形成镇城分路的军事指挥中心，即路城。可见，镇城、路城的军事等级要高于卫城、所城，以及作为军堡基本防御单元的堡城。但因都司卫所实为地方军事编制单位，军镇则主要围绕战略要地，重新调配、组织各种军事力量，故卫城城池规模虽然小于镇城，但通常要大于路城，以备驻兵。因此，历经九边九镇、九边十一镇、九边十三镇的发展演变，以及军事管理制度的逐渐完善，明朝军堡最终形成镇城、路城、卫城、所城、堡城5种军事等级由高到低的基本类型。

为了防止总兵拥兵自重，称霸一方，朝廷在蓟镇设置巡抚，巡抚下设兵备，总兵以下各官悉听巡抚指挥。后来长城防线战事日益紧张频仍，修筑长城或调兵遣将多涉及数镇，为了调节、辖制各镇，以利于统一指挥，明朝又添设了总督，派重臣出任，以节制巡抚、总兵以下各官，逐渐演化成地方最高军政领导，自此沿袭直到明末不变[3]。

蓟镇之重，上下共识。官兵员额、马匹数量皆居九镇之首，其军事统领系统极为严密，从上到下层层节制的文武官员有：

总督1人。冠以兵部侍郎或兼都察院都御使、副都御使或佥都御使职衔。主要是总督蓟镇、辽东镇、保定等镇军务兼理粮饷。嘉靖二十九年（1550年）置。逢蓟、辽有警，遣重臣巡视，或称提督。到后来边患日甚，始置总督，总督府设在密云。

巡抚1人。冠以都察院副都御使或佥都御使职衔。主要是整饬蓟镇边备，即安抚军民、弹压地方、监督武将。成化二年（1466年）始设都御使参理军务，巡抚顺天、永平二府，兼理河间、真定、保定三府，七年又增加三府。八年以畿辅地广，从居庸中分，设二巡抚，其东为巡抚顺天、永平二府，驻在遵化。

巡抚之下的统兵官员是兵备，蓟镇辖区密云、蓟州和永平等处各设一兵备，为省级司法部监察部门提刑按司的督察官，由于蓟镇地处京师，而京师不设提刑按察司，所以其官员在山东或河南等省列衔，永平兵备为提刑按察司副使身份。兵备与副总兵地位相当，实际上地位更高些，这是明代典型的重文轻武、以文制武的产物。

总兵官1人。原辖区长城东起山海西至挂子庵，嘉靖三十年（1551年）黄花、居庸、镇边等路从蓟镇析出，归昌平镇，从此蓟镇辖区长城西至石塘路的亓连口（今莲花池关），延亘一千五百五十七里。起初往往以有侯、伯封爵的重臣担任，以后由五军都督府的都督、都督同知或都督佥事担任。总兵先驻寺子峪后改驻三屯营，统领蓟镇兵马，总掌蓟镇的战守行动。

协守副总兵3人。分东、中、西三协：东协副总兵，驻建昌营，管理燕河营、台头营、石门寨、山海四路；中协副总兵，驻三屯营，带管马兰峪、松棚峪、喜峰口路、太平寨四路；西协副总兵，驻石匣营，管理墙子岭、曹家寨、古北口、石塘岭四路。

分守参将11人。分别为通州参将、山海关参将、石门寨参将、燕河营参将、台头营参将、太平寨参将、马兰峪参将、墙子岭参将、古北口参将、石塘岭参将、喜峰口参将。

游击将军6人。统领南兵游击将军3人，领班游击将军7人，坐营官8人，守备8人，把总1人，提调官26人。此外，山东、河南二镇还配备领蓟镇都司4人，定期率属下兵马到蓟镇戍边。

督、抚、总兵直辖的兵马为标兵，副、参、游亲统的兵马为营兵，坐营、守备等所属兵马称守城兵，这些兵马多依营堡、墩台，分极冲、次冲决定设军多寡。其统领关系是：总督统巡抚，巡抚统兵备和总兵，总兵统参将，参将统守备，副总兵佐总兵，游击听命于总兵。

二
军队戍守机制

军队戍守沿长城城墙及隘口，区分要冲与平缓，按垛拨兵防守。每空心敌台守兵60人，30人守台，内立1台长。30人守垛，分为6伍，每伍内立1垛长。每墙台（又称马面）守兵14人，4人守台，10人守垛，分为两伍，每伍1旗。空心敌台佛郎机8架，每架子铳9门，神枪12把，每把神枪箭30枚，火药300斤，铁钉棍8根。墙台佛郎机3架，每架子铳9门，阑石大小预备充足，号旗1面，木梆锣鼓1具，柴米亦人各1日。墙垛冲处，每垛干柴1束，重为百斤，干草5把，阑石大小充足，器械各随所执，

佛郎机（秦皇岛山海关长城博物馆藏）

火药于台取用。5垛共1梆旗，缓处每垛干柴1束，重为百斤，干草5把，阑石大小预备充足，器械亦各随所执。每台一百总，五台一把总，10台一千总[4]。

蓟镇官兵员额，永乐时期初定为85006人（包括蓟州、永平、昌平、密云），到万历初实有数增加到124206人。其中蓟州31658人，永平39940人，昌平19039人，密云33569人，比初定增加了4%—5%。而其他八镇在兵员、马匹配置上均呈减少趋势。后来由于卫所制的逐渐废弛，蓟镇军事力量不断削弱，兵力不敷，又开始大规模募兵。隆庆年间戚继光任练兵总理兼任蓟镇总兵时，从浙江陆续招募兵员，由3000增至9000，又增至2万左右，成为蓟镇长城防线的主力[5]。

---

1 2 4 河北省文物研究所：《明蓟镇长城：1981—1987年考古报告》，文物出版社，2012年。
3 （明）郭造卿：《卢龙塞略》，《秦皇岛历代志书校注》，中国审计出版社，2001年。
5 （明）戚继光：《练兵实纪》，中华书局，2001年。

第三节
军屯戍边制

军屯主要从两方面增强长城区域的防御能力：一方面是军事作战，寓兵于农，堡寨相连。屯军日常任务主要是屯田，遇到外敌进攻，屯军以屯为单位，进行防守作战。另一方面是后勤补给，通过屯田卫所储存一定粮食，从而提高驻军粮食供给当地化水平。

一
军屯制度

在明代，军屯是军事制度的一部分，早在洪武年间就已经确立。为了解决因为防御战线过长而导致的军粮供应问题，国子监祭酒宋讷上书建议："备边固在乎屯兵，实兵又在乎屯田……遇敌则战，寇去则耕，此长久安边之策也。"[1]此议被太祖朱元璋采纳，诏令全国卫所及州县军民实行屯田，官兵战时边防，平时耕种，寓农于兵，解决当时的军需困难。制度规定：边地军队三分守城，七分屯垦种地；内地二分军队守城，八分屯种。因此，且耕且战，且守且屯，以屯田充实边防成为明代最基本的军事思想。

军屯士卒对封建国家有很强的人身依附关系。明朝政府用军事编制把士卒固着于土地上，不许随便离开。一个丁男一经参军，就得终身服役，直到丧失劳动能力，但还要从其户内勾解丁男来补充。"军士六十以上，老疾者，既不能征

操，又不能耕种，宜迁还，令壮者代之。"²

屯田军士所受的剥削也是十分苛重的，以屯田籽粒来说，明太宗朱棣即位时规定："每军田一份，正粮十二石，收贮屯仓，听本军支用，余粮十二石，给本卫官军俸粮。"³ 根据这一科则，每份军田，最低产量不得少于二十四石。

在当时，屯田军队称作"屯田正军"。朝廷还规定：每名屯兵要授一份土地，这种土地称"军屯分地"。军队屯田所需要的农具、牲畜、种子等，则要由工部属下的"屯部"（后改为"屯田清吏司"）供给。军屯的组织形式一般是按"卫所制"下的体系划分的。在宣德五年（1430年）之后，从中央到基层的组织系统已经基本完备。

由于军屯是用军队的特殊形式组织起来的，用军事律令强制抑配份地和强征屯田籽粒，使得屯军所受压迫与剥削的程度比一般佃农更为苛酷。一般佃农通常有地才有租，有丁才有役，但屯军却要输无地之租，出双重徭役。无地之租即"包赔屯田籽粒"。部分屯田因配拨份地土质瘠薄或道路遥远无法耕种而抛荒，当屯军因种种原因抛荒或失去屯地时，仍要"包赔屯田籽粒"。

万历年间郭造卿撰写的《卢龙塞略》中，有"屯考"和蓟镇长城东部山海、永平屯田的情况叙述。其中说："洪武元年置北平都司于北平府，领燕山等卫，后置大宁都司，于（兀）良哈之地设朵颜三卫隶焉。各置屯田以五十亩为一分，七分屯种，三分守城。受田之制以五十亩为中也，此军屯之始。"又说："自景泰勘荒地一万二千顷有奇，拨为军民屯，得粮十余万石。至正德庚午（正德五年、公元1510年），止七千顷有奇。清之，乃得四十八万余顷，尚有未经首者。嘉靖末，屯种大约十余万石，马草地亩银二万余两……"⁴

山海关"楼军石臼"的发现地五道楼、唐帽山、尖山、松山一带的明长城内外，有许多当年军屯时开垦出来的大小地块，一层层、一片片，龙鳞状分布在坡梁上，虽已荒芜，但见证了当年长城戍军守边屯田的历史。

明铁镰刀（秦皇岛山海关长城博物馆藏）

明圆形长城石臼、明方形长城石臼（秦皇岛山海关长城博物馆藏）

二
长城军屯

明代的长城军屯，保证了长城守军的粮秣和生活供给，也大大减轻了国家的财政负担。平时务农、战时为兵的长城屯军，他们开垦荒地，疏浚水泉，植五谷，种桑麻，把往日荒凉的长城沿线变成了米粮之川。

《山海关志》"诗文"中录有一篇名为《出义院口看屯》的诗。诗作者范志完，先后任巡视山海、永平长城防务的山石道和兵部右侍郎兼右佥都御史，总督蓟州、永平、山海、通州、天津诸镇军务。他在诗中写道："四月青葱八月黄，边城内外举霞觞。逢人莫问河边骨，且喜今朝稻满筐。"[5]

而在实际的边防建设中，山海关防区同样也具有军事防御与屯田耕种合一的特点。据《山海关志》记载："明代山海卫原额屯地588顷8亩6分，征米豆7047石4升。随着历年的不断开垦增种，共计上中下地1738顷53亩5分3厘，每年纳米豆7047石4斗8升，草35092束。万历十年（1582年），户部减去虚粮932斗4升，每年实征米豆6117石2斗3升，增银草34249束，秋青草843束。又新垦地66亩，合计1739顷19亩。新开垦地征米豆3石1斗8升，共计征收6121石4斗2升；新开垦地征银草8束，共计征收34257束；新开垦地增征秋青草3束，共计征收847束。"[6]

后来，由于屯田籽粒和徭役的苛重，以及屯地的被侵占，军心不定，民心不安，使得屯军不断逃亡，不少开垦成熟的土地，甚至膏腴之地又变成了荒田。明中叶之后，"各路荒田，何啻万千"，蓟镇军屯土地"荒芜者凡一千一百顷有奇"。南京镇南等卫"行数十里，俱是旷地。葭莽极目，不胜凄凉"[7]。因此，明代的军屯，到了明中叶时，已经是名存实亡。明朝政府虽一再想重新整顿，不断遣官踏勘清理，但因明军的一败再败，一些手握兵权的势族大姓，竟相将家眷南迁；政府已无法给军户提供牛具、种子，或者只能部分兑现；加之自然环境的恶化、水利灌溉条件的欠缺，明初屯田由开中制度而兴起，到明中期也随着开中制度的破坏而逐步衰败。

明铁锹（秦皇岛山海关长城博物馆藏）

1-3 河北省文物研究所：《明蓟镇长城：1981—1987年考古报告》，文物出版社，2012年。

4 （明）郭造卿：《卢龙塞略》，《秦皇岛历代志书校注》，中国审计出版社，2001年。

5 6 （明）詹荣：《山海关志》，《秦皇岛历代志书校注》，中国审计出版社，2001年。

7 （明）陈子龙等：《皇明经世文编》卷210《抚恤屯田官军疏》，台联国风出版社，1968年。

第四节
武器与装备

明朝建立初期,尚未建立统一武器制造机构,因此,朝廷允许各地卫所自造武器。洪武十三年(1380年),明朝工部虞衡清吏司下设立军器局和鞍辔局,负责武器装备制造工作,加强对各地制造武器的控制。此后,明朝在内府下设兵仗局,对各地卫所自造武器尤其是火器管理日益严格。然而,明朝中期后,由于边患和各地叛乱日趋严重,明正统十四年(1449年),朝廷允许各地卫所自造铜炮、手铳等火器,但开工前需得到朝廷批准。明朝还制定有严厉法律,处罚违反相关规定的行为。如《明会典》规定:"凡造作不如法者,笞四十。"[1] 同时,明朝武器上刻有生产单位、重量和生产时间等信息,目的就是在发现不合格产品时,快速锁定生产者,进行相应

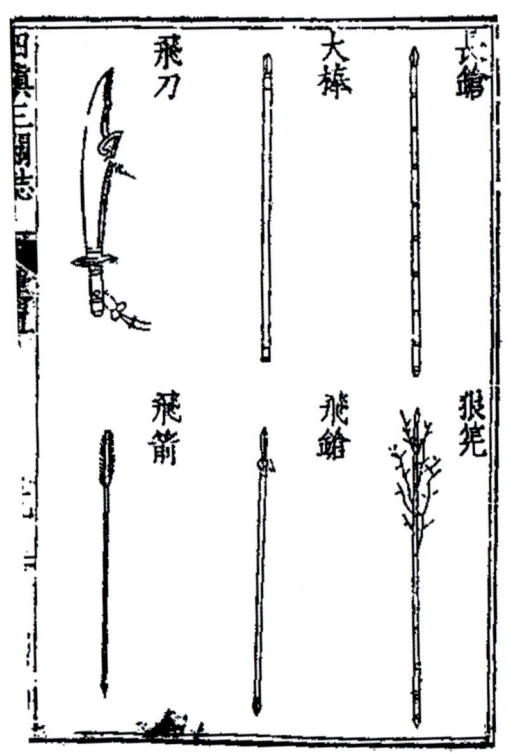
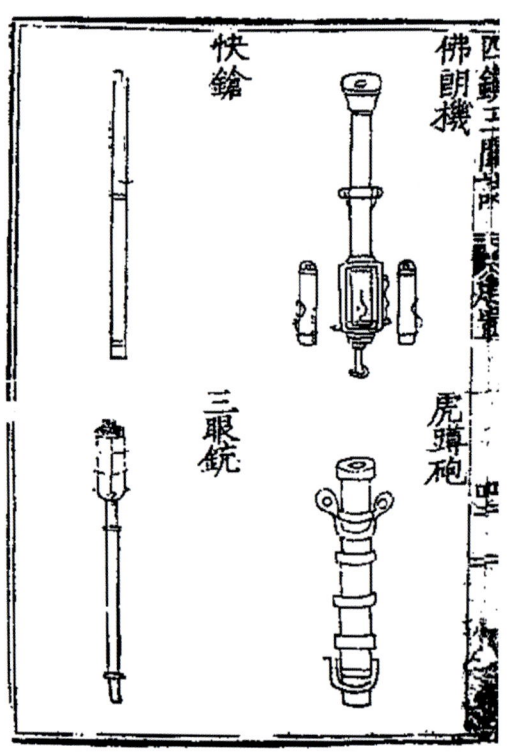

武器图(引自《四镇三关志》)

惩处。

冷兵器时代，各种武器也是五花八门。每当长城发生战役，大量的守城武器便派上了用场。守城利器既有五花八门的冷兵器，又有形形色色的火器。冷兵器包括近战的刀枪、大棒，远程的弓箭、飞钩等，士兵的铠甲、盾牌也更为精进。远程所使用的火器种类更多，威力大增，其中包括佛郎机等枪炮，甚至还有了用火炮发射的"炸弹"。

戍守八达岭长城的将士武器配备有盔甲、虎皮帽、大刀、腰刀、藤牌、弓箭、大炮、涌珠炮、子母炮、铅丸、火药以及燃烟举火等装备。在唐山段长城发现的长城防卫武器主要有铁炮、雷石、弓箭、铁镞及蒺藜等。此外，在黄崖关附近的敌台维修工程中，也发现了铁炮、铜铳、铁蒺藜、陶蒺藜、铁盔、火药勺、绊马索、石炮等，其中，还发现了保存完整的佛郎机炮、子铳等，是一套保存完整的当年最为先进的火器。

一

防护器

1. 甲胄

明代甲胄的名目极多，从甲胄的组成部件来看，比宋元甲胄更为完备，护首有盔和顿项，护上身有胸甲、缠腰、臂缚和腕甲，护下身有腿裙、甲裤和甲靴。盔多用钢铁制造，很少用皮革，顶有圆管插放缨、旗、羽等饰物，盔后垂有顿项，或叫围脑。将官所穿的铠甲，也以钢铁为之。兵士则多穿锁子甲，在腰部以下还配有

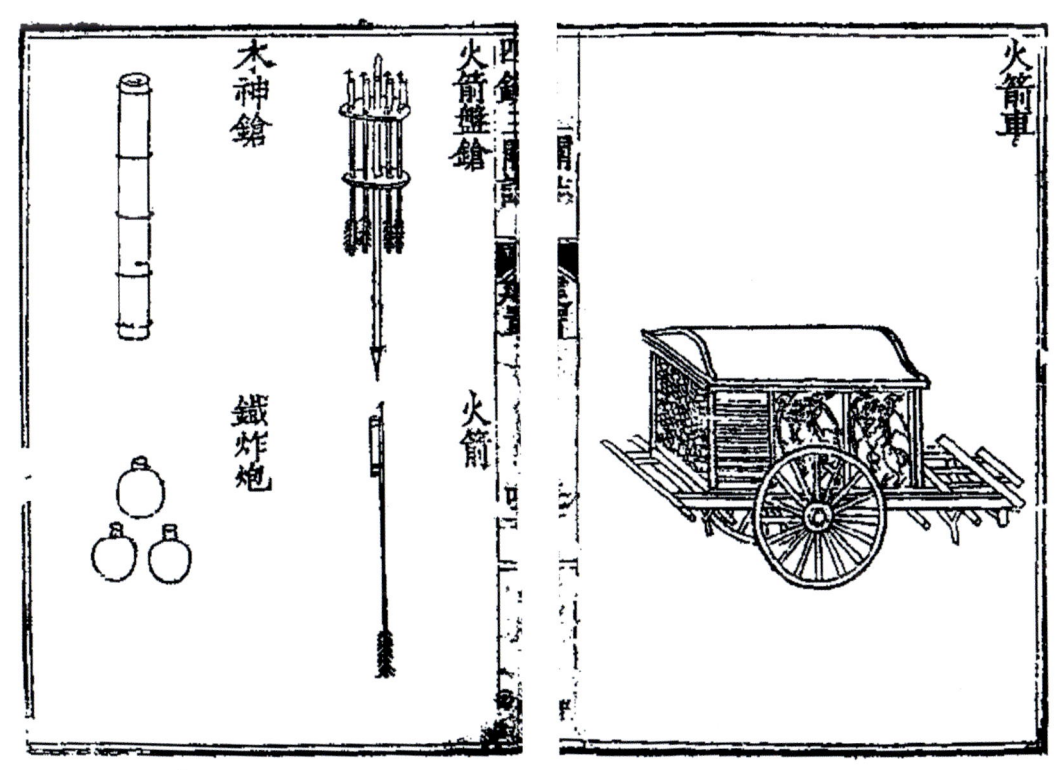

武器图（引自《四镇三关志》）

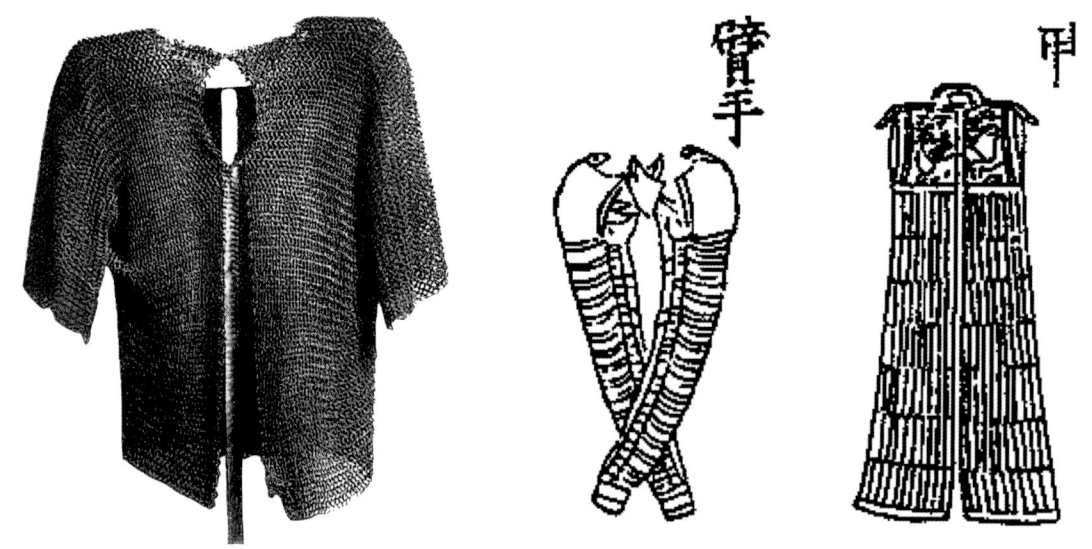

铁锁子甲、臂手、甲（引自《四镇三关志》）

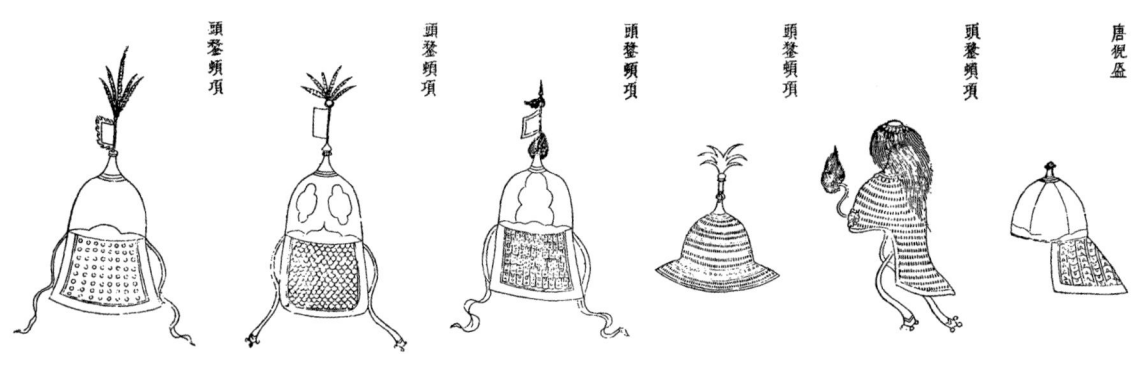

铁盔（引自《武备志》）

铁纲裙和铁纲裤，足穿铁纲靴，制作技术较前更为精密。

明代亦有棉甲、绢甲、罩甲，明代中叶，戚继光领兵在东南沿海一带抗击倭寇时，令士兵穿着棉纸甲。这种甲分量虽轻，却能有效地防御鸟铳铅子，特别适合在我国南方地区作战使用。

罩甲是穿在戎衣外面的甲衣，束小带，长短不一，有的具有防护作用，有的只是仪卫穿着起点缀作用。遇有朝贺时，侍卫官俱戴凤翅盔，着锁子甲，武将着红盔青甲、金盔甲、红皮盔俄金甲及描银甲等，制作较战时用甲更为精美华丽。

如《平番得胜图卷》中将校和兵士所穿的甲，分布面铁甲和罩甲两种。布面铁甲表面为棉布或麻布，里层是编缀而成的铁甲片，外面有甲钉，也有不编缀铁甲片。布面铁甲的外层棉布可以较

穿罩甲提督

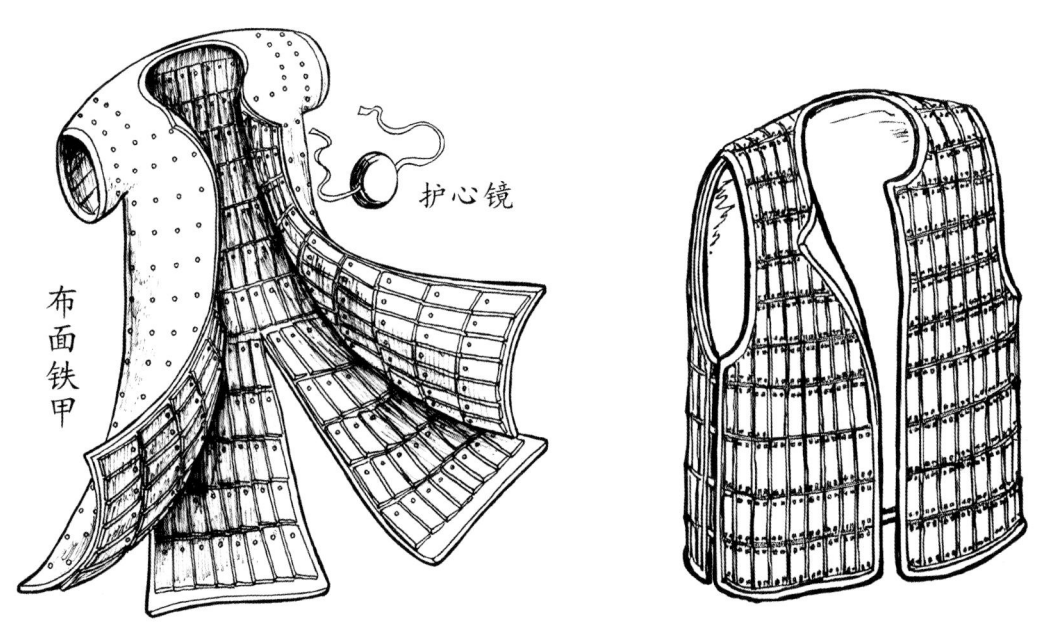

布面铁甲与铁罩甲(引自《不一样的长城》)

《平番得胜图卷》

好地吸收早期火器铅弹的射击动能，而铁甲片则可抵御传统的冷兵器，是一种防护性能比较全面的护甲。此外，布面铁甲防护面积比较大，可长至脚踝，对兵士的保护比较周全。

2. 盾

盾是一种手持防卫兵器，保护身体免受敌人兵刃矢石的伤害，开始用木、竹、藤、皮革制造，后来用铜铁制造。明朝称牌而不再称盾。其形制多为长方形、圆形、梯形、燕尾形，背后有握持的把手，在长城防守作战时，通常左手持牌以掩蔽身体，右手持刀或其他武器以配合使用。

长形牌用轻而坚硬的木料制成，体形较大，为步兵所持。交战之时，将牌列于队前，以蔽矢石，并与镖枪、腰刀配合使用。圆形藤牌，用老粗藤制成，中心外突，周沿高，使刀箭不能滑入，牌内以藤做成上下二环以容手臂执持，重不过九斤，圆径三尺。藤牌除与刀枪等配套外，还可与鸟铳、三眼铳配合使用，加强火器的防护效能。这种藤牌最早出产于福建，明代中叶以后传入内地，成为步兵的主要装备之一。

明代还发明了可以与火器并用的盾牌，如虎头火牌、虎头木牌、无敌神牌等。戚继光十分重

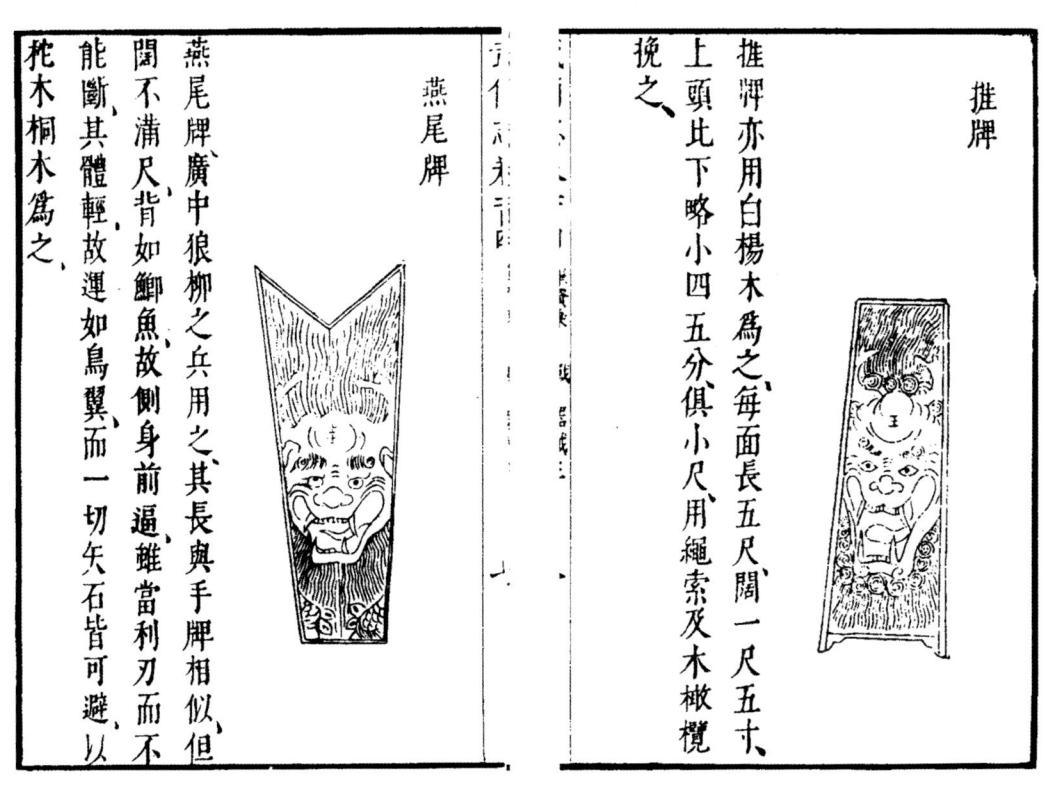

燕尾牌、挨牌（引自《武备志》）

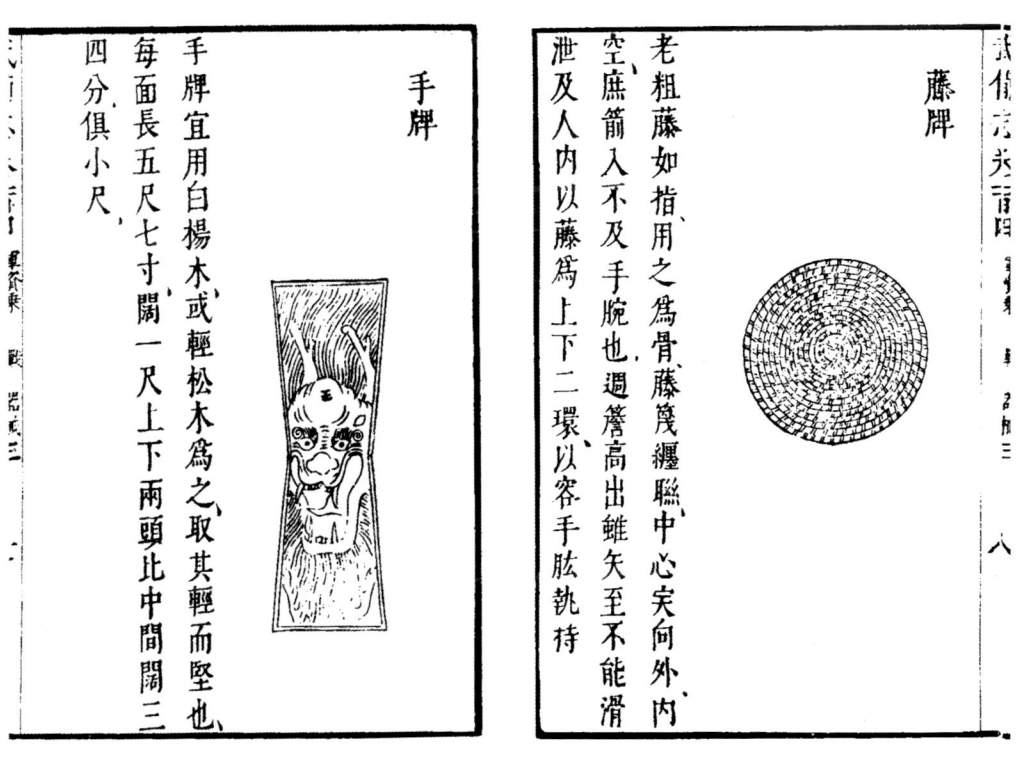

手牌、藤牌（引自《武备志》）

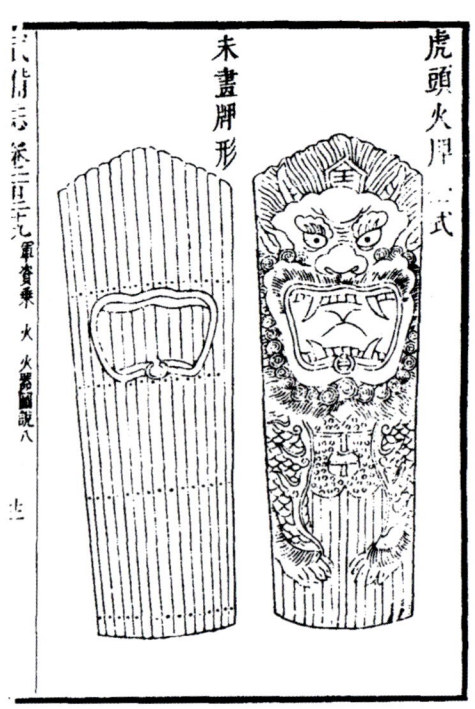 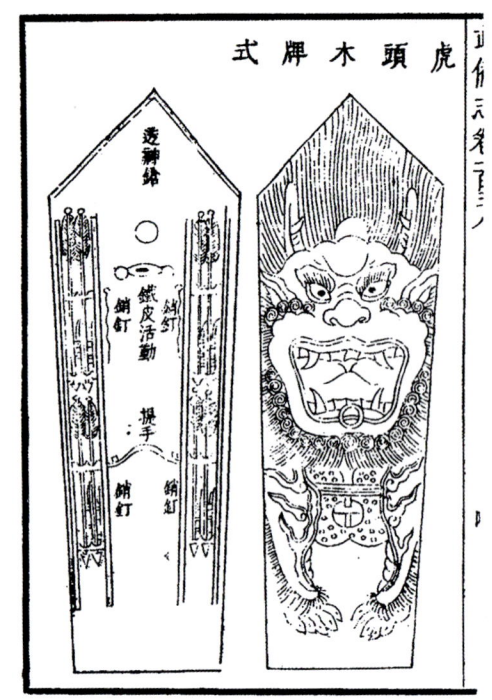

虎头火牌、虎头木牌（引自《武备志》）

视盾牌的作用，他在招募、选拔兵士时，必用"少壮便捷"的壮丁充当藤牌手，"健大雄伟"的当长牌手。他在指挥步战时，队伍的前面"二牌并列，狼筅各跟一牌，以防拿牌人后身"。他令伍长手持盾牌在前，余兵照鸳鸯阵紧随牌后，其盾牌手低头执牌前进，配以长枪，长短呼应。

二 冷兵器

1. 腰刀

腰刀是明军主要短柄兵器。一般长约1米，装有椭圆形护格，刀体较窄。刀身微弧，两面有血槽，锋端尖利，柄首无圆环，以劈砍为主，也可刺击。明代名将戚继光有1件腰刀，打造精良，刀身刻有"万历十年，登州戚氏"，说明此刀是戚继光任蓟镇总兵时铸造的。他在所著《练兵实纪》中指出，马、步兵皆需配备腰刀[2]。

2. 大刀

是我国古代一种安有长柄的砍杀武器。明代保留了大量旧式长刀，军中装备许多长柄大刀，主要用来砍马。明代《武备志》载：长柄刀为钩镰刀及偃月刀两种，偃月刀只用于"操练、示范"，作战长刀只用钩镰刀一种[3]。

3. 剑

明军官以剑为佩饰，很少用剑进行格斗。由于剑分量很轻，剑体很薄，只利直刺，斩杀无力，而且锋刃过于锋利，极容易摧折，自从钢铁铠甲问世后，剑大多用来防身自卫。

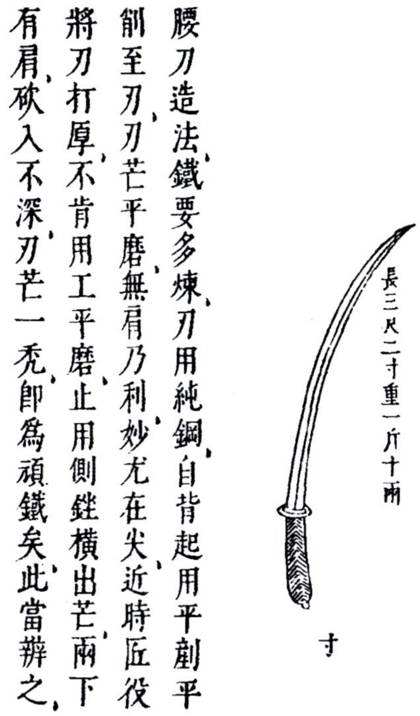

腰刀造法，铁要多炼，刃用纯钢，自背起用平铲平削，至刃刃芒平磨，无肩乃利。妙尤在尖近時匠役将刃打厚，不肯用工平磨，止用侧锉横出芒，两下有肩砍入不深，刃芒一秃，即为顽铁矣，此当辨之。

腰刀（引自《武备志》）

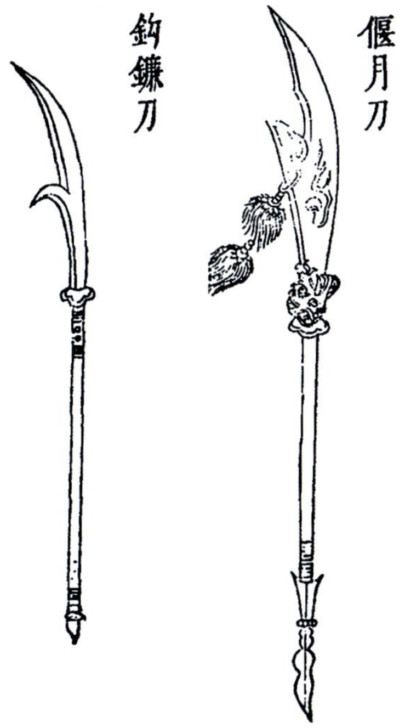

钩镰刀、偃月刀（引自《武备志》）

4. 长枪

明朝军队装备的长枪主要有四角枪、箭形枪、龙刀枪等。还有一种手投的标枪，铁锋既重且大，柄则前重后轻，前粗后细，因而易于投掷杀敌。龙刀枪不仅可以砍人，也可以插伤敌人，是一种杀伤力较强的长杆枪。

5. 棍棒

棍棒类兵器主要靠快速挥动所产生的巨大冲力杀伤对方，亦可借助于加装尖刃或重物来增大杀伤力。即使在明代，火器普遍使用，棍棒仍是军中必备的实战兵器。明代沿用了宋代的各种棍棒，又增加了长棍、大棒及加刀棍。明代抗倭名将俞大猷所著的《剑经》说道："用棍如读《四书》，钩、刀、枪、钯，如各习一经。《四书》既明，六经之理亦明矣。若能棍，则各利器之法，从此得矣。"[4] 明军名将戚继光极重棍棒，他将《剑经》的棍棒之术编撰到《纪效新书》中，在坐镇蓟州时，有些将士认为明军坐骑不如塞外铁骑，故每逢交手，常常失利，产生畏战心理。戚继光特地召集属下十二路镇守将领开会，并亲持大棒做对抗敌骑的示范演练，用以增加部下胜敌的信心。

6. 弓、弩、箭

弓，是古代的一种投射兵器。明代火器盛行，但弓箭始终不衰，这是因为弓箭轻便，发射速度快，有训练的射手其命中精度比火器要好，所以在火器性能还不足以取代冷兵器的明代，弓箭仍是军中的重要装备。明代弓制，大致与宋元弓制相似，分为大弓、常弓及大弩数种。

铁剑（秦皇岛山海关长城博物馆藏）

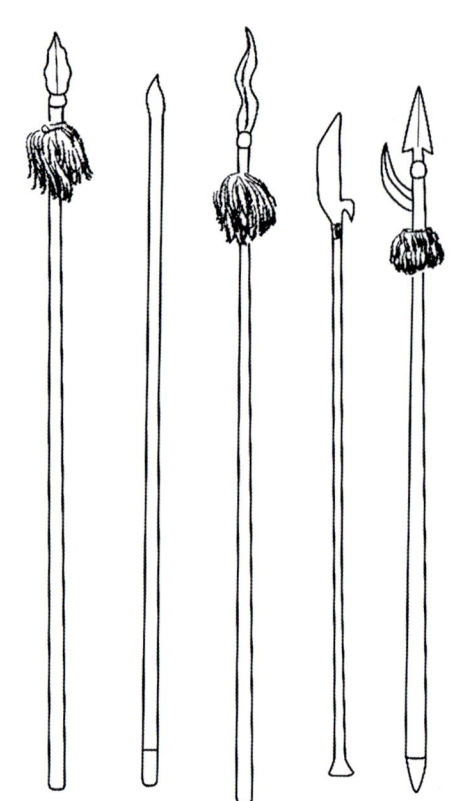

各种长枪

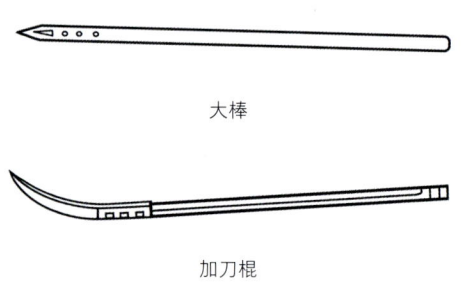

大棒

加刀棍

大棒和加刀棍（根据《武经总要》重绘）

大棒尖刀（秦皇岛山海关长城博物馆藏）

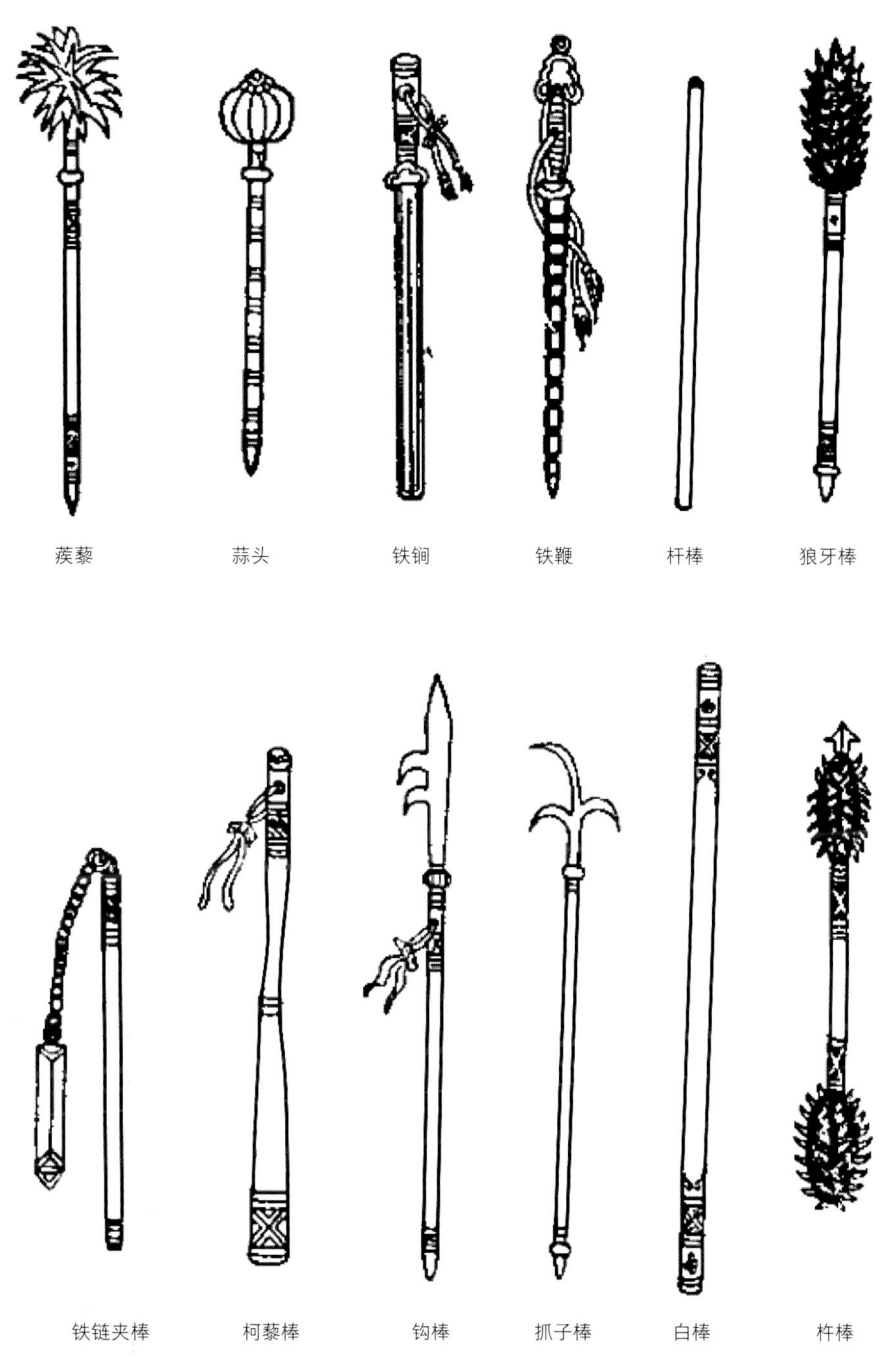

各种棍棒(引自《武经总要》)

各种弓弩都使用箭,是与弓同时代的产物。箭的种类颇多,其名称主要是根据簇的样式而异,由于射人、射马、演习等用途不同,制成不同的簇,而杆和羽则没有大的区别。另外,明代还有鞭箭、袖箭、筒子箭、流星箭等箭,比普通箭短小,不用弓而用铜溜子、竹筒或手发射,可达30步远。

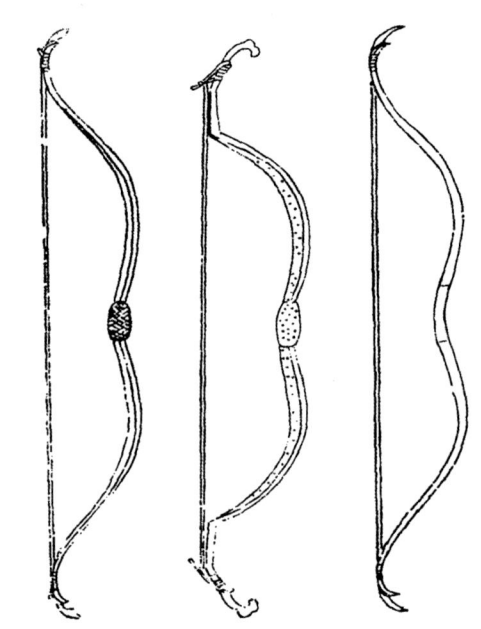

开元弓、小梢弓、西番木弓(引自《武备志》)

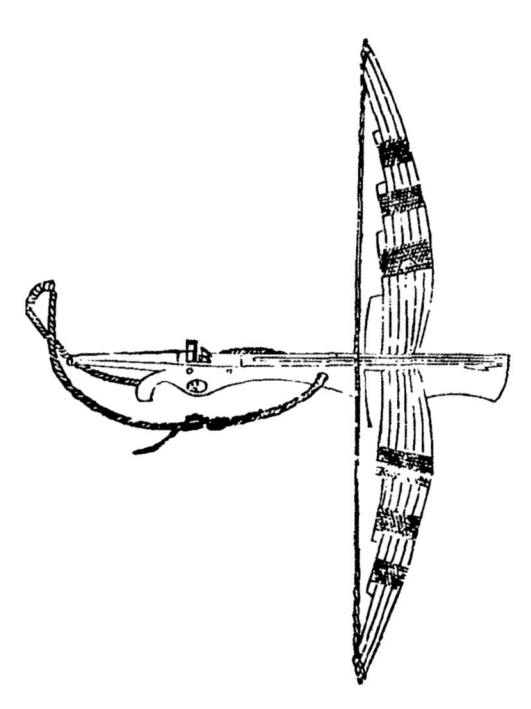

蹶张弩(引自《武备志》)

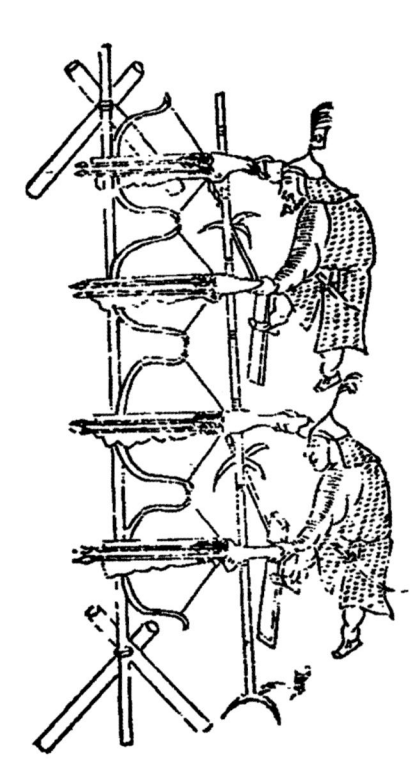

双飞弩(引自《武备志》)

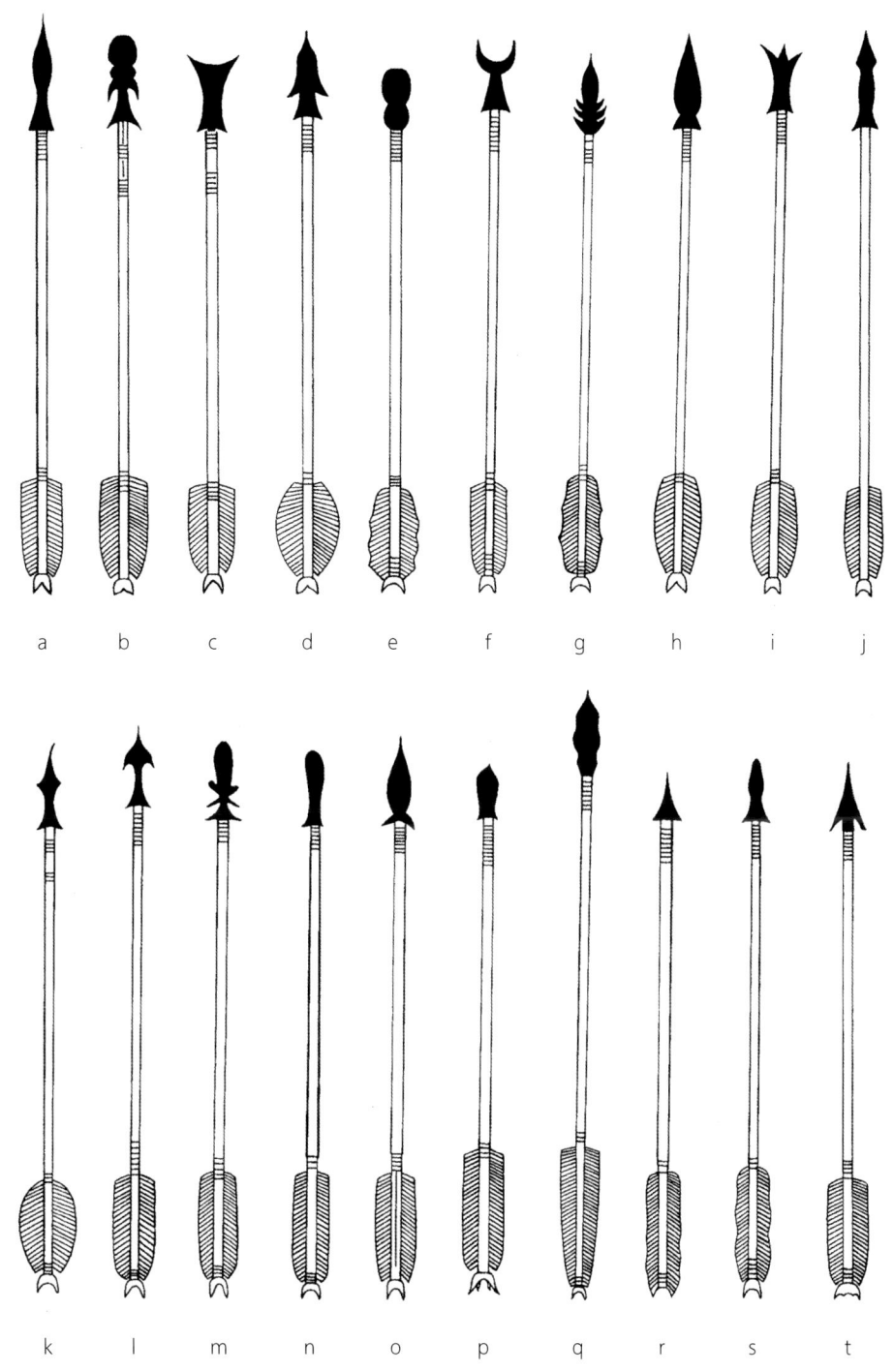

箭（引自《中国古代兵器图集》）

a. 透甲锥箭 b. 菠菜头箭 c. 凿子头箭 d. 两开肩箭 e. 狼舌头箭 f. 月牙箭 g. 艾菜头箭 h. 柳叶箭 i. 三叉箭 j. 菱叶箭 k. 眉针箭 l. 铲子箭 m. 兔叉箭 n. 小朴头箭 o. 铁朴头箭 p. 四扣马箭 q. 攒竹箭 r. 无扣箭 s. 荞麦棱箭 t. 半边扣箭

铁箭簇（秦皇岛山海关长城博物馆藏）

秦皇岛板厂峪长城出土的三眼铳

三 火器

1. 三眼铳

从其形制而言，它由三支单铳，呈品字形箍合而成，铳口有突起，外缘有道铁箍加固铳身，三铳共享一个药室，因此以火绳引燃火药后会三铳齐射或连射。尾銎可插木柄，用于手持作战，三发射毕，可用其锤击敌人。此铳解决了单眼铳等火器一发难继的缺点，可连发三铳，增强了杀伤效率，有效应对敌人的密集攻势，并且轻便易于施放，为军中实用军械。戚继光在练兵布防时，曾广泛应用三眼铳。除了三眼铳外，明朝还制造了双眼铳、四眼铳、九眼铳、十眼铳、十二眼铳等。

2. 鸟铳

明嘉靖年间，西方发明的火绳枪经日本传入中国，后来明朝工匠掌握了火绳枪的制造技术，开始自制火绳枪，称为"鸟铳"。其形制多样，但一般用熟铁打制成枪管，约三尺长，重五斤、六斤不等，上有照星、照门，后半部有发火装置，枪管嵌装在木托上以便用手握持发射。其装药量一次一般一钱二分，铅铁弹子二钱[5]。赵士祯在《神器谱》中说："然行军战阵随带便利，亦不过神枪、快枪、夹把、三眼、子母诸器。自鸟铳流传中国，则诸器又失其为利矣。诸器一手持柄，一手燃药，未及审固，弹已先出。高低远近，多不自由（三眼铳单手无法瞄准）。鸟铳后有照门，前有照星，机发弹出，两手不动。对准毫厘，命中方寸，兼之筒长气聚，更能致远摧坚（火绳枪的长枪管和气密性使射程和威力远胜于三眼铳）。"[6]

3. 抬枪——战防炮

大型鸟枪，明代《天工开物》最早记载其图片，带有三角支架和旋转装置，长3米，重12千克，有效射程200米，外号"九头鸟"。其威力强劲，即便当时的战车也无法抵挡。抬枪，就是大鸟铳，打独弹和霰弹，属于轻速射炮的范畴[7]。

4. 掣电铳

赵士祯所创，兼取火绳枪和佛郎机之长处，在火绳枪的基础上引入佛郎机的装填发射方式，即采用子铳。整枪附带数个子铳，子铳中事先装填好火药和铅弹，作战时将子铳放入枪膛，射毕后退出空子铳，将另一个装填好的子铳装入继续发射。这样大大加快了发射速度，而子铳则如现代的将火药内置的子弹，击发后弹出弹壳。

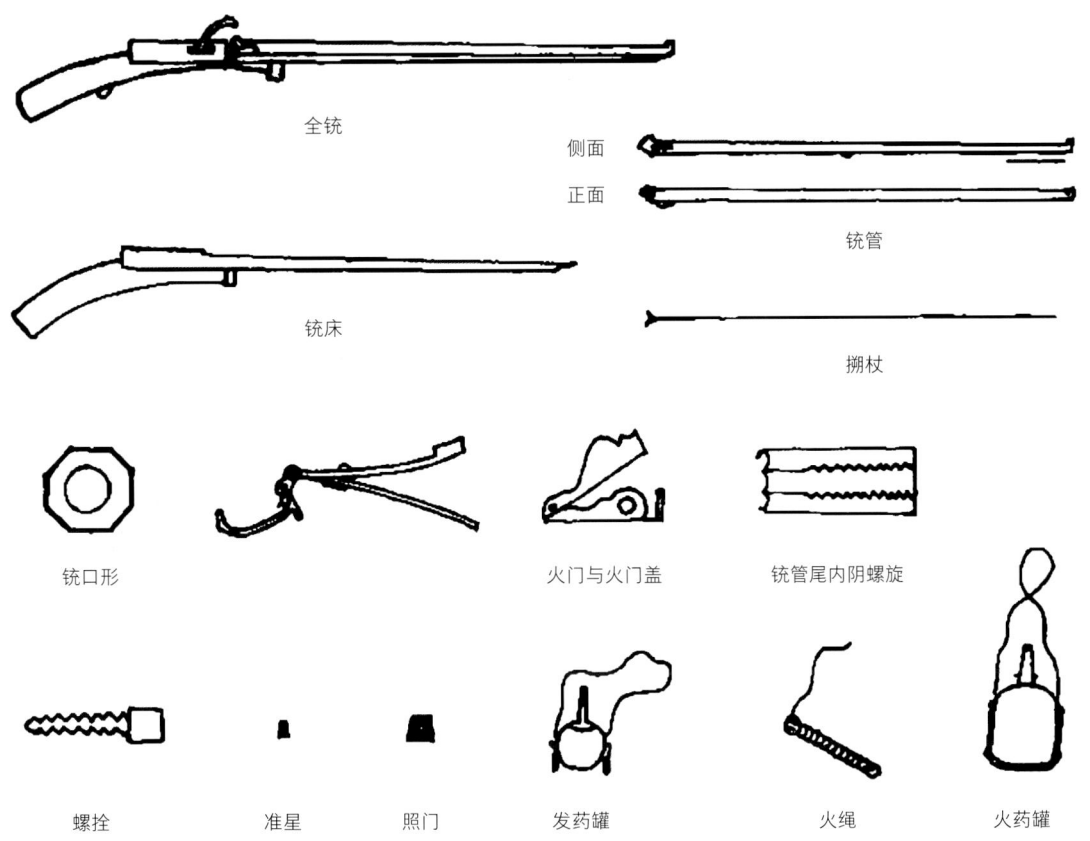

鸟铳及其拆分图

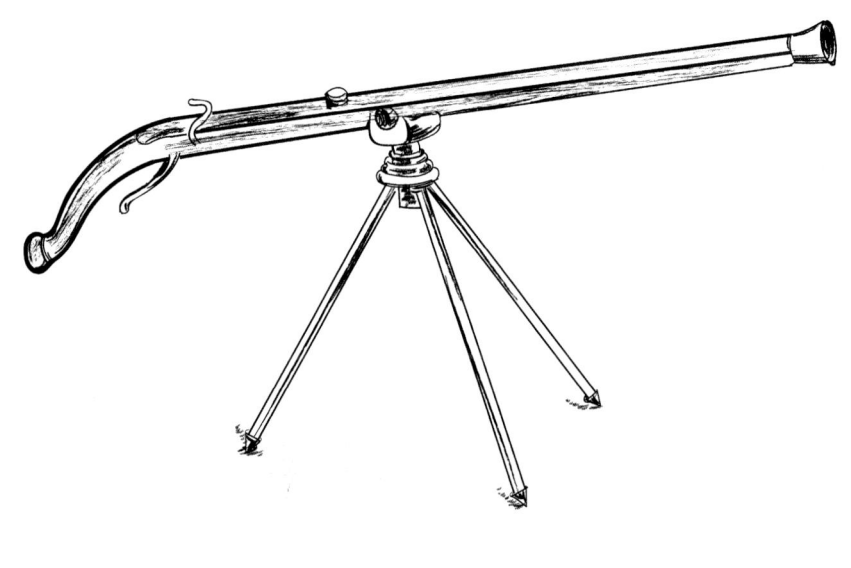

抬枪

5. 信炮

又称号炮，较一般火炮要体轻形小，属轻型火炮，炮身铸箍。常被用来发射信号、传递信息，有进攻、后退、预警等功用，是军中必备火器。主要配备于烽燧、墩台、守城等处，施放时直接置地即可。

6. 佛郎机

明正德年间从葡萄牙传入，后又仿制出大小型号不同的各式佛郎机（大样、中样、小样、无敌大将军等）。佛郎机由母铳和子铳构成，母铳铳管细长，口径较小，铳身配有准星、照门。铳身后部较粗，开有长形孔槽，用以装填子铳。子铳类似小火铳，每个母铳备有4—9个子铳[8]。战时将子铳装入母铳后槽，点燃印信即可发射，更换子铳，再次发射，铳身两侧有炮耳，可将铳身置于支架上或架设于垛口孔，以便调整射击角度。佛郎机具有装填方便、射程较远、命中率高的优点。

7. 红夷大炮

红夷大炮，是一种前装滑膛炮，管形炮身，尾部较厚，有尾珠，炮身中部有炮耳，可架于炮台、炮架或炮车上。炮自重 1500 斤至 5000 斤不等，后来有重至万斤以上的。长度自六尺至一丈余，装药 2.6—7.8 两，炮弹为球形实心弹，用石、铁、铅等材料制成。此类炮用于攻坚，宜用独弹，可以致远，威力较大；若用来杀敌，可用散弹，或装填铅子[9]。

8. 威远石炮

明代一种类似地雷的炸弹。用石挖成，内装火药 2 斤，小石子 100 枚，用一个大石弹塞住炮口，另开火眼安引线和发火装置，用沥青、黄

信炮（秦皇岛山海关长城博物馆藏）

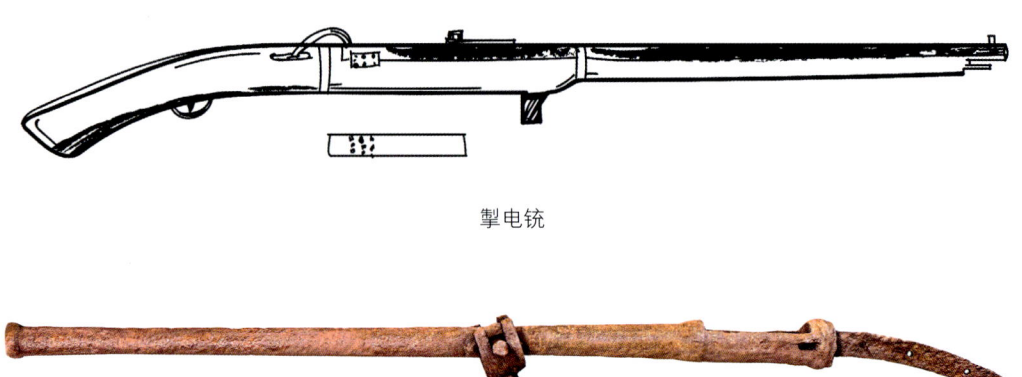

掣电铳

佛郎机（秦皇岛山海关长城博物馆藏）

红夷大炮

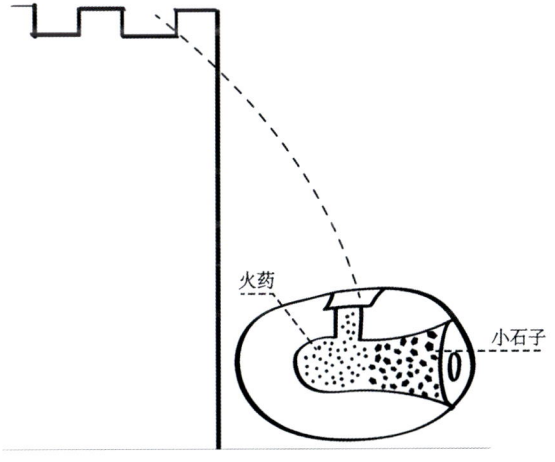

威远石炮（根据《武备志》重绘）

石雷（秦皇岛山海关长城博物馆藏）

蜡封固。守城时，置于城下敌人易接近之处，用长绳拉发[10]。

9. 石雷

石雷是明代兵丁的守城武器，内装火药，适于居高临下使用。用石制成外壳，其大小一尺至六七寸不等，内装炸药，上面盖土一层，筑实，通入芦苇筒，引信从芦苇筒内穿入，然后放置于边墙垛口。当敌人来到墙下，点燃引信，用手将石炮推下，敌人以为是抛下的石头没有击中，不再提防，但突然药燃炮炸，杀伤敌人[11]。

第六章　刺马鸣镝：蓟镇长城的军事防御体系

四
攻城器械

1. 云梯

云梯是借以登城，进行强攻的一种器械。云梯出现较早，于攻坚战中发挥着重要作用，在火器出现后，火炮威力尚不及摧毁城墙时，攻方可攀梯登城。

2. 壕桥

壕桥是针对护城河、城壕等沟壑的攻军战具，制作方法较简单，在两根长木头上钉上木板，作为一种攻城器械，壕桥要跟随部队移动，因此安装车轮以配合部队作战。

3. 撞车

在攻城战中，进攻一方用撞车撞击城门及防守设施，防守一方也可用撞车抗击攻方进攻的器械。

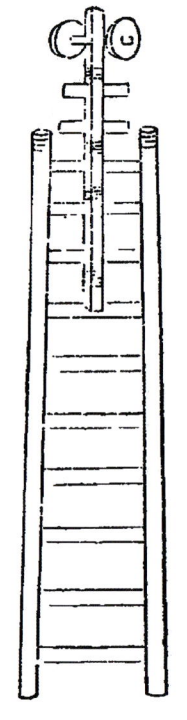
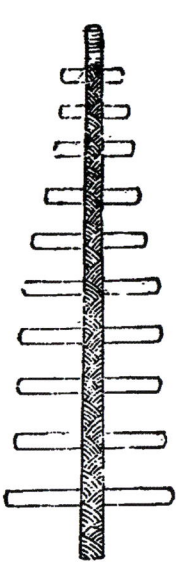

支梯与飞梯（引自《武备志》）

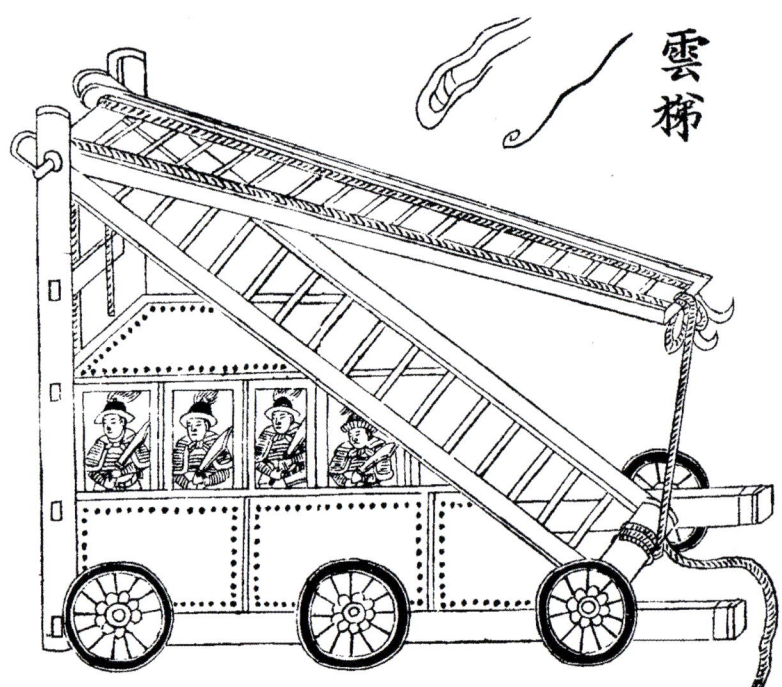

云梯（引自《武备志》）

壕桥（引自《武备志》）

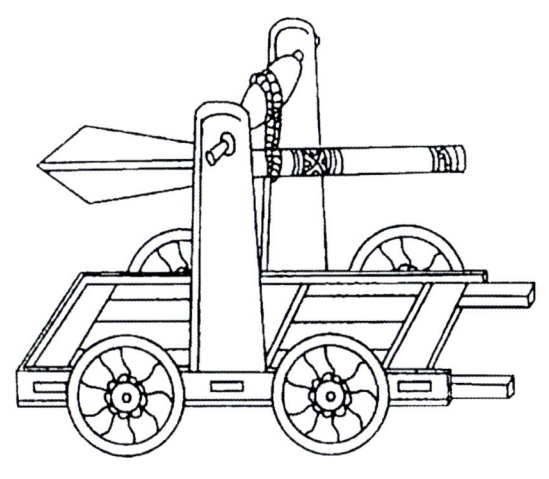

撞车（引自《中国长城志》）

4. 吕公车

又名临冲吕公车，《武备志》中记载着这种战车的图样。这种巨型的攻城战车，早在秦代以前就在战争中使用过，只不过没有这样巨大。《六韬·虎韬》军用篇中，提到周代军中所用的几种大型战车，如"武冲大扶胥"，每车"二十四人推之，以八尺车轮，车上立旗鼓"，车上载武士、装备有矛、戟、强弩[12]。据《明史纪事本末》中对吕公车的记载："视之有物如舟，高丈许，长五百尺，楼数重，篾笇左右板如平地。一人披发仗剑，上载羽旗，中数百人，各挟机弩毒矢，牛数百头运石毂行，旁翼两云楼如左右广，俯视城中，老幼妇女皆哭。"[13] 吕公车形体巨大，往往能给对方以恐吓，但同时它的行动笨重，易受攻击，且受地形限制，所以实战效果不佳。

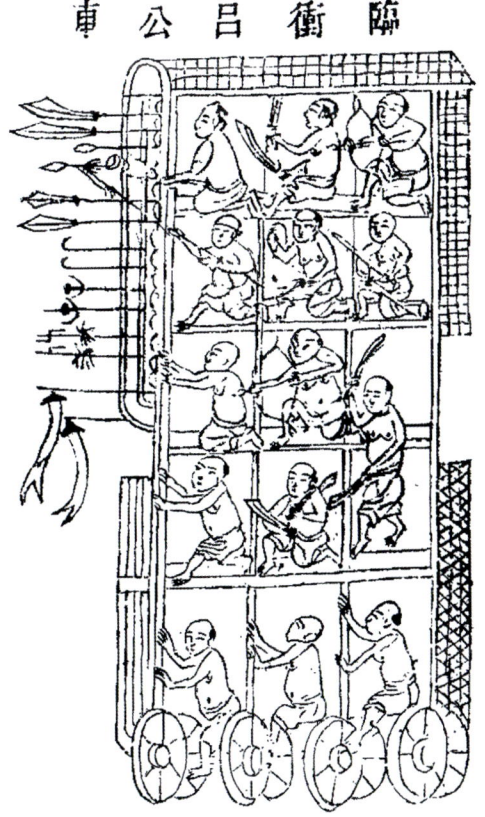

吕公车（引自《武备志》）

五 守城器械

1. 塞门刀车

是古代城防战中用以堵塞城门的器械。在两轮车的前端挡板上，装置很多只枪刃，车的高、宽尺寸按城门大小设定。城防战中，如敌人把城门破坏，立即推塞门刀车将城门堵住，以防敌人一拥入城。

2. 木女头

古代城防战中用以堵塞城墙缺口的器械。用厚木板制成，形如城垛，高6尺，宽5尺，下设两轮[14]。当城墙上女墙或城壁被破坏时，将木女头推至破损处，堵塞缺口。木板上有孔如垛口，用以观察和射击。

3. 狼牙拍

一种强大的守城武器，在厚榆槐木制板上装有狼牙状铁钉，木板前后有铁环，用粗麻绳拴绑，当敌军攀爬城墙时，将其从城墙上投下，大面积拍落、杀伤士兵，可有效对付敌人的蚁附攻城。

4. 夜叉檑

又名留客住，是古代守城用的碾刺兵器。用直径1尺、长1丈多的湿榆木，四周钉满外露5寸的逆须钉制成。木的两端安装有直径约2尺的木轮，用铁索系于木的两端，再以绳索系于绞车上[15]。当敌人蚁集城脚时，将其投入敌群中，绞动绞车，使其滚动，用以碾刺敌人。

5. 砖檑

如檑形，烧砖为之，用来砸伤敌人，长3尺5寸，径6寸[16]。

6. 木檑

在一根巨大的木柱上钉上尖锐的逆须钉，木

塞门刀车（引自《武备志》）

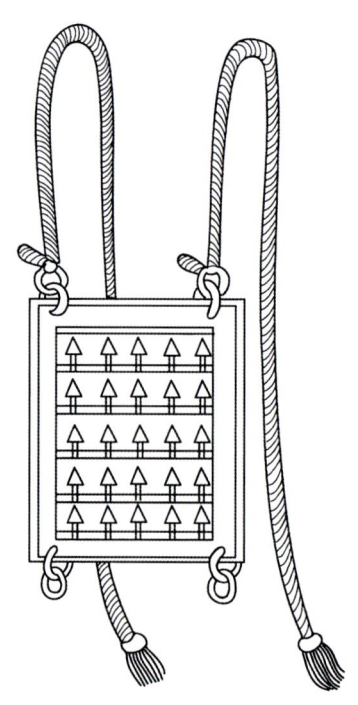

狼牙拍（根据《武备志》重绘）

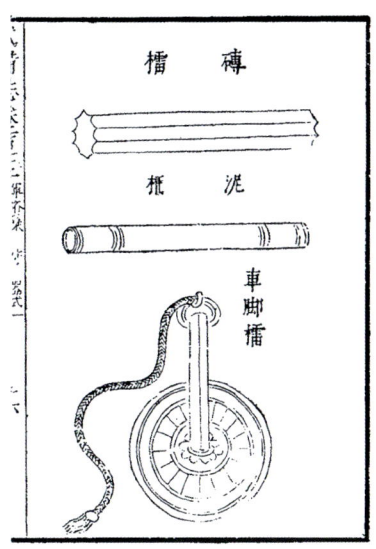

檑具（引自《武备志》）

铁蒺藜（秦皇岛山海关长城博物馆藏）

陶蒺藜（秦皇岛山海关长城博物馆藏）

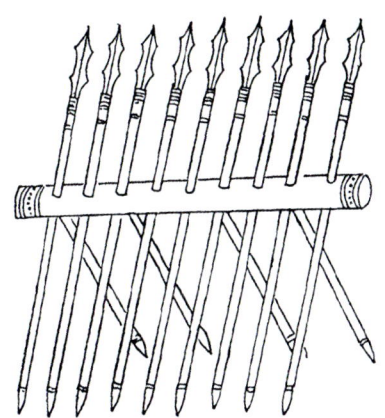

拒马枪（根据《武经总要》重绘）

柱长 4 尺，径 5 寸[17]，是通过重力投掷产生杀伤力的防守武器。

7. 蒺藜

蒺藜分为铁蒺藜和陶蒺藜两类。铁蒺藜是用生铁铸造带有尖刺的撒布障碍物。四根尖刺长数寸，向不同的方向伸出，无论怎样抛撒，着地时总有一刺朝上，中间有孔，用绳穿连，便于回收多次利用，将其布置在防御地带附近，可扎伤敌军人马的脚部，阻滞敌军行进。

陶蒺藜属于火器，是一种投掷式炸弹。在唐山境内长城沿线有发现陶蒺藜，此类器物因其形状类似蒺藜而得名。状似球形，但底部平整，外部布满棘刺，刺为圆锥形，里粗外尖，整个器物为砂质陶胎，质地坚硬，爆炸后碎片四散伤敌。

8. 拒马枪

是一种木制的可移动防御障碍物，用一根周径二尺的大圆木，长短因需要而定，十字凿孔，其上安装一丈长的木棍，上端削尖，面向敌人来袭方向，设于城门巷口和要路，以阻绝敌军人马通行。

---

1 （明）申时行：《明会典》，中华书局，1989 年。
2 11 （明）戚继光：《练兵实纪》，中华书局，2001 年。
3 10 14-17（明）茅元仪：《武备志》，《四库禁毁书丛刊》，北京出版社，2000 年。
4 （明）俞大猷：《剑经》，《纪效新书》，中华书局，1996 年。
5 刘旭：《中国古代火药火器史》，大象出版社，2004 年。
6 （明）赵士桢：《神器谱》，《温州文献丛书·龙门集 神器谱》，上海社会科学院出版社，2006 年。
7 （明）宋应星：《天工开物》，人民出版社，2021 年。
8 长福：《简述元明清三个时期的几种火器》，《赤峰学院学报（哲学社会科学版）》2017 年第 2 期。
9 12 李少一、刘旭：《干戈春秋——中国古代兵器科技史话》，中国展望出版社，1985 年。
13 （清）谷应泰：《明史纪事本末》，中华书局，1977 年。

第五节
军政驿传制

一
军政驿传系统

驿传是古代政府设置的传递诏令、文书之类并接待过路官吏的交通组织。"驿"意为用马传送；"传"意为用车传送。明代长城军事防御体系覆盖下的驿传系统，除了与防御体系内的道路网重合外，驿站建筑也多与卫、所、堡寨等城池结合修筑，在有效利用资源的同时，也保证了信息传递的效率。另外，军事防御性聚落与信息传递系统结合，可以保障驿传系统的安全性，降低敌人破坏的风险。驿站里面备有马匹、饲料、饮食、床铺等一应接待设施，并有专门人员负责接待。接待时，按照官职高低、任务轻重和时间缓迫，分为不同的等级，提供相应等级的马匹、服务效率等。办差者每天行程也有固定里数，失期失程的要依律受罚。

《明史》记载："然帝（永乐）于边备甚谨，自宣府迤西迄山西，缘边皆峻垣深壕，烽堠相接……其敕书云：'各处烟墩，务增筑高厚，上贮五月粮及柴薪药弩，墩傍开井，井外围墙与墩平，外望如一。'重门御暴之意，常凛凛也。"[1]据《慎实要录》记载，烽墩传递军情规定："每墩以五人居之，红旗五竿、火器、木石、钩刀、枪弩备具，上多积狼粪火种。凡贼来，放烟，昼黑夜红，连结不散。如见贼结队将犯者，放一铳，起红旗一竿；贼远十里，连放二铳，起红旗二竿；贼远墩五里，连放三铳，起红旗三竿；贼近墩，放四铳，起红旗四竿。"[2]各烽墩辗转快速传递军情，以供上级部门进行决策，部署军力。

驿传系统主要保证各个军镇至边堡间物资与政令的快速运输，只有烽传系统和驿传系统共同作用，才能真正保证明长城防御体系有效地运转。明朝初期，为了加强中央对全国的管理，明朝政府下令建立了以京师为中心，呈放射状向全国延展的十分完备的驿传组织系统，即通政司，负责内外章疏、臣民密封申诉等事项。当时的驿传，不仅仅只有陆路一种方式，还兼顾有水路、马快船、急递铺等多种方式。通过复杂交错的邮驿、交通运输网，将全国范围内的城市与农村、中原与边疆、内河以及外海都联系到了一起。而在工具方面，使用的主要是马、牛、车、船等运输工具。除此之外，每个关键的空间节点之内，都设有驿站，以供往来的使者休息。

为了加强对长城九边区域的有效治理，明王朝大力拓展九边驿递。洪武二十年（1387年），命左军都督府自山海卫至辽东卫置马驿一十四处。洪武二十七年（1394年）六月，"命兵部遣官至北平布政使司，议置驿传。自大宁至广宁，东路四百八十五里，置十驿；中路北平开平，七百六十五里，置十四驿；西路，至开平六百三十里，置十三驿；土木至宣府，一百里，置二驿"[3]。在置驿过程中，对驿站机构制定了相关规定，依据"应合给驿有制，应付脚力有制，填给勘合有制"⁴的原则，对人夫马骡车辆什物，《给驿条例》都制定了严格规定，以确保长城九边公文、信息传递的时效、准确、安全。如，凡铺兵递送公文，"昼夜须行三百里，稽留三刻笞二十，每三刻加一等，罪止笞五十""若损公文一角笞四十，每二角加一等，罪止杖八十"⁵。于是，皇帝的诏令，指顾而行万里。九边的情形，顷刻而达朝廷，大大加强了对长城区域的统治。

驿递系统在蓟镇长城地区的设置，主要是为军政服务的，各种军事活动都必须依赖驿递系统。自京师至山海关设置的驿站有：会同馆、通州潞河驿、三河驿、蓟州渔阳驿、玉田阳樊驿、丰润文丰驿、迁安七家岭驿、卢龙滦河驿、抚宁芦峰口驿、抚宁榆关驿、山海关迁安驿等。自京师至古北口有：望京驿、顺义驿、密云驿、金沟驿、密云石匣驿、古北口驿等。驿递系统的畅通，一方面使军情及时上达，保证决策的正确，另一方面使前线所需的粮饷辎重，能及时足量运送到所需之处⁶。

二
军政驿传制度

明朝官员封事自会极门由内臣收进，其余奏章皆从通政司进入，唯有各边镇总兵官、都指挥、指挥等官所差奏报军情人员，由鸿胪寺连本带人直接引进。此外又规定：隐匿不速奏闻，因而失误军机者；承调遣不依期策应，告报军期违限因而失误军情文书者；故不遣使给驿因而失误军机者，皆处死罪。

驿递，军中之耳目。因此，明初严格限制长城九边驿站的范围，惟军机重务，以符验给驿，余并禁止。若系军国重事而不给驿则处以严刑，如"凡朝廷调遣军马及报警急军务至边将，若边将及各衙门飞报军情，诣朝廷文书，故不遣使给驿者，杖一百。因而失误军机者，斩"⁷。此外，军队在作战后报奏军功准确与否，也关系到军队战斗士气的高低和军心的稳固。因此加强对军功战绩报奏的监督，使诸将稍知警畏，不敢避贼玩寇。

统一管理。中央驿传管理机构，为兵部车驾清吏司。在地方上受省和府、州、县依级管理。省，由布政司与按察司分别命官监理。府，由知府总领而稽核之。洪武时期，九边各驿站凡需调动军队、传递军情、命将出征等情况，都必须严格遵守勘合、符验制度。命将出征和调动军队须用国家制造的用宝金牌和调发走马符牌。用宝金牌是两块小金牌，只有中书省和大都督能持牌入内府，请用"皇帝信宝"。走马符牌是用铁制造的，共40块，上镌金字、银字，各占一半，也都藏之内府。如九边地区军务紧急，需要调动军队，朝廷派使臣携带走马符牌，前往被调动的军队，符验无误后，按令调发。按当时规定，凡是军机文书，除中书省和都督府长官外，他人不许擅自奏理。此外，因军情重务和奉特旨出差者，均须办理勘合、符验手续。据洪武二十六年（1393年）规定，因军情重务奉旨出差者，则所过驿站须提供车马等交通工具和食宿条件。同时，由兵部填写勘合字据，奉命出差的人员持字据赴内府关领符验，并按规定使用驿传工具。符验和勘合除内府掌握外，各都司、布政司和有关的卫，也都按一定的数量发给，用完后再移文另行印给。公差人员在完成任务后，将关领的符验和勘合缴销。

为了及时了解各地发生的紧急军情，兵部还在长城九边沿线各督镇巡衙门，颁发火牌，"专备飞报声息、爪探贼情"⁸之用。兵部闻报后火速入奏，不得迟滞。为了加强长城区域各关口军情声息的传递，仍沿用烽燧制度。洪武二十六年（1393年）规定，在沿边要地都要设立烟墩，派遣墩夫看守。守备部队要广积秆草，昼夜轮流值班，遇有紧急军情，"昼则举烟，夜则举火"⁹，接递通报。烟墩及其设备必须妥善维护，不能因

怀来县鸡鸣驿城

受损坏而贻误军机。

嘉靖时期，曾经裁减驿站，试图缓和矛盾，但奏效不大。此外，驿夫的居住条件困难。因所领工食费有限，而物价一直上涨，不免夜宿僻巷。每次邮件到驿，呼召良久，始得给发，以致影响急情快递。

明中期以后，随着赋税日增，徭役日重，土地兼并之风盛行，豪强势必要大量转嫁赋役，小土地占有者乃至中产之人，多沦落破产。大批依靠邮驿维生的人突然无法生存，皆从贼。到了明中后期，驿禁松弛、泛滥，给邮驿带来更严重的破坏，驿递系统已经难以维系正常运转，导致严重败坏公事和耽误军机。嘉靖年间，因九边储备告急，有官员扣解驿传银两，致使出现驿夫十人九逃、十马九缺的状况。明后期，各地变乱接连不断，有人扼关自守，毁坏驿站，致使朝廷不能及时了解战况，延误军情，对蓟镇长城的军事行动产生了致命影响。

---

1 3 6 7 河北省文物研究所：《明蓟镇长城：1981—1987年考古报告》，文物出版社，2012年。
2 （明）韩霖：《慎实要录·申令篇》，《海山仙馆丛书》，凤凰出版社，2010年。
4 （明）陈子龙等：《皇明经世文编》，台联国风出版社，1968年。
5 8 9 （明）张居正：《大明会典》，中华书局，1989年。

第六节
烽燧预警系统

蒙古退出中原后，仍拥有相当大的力量，与明朝形成了南北对峙的局面。为了防御蒙古部落入侵，明王朝十分重视蓟镇长城一线的军事建设，进行分段防御，以达到保境安民的目的，而边防预警系统则是其中不可缺少的部分。

蓟镇为明代九边重镇之一，其预警系统也是明代长城预警系统的重要组成部分，且较有代表性。戚继光任蓟镇总兵官期间，不仅修复了蓟镇的长城边墙，并且修筑了空心敌台，改进了传烽方法，形成了有效的预警机制，从而大大提高了蓟镇的防御力量。

一
军情报警机制

明代"设险防御"思想强调发挥人谋，而不仅仅利用天险。嘉靖年间的宣大总督翁万达在《请修北东二路边垣疏》中，对长城的作用给出准确定位："山川之险，险与彼共；垣堑之险，险为我专。百人之堡，非千人不能攻，以有垣堑可凭也。"[1]

烽燧（即烽火台）等警戒和传递军情的筑垒就是重要的报警设施，多建于长城内、外的高山顶，易于瞭望的丘阜、道路折转处或交通要道。其主要作用是，当发现敌情时，用来及时传递敌情，即白天放烟、夜间举火。

烽燧形式上是一座孤立的夯土或砖石砌高台，为便于防守和执行勤务，台上有守望房屋和燃放烟火的狼粪、牛粪、柴草，报警的火药、炮石、硫磺、硝石等，并且根据入侵敌人的人数以及军情紧急程度，有不同的传递方式。台下有用围墙圈成的守军住房、羊马圈、仓房。明代于边每二里设墩一座，每座守兵少则3人，多则10人，"拨给沙田四五十亩，耕种养瞻，专司瞭望"[2]。城堡按防御体系和兵制要求配置在长城内侧，间有设于墙外者。烽燧在燃烟举火的同时，相应地放炮，使预警传递不但能看到烟火，而且可以听到炮声，并从烽、炮数目中得知犯边敌人数量。明成化二年（1466年）颁布法令规定："举一烽鸣一炮，表示犯边敌人在百人左右；举二烽鸣二炮，表示犯边敌人在五百人左右；举三烽鸣三炮，表示犯边敌人在一千人左右；举四烽鸣四炮，表示犯边敌人在五千人左右；举五烽鸣五炮，表示犯边敌人在一万人以上。"[3]

守备在烽燧上的哨兵，必须牢记这些军令，如果来犯敌人的数量与传报的烽、炮数有差错，或者中途产生误传，则属谎报军情，必以军法论处。所以守台士卒必须时刻仔细观察，核实无误。隆庆年间，戚继光总理蓟镇练兵后，将烽制编成口诀以便墩军掌握："一炮青旗贼在东，南方连炮旗色红，白旗三炮贼西至，四炮黑旗北路凶；一灯一炮贼从东，双灯双炮看南风，三灯三炮防西面，四灯四炮北方攻。"在管理上还规定："合设烟墩，并看守墩夫，务必时

金山岭长城空心敌台紧密相连

加提调整点,须要广积秆草,昼夜轮流看望,遇有警急,昼则举烟,夜则举火,接递通报,毋致损坏,有误军情声息";"传报得宜克敌者,准奇功。违者处以军法"[4]。

哨兵又称墩夜或直拨、横拨,主要负责墩台及其附近的瞭哨传讯。哨兵释放烽火狼烟传递信号,每一座烽燧上的兵士,在两分钟内点燃烽火,一个接一个,数名军士又组成一个团队彼此互相照应,这样很快就会传到后方,再快马传送到都城。蒙古人素来马术精良,并且来去如风,如果守卫发现敌情而不果断发送讯号,后果将不堪设想。嘉靖年间,徐充《暖姝由笔》所记:"边墙里墩台,四面壁立,高三丈五尺。每个墩台有守军五人,侦查一人,做饭烧水一人。台上置四窗,四人各守一窗,饮食起居都不离开。其中有鸡一只,负责司晨;猫一只,用以定时辰;狗一只,用于警夜。天明时,先悬软梯,纵狗从梯而下,如果没有敌人,则人下去挑水。当闲来无事时,守军学习结网巾,织得好的还能卖钱。墩台的边墙有二重外濠,其中设有栈坑,偶尔有鹿投其中,守军'闻鸦鹊噪,出墙钓得之'。"[5]这一记载生动地呈现了守军的值勤与生活形态。

军情报警除放烽、烟之外,还加上放炮,且点火放烟时还加上了硫磺、硝石等助燃。明朝曾规定:"各处烟墩务增筑高厚,上贮五月粮及柴薪药弩,墩旁开井,井外围墙与墩平,外望如一重门。"[6]很多烽火台改由砖包砌,更显坚固,台距也缩短,有的墩旁开井,墩四周有围墙。明嘉靖二十四年(1545年)直隶巡按黄洪毗上疏提议:"乞敕兵部咨行宣大山西巡抚衙门委官相勘,各路建设墩台连属内地,使东西毕达。有军处,每墩拨军五名住居,其下架炮传烽,无军处佥居民五名,免其差役,有警时给以口粮,一体传报。其墩须高广其制,上盖平房二间,周以女墙,置以军器、炮药。真保等府一体建设。"[7]可见,处于高山险处或峰回路转的烽燧,其位置布局也十分重要,相邻近的三个烽燧必须在彼此的

圆形烽火台

方形烽火台

视野内，以便于迅速传递消息。此外还要保护来往使节的安全，为其提供食宿、供应马匹粮秣等服务。

二
军情应援机制

遇到军情突发，指挥官在接到报警后，会立即根据情报来采取相应防御对策，及时调动镇堡军队，出兵驰援发生军情地段的边墙、关隘，打击来犯之敌。"各路兵马见烽，即行收拾器械，或应速发，或应候报，或应赴边者，分投趋赴战守"[8]。由于长达几百千米的蓟镇防线，兵力分散，当蒙古大军来犯时仅依靠一路一城所守军往往不能有效地加以防御，这就需要一套完备的应援机制，使各镇路、卫所之间进行及时策应、救援。

据《明史·戚继光传》记载，蓟州镇防区内长城千里防线，只要3个时辰即可传遍。明政府要求各军镇之间在遇警时，要互相传报消息从而相机应援。"各整搠军马，多方哨探，遇有声息，互相传报不拘远近，相机应援，不许指以禀受节制为由，故意逗留躲避致误军机。"[9] 起初，只是范范要求军镇之间要互相策应援助，没有明文规定，大多在街道报警后临时调度。后来随着总督的设立，具体应援事宜由总督进行规划，确定了各自相关的职责，从而不论是各军镇之间，还是一镇内各路之间，都有了相对固定的救援机制。蓟镇与辽东镇、宣大彼此紧密联系，互为依存，因此，早有应援预案。在蓟镇遇到进攻时，其他军镇必须出兵策应，援兵并与蓟镇将兵赏罚一体。

昌平镇、居庸镇、黄花镇三区，与宣府、怀来、延庆、永宁、四海冶相为唇齿。宣大总督每当秋近移驻怀来，正为南山之备。但事在两镇，未免互分彼此，必须声势联合。如果贼犯蓟镇古北口一带，宣府别无声息，即多发精兵，星驰援应。若只犯延永，逼近南山，就将各支兵马，分屯蓟镇墙土，协力固守，但使匹马不得入关，即为首功。

"蓟镇燕河冷口一带逼近辽东，虏若自东入犯，蓟镇督抚官，相去隔远，调度自不能及。即使有兵可发，千里赴援，不惟无以济事，亦非兵家常筹。如果虏犯燕河等处，不必候调径自领兵前来策应。有功与蓟镇将兵一体升赏，迁延误事，与蓟镇将兵一体黜罚。"[10]

正德九年（1514年），朵颜三卫要求增加入贡者人数，并且已与小王子缔结姻亲。为防止他们乘宣大有警之时趁机南下袭扰蓟州，明廷命辽东游击将军林睿驻兵近地以便应援喜峰口、桃林口等。嘉靖二十九年（1550年）八月，蒙古南下分别抢掠密云、怀柔、三河、昌平各个州县，京师戒严，朝廷诏令大同总兵仇鸾带兵到居庸关进行救援，还征调蓟镇诸路及河南山东兵入援。

明代各军镇的边防军都分为正兵、奇兵、游兵、援兵四部分。"总兵官总镇军为正兵，副总兵分领三千为奇兵，游击分领三千往来防御为游兵，参将分守各路东西策应为援兵。"[11] 这四部分不同的兵种，承担着各自的防御职责。正兵在遇到大举来犯时，要会同游兵、奇兵一起御敌。奇兵、游兵是机动部队，要接应救援遇到侵扰的各路。在扰边人数不多的时候，分守一路的援兵负责接应本路遇警的城堡等。在一镇之内，主要负责应援任务的就是游击将军所统领的官军，"游击之名，谓居中乘便，两面驰击也"[12]，"蓟州一带边关隘口甚多，虏贼众寡及所入道路俱难逆料，必须谋筹预定指授明白，以坚壁固守责之主兵，以相机截杀付之游击，庶奇正相生，机变不失"[13]。蓟镇每路兵马中设游兵一枝，谭纶从这些游兵中抽出五枝，与各标兵共三万人组成遵化、三屯、密云三大营。"于原设游兵十枝之中除振武、遵化二枝已经议取外，合再取石匣、建昌、永平游兵三枝内，以遵化、永平营二枝合巡抚标兵一枝定为遵化一营,以建昌营一枝合镇守总兵标兵二枝定为三屯一营,以振武、石匣二营合臣标兵二枝定为密云一营。"这三营官兵平时严加训练,春秋两防之时根据规定移驻到近边要地,以备应援。如果永平一区有蒙古扰边,则遵化一营首先迎敌,三屯一营出二哨,密云一营出一哨进行应援。若是蓟州一区有警,那么三屯一营首先迎敌,遵化一营出二哨,密云一营出一哨救援策应。若是密云一区有蒙古袭扰,则石匣一营首先迎敌,三屯一营出二哨,遵化一营出一哨进行救援。在本地防守其迎敌应援的士兵要依凭城墙进行战斗,把敌人挡在边外是为上策,万一一面失守致使敌人溃入,则尽合三营之兵力奋力反击,因观望而迟到及临阵不尽力防御者,皆以军法从事。

蓟镇烽火应援管理十分严格,士卒不得擅离职守,贻误军情,违者以军法处置。隆庆三年(1569 年)春,戚继光提出了蓟昌二镇及各路之间的赴援兵马的规定。要求蓟昌二镇之间,在遇到蒙古来扰时不分彼此,互相进行救援策应。"其蓟镇总理,则督帅蓟之九路;昌镇镇守,则督帅昌之三路,而互相为援,以共保无虞。其总蓟昌十二路随军督应者,则巡抚之责也;其提纲挈领,居中调度者,则总督之责也。务各殚忠宣力,共保万全。毋得仍拘信地,自分彼此。"[14]

戚继光所著《练兵实纪》中载:"自古守边不过远斥堠谨烽火。蓟镇以险可恃,烽火不修久矣。缘军马战守应援素未练习分派,故视烽火为无用。今该议拟呈会督抚参酌裁订:凡无空心台之处,即以原墩充之,有空心台所相近百步之内者,俱以空心台充墩。大约相去一二里,梆鼓相闻为一墩。"[15] 当边墙外出现军情时,顿时警号齐鸣,烽火大举,士兵迅速登台值守,不到半天工夫,全线报警,各部队做好御敌战斗准备。

1-4 11 河北省文物研究所:《明蓟镇长城:1981—1987 年考古报告》,文物出版社,2012 年。

5（明）徐充:《暖姝由笔》,《常州先哲遗书续》,凤凰出版社,2016 年。

6（清）龙文彬:《明会要》,中华书局,1956 年。

7 邱仲麟:《边缘的底层:明代北边守墩军士的生涯与待遇》,《中国边疆史地研究》2018 年第 3 期。

8 15（明）戚继光:《练兵实纪》,中华书局,2001 年。

9 10 12 13（明）陈子龙等:《皇明经世文编》,台联国风出版社,1968 年。

14（明）戚祚国:《戚少保年谱耆编》,中华书局,2003 年。

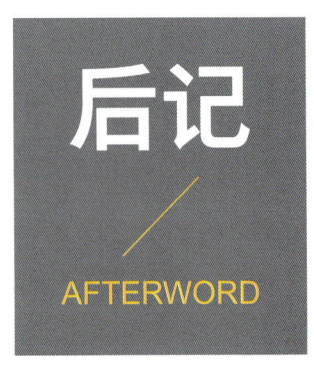

后记
AFTERWORD

王晓芬

长城是人类巧夺天工的浩大工程，是空前绝后的综合防御体系，是世界历史奇迹，1961年，长城的许多重要关隘和城墙被列为国家重点文物保护单位。1987年长城被列入世界文化遗产名录，长城作为中国悠久历史文化的见证，包含内容非常丰富。我从小生长在长城脚下，对长城有着深厚的感情，又加之多年来一直从事文化遗产数字化保护工作，也曾多次探访长城，但都不是很深入，恰逢2019年国家印发《长城、大运河、长征国家文化公园建设方案》，而对长城历史文化挖掘、阐释与展示传播又是重要内容之一，适逢我们也在开展此项科研课题研究与探索工作，所以就先从我家乡的长城所属区段——蓟镇做起，为长城文化的保护与传承略尽绵薄之力。

在本书稿即将付梓之际，我心中感慨万千，因为期间凝聚了很多人的心血、帮助与支持，在此仅借方寸之地略表我的感激之情。首先，要感谢全国艺术科学规划领导小组办公室、河北省委宣传部、河北省文物局与河北省教育厅有关部门的领导和同志们的大力支持与帮助，是他们给了我深入调查与潜心研究的基础与支持。

其次，要感谢河北省文物局张立方局长的大力支持与帮助，张老师和善仁达、质朴宽厚，深爱长城文化，对河北长城历史及现状了解颇深，如数家珍。如果没有张老师的无私奉献与专业指导，是不会这么快有今天的成果的。还要感谢河北省长城文化研究院彭运辉院长的多次陪同调研与指导，彭老师的认真、热情与不辞劳苦，是我们学习的榜样，更为我们带来了许多鲜为人知的长城故事与知识。

此外，还需要特别感谢石家庄铁道大学龙奋杰校长的大力支持与帮助，龙校长的鼓励、引导与多方面扶持，就像春天里的阳光，永远铭记在我心中。

需要特别指出的是，本书参阅了诸多专家、学者与长城爱好者的有关著作、论文和图文资料，一些观点和论述为我们所认同并直接引用，有的在书中注明了出处，还有一些因故而未能一一列出，在此一并致以诚挚的谢意。同时还要特别感谢科学出版社李茜老师及其同事的鼎力支持与不懈努力，感谢她们的精心编审、编辑和各方面支持。

感谢石家庄千典科技有限公司苑鹏军老师及其团队，他们为该书做了大量的资料采集与处理工作，还要感谢我的同事王书海老师、马兰老师和我的助手王莎同学的无私奉献与帮助，他们为该书做了大量编辑、校审工作。感谢我的家人给我的亲切温暖和无私帮助，如果没有他们的理解、信任和默默支持，我就不可能潜心创作，顺利完成书稿的撰写，对此我感激不尽！

由于本人知识及水平有限，文中疏漏之处在所难免，恳请各位专家学者与读者朋友批评指正，以求再版实现新的提升。最后我谨以此书向使其得以顺利出版给予支持和帮助的良师益友以及每一位读者再次致以诚挚而崇高的谢意，并衷心期待得到海内外专家及各位读者的宝贵意见和建议。